# 大己貴《おおなむち》（大国主）の謎

崎元正教

郁朋社

# はじめに

「初代天皇と大己貴（大国主）とは強い絆で結ばれている」と言っても信じる人は誰もいまい。

そもそも初代天皇の名さえ知らぬ人が大半である現状では無理からぬことである。今本書では、初代天皇を神武《じんむ》あるいはイワレ彦と称して話を進めていくが正式名称はすぐ後述の【豆知識】①のとおりである。

一方、大己貴は出雲大社の祭神として著名であるので大抵の方はご存知だろうが、大国主という別名でしかご存知ない方は、大己貴という正式名を覚えていただきたい。その読みは「オオナムヂとかオホナムチとかの異説も数点あるが、本書では広辞苑のオオナムチで統一する。

さて、本題に入ると、南九州日向《ひゅうが》国一之宮の都農《つの》神社は延喜式神名帳《えんぎしきじんみょうちょう》（927年）にも記載された古代からの格式高い神社でありながら、最古の官撰正史『日本書紀』（以降書紀）にあらがう次の由緒を伝承している。

「当社縁起によれば、神武天皇が（ヤマトへの）東征の際、宮崎の宮を進発、その途次この地で国土平安・海上平穏・武運長久を祈念のため、**みずから鎮祭されたのを創祀とする」**（『全国神社名鑑』及び『宮崎県神社誌』）**とあって、大己貴（大国主）が祭られている。**

一方、書紀神話によれば大己貴は神武誕生以前に、神武のご先祖（皇祖神）の軍門に降《くだ》った弱々しい神であるので、そんな神を自ら鎮祭し、武運を祈ることなど絶対に有り得ない。武運長久を祈念するのであれば、自身のご先祖でかつて大己貴を懐柔したはずのタカミムスヒやアマテラス、あるいはその子孫で日向に天孫降臨してきた祖父の瓊瓊杵尊《ににぎのみこと》（以下ニニギ）、父の鵜茅草葺不合尊《うがやふきあえずのみこと》（以下ウガヤ）であるはず……そんな疑念を抱《いだ》きつつ、都農神社を尋ねてみれば神社境内には右記縁起が掲示版に堂々と示されている。

ここで、西都《さいと》市出身で、宮崎考古学会会長や西都原《さいとばる》古墳研究所所長を歴任された故日高正晴著『古代日向の国』によれば、「都農神社の祭祀は、古くから三輪氏が『祝《はふり》』の家柄として仕えてきて、現在でも三輪氏が主として執り行っている」とある。

三輪氏といえば、言わずと知れた大己貴を始祖とする大和《やまと》の氏族であるが、同著にはその三輪姓が今でも都農町《つのちょう》には多いともあって、ここに都農神社と大己貴とは神社伝承のみでなく、地誌によっても結ばれていることが分かる。

さらに、その不可思議を象徴するかのごとく、都農神社拝殿前の神社幕には天皇家のご紋、十六菊花紋が堂々と掛かっており(写真)、都農神社の縁起、大己貴＝皇祖神が主張されている。

なぜ都濃神社は堂々と書紀神話にあらがっているのか、あらがう必要があるのか、今一度、書紀に立ち返り、大己貴と初代神武天皇との関わりを探る必要がでてくるのであるが、はたしてそこには、大己貴と神武天皇との間になんらかの繋がりは示されているのか。そもそも大国主として名高い大己貴は皇室といかなる関わりがあるのか。本書はそんな大己貴の謎の解明を目指すものである

我々は書紀を根本から見つめなおす必要がありそうだ。

【豆知識】①歴代天皇の名前

現在、我々が手にする書紀には歴代天皇名が神武《じんむ》、綏靖《すいぜい》、安寧《あんねい》……と漢字二文字で表記されている。が、実は720年に書紀が撰上された当初はこれら漢風の呼び名はなく、漢風名は書紀撰上50年ほど後の8世紀後半に淡海三舟《おうみのみふね》という皇族文人がそれらの大半を撰進したとされている。一方、書紀本来の天皇名は和風で表記されており例えば、初代天皇の場合は神日本磐余彦《かむやまといわれひこ》(略してイワレ彦と呼称されることが多い)である。

これらの呼び名が実名(諱《いみな》)か死後の呼び名(謚号《しごう》)かは不明であるが、明確に諱《いみな》(実名)として名が記載されているのは書紀記載の四十一代天皇中、初代神武と二十一代雄略、二十四代の仁賢《にんけん》天皇の三名に限られる。

ちなみに、神武天皇の実名はヒコホホデミと記載されており(詳細は後述)、この名が本書の謎を解き明かす大きなヒントになっていることは追々述べていくので頭の片隅に留めておいていただきたい。

一方、本書では天皇名からの歴史的考察が必要でない限りは、8世紀後半以降現在も通用中の漢風名を多用することをお断りしておきたい。その場合、初代天皇名は神武ということになる。

余談ながら冒頭の神武が日向からヤマトへと東征目的で進発したという書紀の記事は神武東征として知られ、第二次大戦以前は誰もが知る常識であった。が、戦後は一転、書紀の建国史は教科書から姿を消して久しい。その結果、誰からも教えられず、敢えて学ぼうとしなければ備わらない知識となった。

## 凡《はん》例《れい》(記述上の原則)

1. 歴代天皇の天皇号が成立した時期は早くても推古朝(593〜628年)以降といわれており、それ以前は大王(さらに以前は王?)と呼ばれていたと思われる。古代史を復元するからにはそれらの区別もすべきであろうが、現時点ではそれぞれの時期を明確にしえないので、慣例に従い、天皇とした。
2. 神名・人名・地名で長々しく、また難字を使用するものについては、片仮名表記にしたものがある。
3. 人名の読み方については時代により変遷があったり、人により違った読み方がされていることがある。そこで本書では、おおむね現代語読みを優先し『広辞苑《こうじえん》』(岩波書店刊)に従っている。そこにない場合は最近の書物や『書紀』(岩波文庫本)の読みに従っている。
4. 姫や媛、祭るや祀るなど、同一の意味ながら表記の違う漢字については適宜常用漢字に統一した。
5. 故人については敬称としての氏を省略した。また、古代の貴人の敬称、尊《みこと》や命《みこと》についても適宜省略した。
6. 『古事記』及び『書紀』の現代語訳はそれぞれ、講談社学術文庫の『古事記 全訳注』(次田真幸《つぎたまさき》訳注)及び『日本書紀 全現代語訳』(宇治谷孟《うじたにつとむ》訳)を参考とした。
7. スペースの制約から引用する出典の発行年についてはインターネット検索で調査可能と考え、適宜省略した。
8. 本文中太字は筆者判断により「強調箇所」を太字とした。

# 大己貴（大国主）の謎／目次

【豆知識】

# 1章　書紀と考古学から復す大己貴活躍年代の推定

## 1節　書紀の構造と書紀記載年代の復元

日本書紀は奈良時代初頭の720年に舎人《とねり》親王が中心となって編纂された日本最古の官撰正史で、全三十巻よりなる。まずは神代《かみのよ》上下二巻で神話の世界を描き、続く巻三以降は人代《ひとのよ》(初代神武《じんむ》天皇)に入り、第四十一代持統《じとう》天皇で幕を閉じている。

ここに、神代上下二巻は神話(以下書紀神話)であって、神々の誕生や国土、海、山、川の誕生からスタートし、神代紀《じんだいき》**上**《じょう》(**書紀**・神代**上**《じょう》の略、以下他も同様)は神武天皇の后《きさき》の誕生にいたる系譜が、一方、その下《げ》では神武自身の誕生にいたる系譜が描かれている。すなわち、神代紀上下の意図は**天皇家の祖神(以下、皇祖神)の系譜を示す**ことにあるようで、**大己貴**は神代紀上の**本文**最後のほうに、初代天皇神武の后ヒメタタライスズ姫の父(**一書**《あるふみ》では祖父)として登場する。この段階では大己貴は皇室の外戚ではあっても、神武との直接の血縁関係は認められない。ましてや神武が大己貴の娘(一書では孫)を后にするのは神武東征後の倭国統一成就後のことであるので、東征前に神武が自身となんらの関係もないはずの大己貴に東征成就を祈願することは常識では考えられない。

ここで、神話の常として神の代《よ》には年代の概念はないので、大己貴の年代を推定するためには年代の記載が始まる**巻三**人代《ひとのよ》の神武紀に立ち入る必要が出てくる。

### 建国神話の奇々怪々

書紀の年代記載は神武が日向から倭国《わこく》(日本の旧名)統一を果たすべく、ヤマトへと旅だつ決意をした年月日を紀元前６６７年10月５日（書紀は年代を干支で表記しているが本書では全て西暦年に換算）に設定し、そこから始まる。その７年後の**紀元前６６０年１月１日**に統一の目的を成就した神武はヤマトの橿原宮《かしはらのみや》に即位したとする。現在の「建国記念の日」は、書紀が記すこの日を明治初頭に現在の暦に換算した２月11日を紀元節と呼び、国民の祝祭日としたのが契機である。

この即位年が史実でないことはそれよりずっとあとの前漢（紀元前２０２～後８年）の歴史を記す『漢書《かんじょ》』地理志《ちりし》に「楽浪海中《らくろうかいちゅう》、倭人《わじん》有り。分かれて百余国を為す。定期的に献見《けんけん》す」とあることからも窺《うかが》える。すなわち、紀元前にあっては、日本列島はいまだ統一されていないのである。

紀元前後に誕生したこれら百余国の中から、中国の皇帝にもそれとみとめられるだけの力をつけた国が列島にも出現しだすのは、前漢が滅びて後漢（後25～２２０年）の時代に入ってからだ。『後漢書』東夷伝《とういでん》（以下『後漢書』）によれば、紀元57年、はるばる洛陽に使者を送ってきた倭《わ》の「奴国《なこく》」に、光武帝《こうぶてい》が金印・紫綬《しじゅ》を授けている。また、１０７年には、倭国王帥升《わこくおうすいしょう》などが安帝《あんてい》に、生口《せいこう》（奴隷）百六十人を献じている。されど、これらの国々もいまだ列島の統一を果たしていないことは『後漢書』や後漢に続く魏《ぎ》（220～265）の歴史を記す『魏志《ぎし》』倭人伝《わじんでん》（以下『魏志』）より分かる。

そもそも書紀が建国の開始とした紀元前６６０年といえば狩猟採集主体の縄文晩期から水稲《すいとう》農耕主体の弥生期への移行期で、国の形は萌芽の兆しすらないのどかな時代であったはず。

恐らく建国の開始は古墳時代直前、弥生時代の末期であって、『後漢書』や『魏志』が倭国（大）乱とする紀元１５０年前後と推定されるが、その場合、書紀は建国の開始を八百年近くも過去に遡らせたことになる。だとすれば、日本の建国の開始は一体いつ頃と言えるのか、はたまた、書紀が建国の開始を八百年も遡らせた理由は何か、などから考察していこう。

## 「紀年」の復元

書紀には初代神武から四十一代持統に至る歴代天皇の即位年や在位年数、及び崩御年などが記載されている。立太子時の年齢が記載されている天皇もいてその場合には即位時の年齢(以下即位年齢)や宝算《ほうさん》(天皇の享年《きょうねん》)などが計算できるが、宝算については計算値以外に、直接記入されている場合もある。これら紀年(紀元から起算した年数)の復元に必要な基礎データをまとめて横にらみすると、在位年数が第十六代仁徳天皇を境に大きく変化していることが容易に分かる。

仁徳以前の十六代においては、在位が最長で百一年の天皇もいて平均六十・九年であるが、第十七代履中以降、四十一代持統までは最長で四十年、平均十一・四年と激減している。この十一・四年という在位年数は、奈良時代七代(第四十三代～四十九代)天皇の平均在位年数十・四年とほぼ一致しており史実の可能性が高い。だとすれば、仁徳以前の六十・九年というのは史実を約五・三倍引き延していることになる。

以下、この**引き延ばされた書紀の紀年**(以下、括弧を付し「**紀年**」と表記。**括弧のない紀年**は本書では**西暦紀年**を意味するので注意願いたい)を本来の紀年に復元する作業を行い、初代神武天皇の本来の即位年及び大己貴の活躍年代を推定しよう。

「紀年」の作為はいかなるものか。その見通しをよくするために「紀年」を視覚化してみよう。次図は横軸に天皇の「代」、縦軸にその代に相当する天皇の「即位年」を打点したものである。図から打点群は二つの近似直線(最小自乗法により求めた直線で回帰直線とも呼ぶ)に分類できることが分かる。ここに書紀の虚実が見事に浮かび上がっている。もちろん、右側(履中《りちゅう》～持統《じとう》)の直線が実《じつ》とすべきものであり、左側(神武《じんむ》～仁徳《にんとく》)は虚であることは言うまでもない。そこで、右側の直線をそのまま左方向に延長していって、例えば

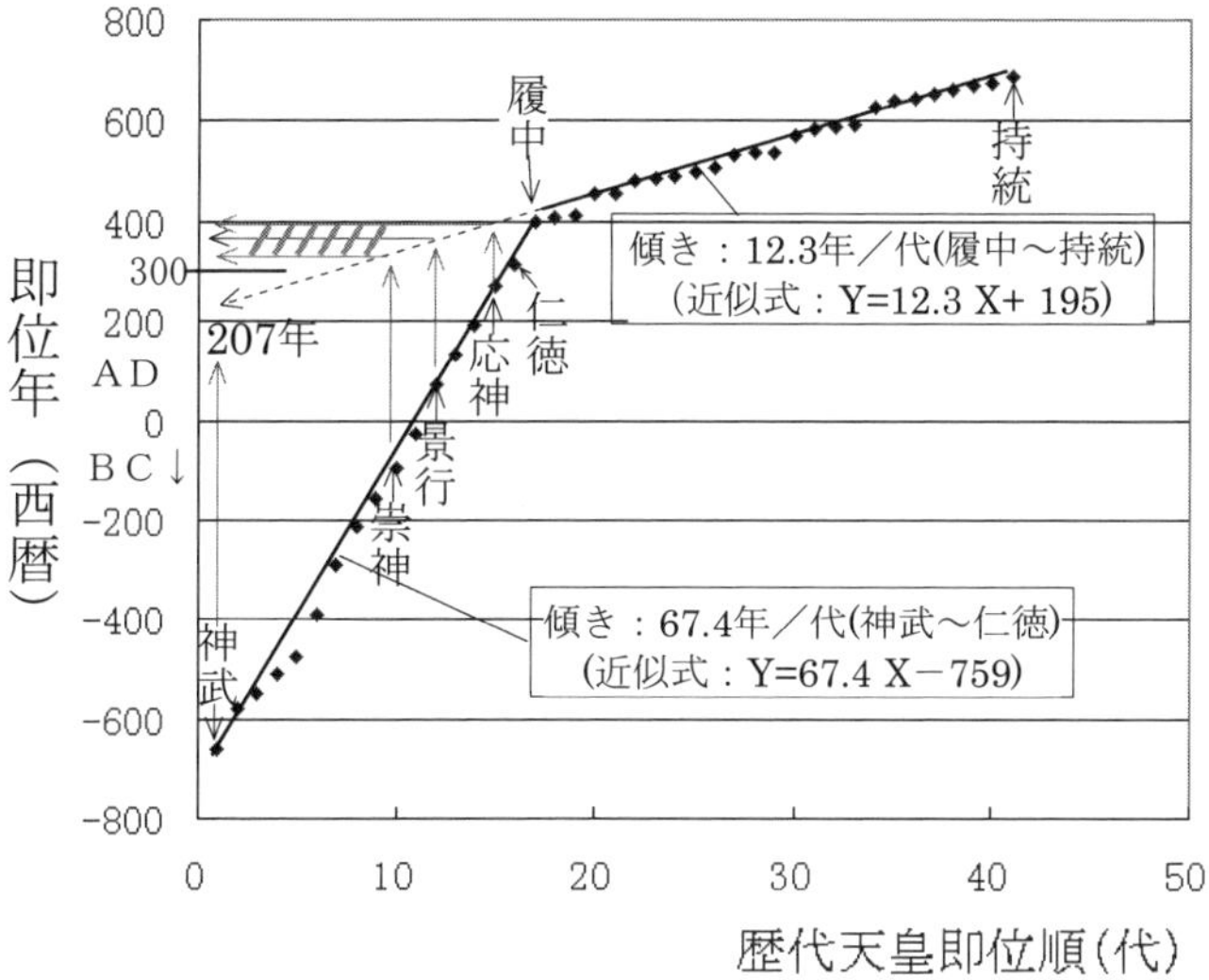


**書紀によるヤマト王朝歴代天皇の即位順と年代**

横軸の１まで延ばすと、初代神武天皇の即位年代が推定できる。それは約２００年前後、厳密には最小自乗法から得られる近似式（図中右側の式）のＸに１を代入して２０７年が得られる。が、以降見通しをよくするため、神武即位は西暦２１０年頃として話を進めていく。

また、この図から「紀年」上では西暦71年とされている景行天皇の即位年が本来は３００～４００年（図の灰色斜線部）の間であったというおおよその見当もつく。このような手法で、仁徳以前の本来の年代がほぼ復元されるのである。

さて、ここで得られた２１０年は考古学者の寺沢薫氏が『王権誕生』（講談社、２０００年）で主張しておられる次説と一致している。

「３世紀の始め、奈良盆地東南の、三輪《みわ》山と巻向《まきむく》山に挟まれたやや小高く広い扇状地に、纒向《まきむく》遺跡は突如として出現した。それは従来のいかなる巨大弥生集落とも異質な政治的な都市の誕生であった」とされる。

さらに、「３世紀の日本列島でこれに匹敵する政治的、祭祀的な遺跡を他に探すことはできない。だからこの時期の『ヤマト』に権力の中枢をおく、倭国《わこく》の新しい政体が誕生したことはもはや動かしがたいのだ。私はそれをヤマト王権（政権）と呼ぶ。つまりヒミコの共立によって新しく誕生した倭国の実体がこのヤマト王権であって、纒向《まきむく》遺跡はその王都（都宮）であり、かつ日本最古の都市だというのが私の主張である」と高らかに宣言されている。

　かように寺沢氏はヤマトに纒向遺跡が突然出現した謎を、ヒミコが倭国の女王に共立されたことにより倭国（大）乱が終わった結果もたらされたものと考え、その年代を２１０年頃と推定されており、先の私の統計的推定値と一致している。

　ここで注意すべきは、この２１０年というのはあくまで神武推定即位年（王権誕生年）であって、神武の誕生年や崩御年はそれよりほぼ一世代程度前後することである。すなわち、神武が、西暦２１０年、三十五歳で即位し六十五歳で崩《ほう》じたとすれば、神武の一生涯はおよそ生誕１７５年～崩御２４０年頃ということになろう。

　かくして神武が１７５年の生誕であれば、神武皇后ヒメタタライスズ姫の生誕も１７５年前後と予想して大過なかろう。一方、大己貴は神代紀**上**にヒメタタライスズ姫の父または祖父とあるので、大己貴の生誕は皇后の一、二世代前の西暦１５０±25年頃（一世代は25年程度と仮定）、活躍年代は１７５±25年前後と推定される。以上の活躍年代はまさに『後漢書』にある**倭国大乱の時期（146～189年**［桓帝《かんてい》［146～167］・霊帝《れいてい》［168～189］の間］）にほぼ重なっているのである。が、『後漢書』の倭国**大乱**と、『魏志』の倭国**乱**とについては詳細に立ち入ると種々本書の本質と関係する点が浮かび上がってくるので、それについてはもう少し書紀の解析を進めてから再度次章で考察しよう。

　さて、まずは書紀に秘められていた大己貴の活躍年代に目処《めど》がついたところで、次に、書紀の年代（「紀年」）以外の矛盾と向き合うが、その前に、正史たる書紀がなぜわざわざ本来の歴史を過去に引き延ばしたのか、その動機を考察しておこう。

## 2節　書紀が歴史を引き延ばしたやむにやまれぬ動機

### 書紀の編纂事情

書紀が編纂《へんさん》されたのは8世紀初頭（７２０年）であるが、その編纂の動機を探るためには少し時代をさかのぼる必要がある。

5世紀に入り、倭の五王が活躍した時代、彼等は東洋の大国、中国の冊封《さくほう》体制（中国皇帝が周辺諸国の王などを冊封〈官爵を授与〉して、その支配秩序の一端に位置付けたもの）に組み込まれることを望んでいた。それは、中国の史書、『宋書《そうしょ》』に頻繁に登場しだした倭の五王達が、中国の皇帝にしきりに将軍位を求めていることをみても分かる。しかし、中国の皇帝は必ずしも倭の五王達に望み通りの位を授けなかった。そこで、その後の大王達は中国の冊封政策から離れ独自の道を歩み出す。その明確な意思表示が、一世紀ほど経た7世紀始め、聖徳太子《しょうとくたいし》が遣隋使《けんずいし》小野妹子《おののいもこ》に持たせた「日出《い》づるところの天子、書を日没《ぼっ》するところの天子に致す。つつがなきや」という、有名な国書となって表れる。聖徳太子は大国隋《ずい》に対して対等の立場を取ったのだ。書を受け取った煬帝《ようだい》は、この日本の態度に怒ったが、高句麗遠征前であったためか、答礼使を遣わし、日本との外交を続けている。これが遣隋使、遣唐使の派遣につながり、聖徳太子の対等外交は結果的には大きな成果となった（近年、聖徳太子虚構説が一世を風靡《ふうび》したが現在では否定されている「石井公成著『聖徳太子　実像と伝説の間』春秋社、他」）。

その後、乙巳《いっし》の変（６４５年）、壬申《じんしん》の乱（６７２年）を経て、真の意味で日本統一をなしとげた天武《てんむ》天皇は日本に当時の大国唐を真似た律令《りつりょう》制度を持ち込もうとした。ここに律令制度の二本柱として、法律である律令と対外的な史書、即ち書紀が必要になった。厳密に言えば史書は旧辞《きゅうじ》(神話及び朝廷の政治やできごとの物語)、帝紀《ていき》(皇室系図)及び地理から成り立っており、この内の旧辞と帝紀を書紀が、地理を風土記《ふどき》がになっている。その**風土記は書紀撰上七年前の和銅六年(７１３)に撰進《せんしん》の命《めい》が下《くだ》っている。**かような次第で、最古の日本正史書紀の編纂《へんさん》が天武朝にスタートしたが、天武は志半《こころざしなか》ばで亡くなり、その後の天皇が後をつぎ、大宝律令《たいほうりつりょう》が７０１年に制定、翌年施行され、７２０年に至りついに書紀が撰上《せんじょう》されたのである。

## 建国史の紀年を遡らせた作為の動機

このような背景の中、日本が唐や新羅《しらぎ》(当時朝鮮は高句麗《こうくり》、百済《くだら》、新羅の三国時代を経て新羅に統一されていた)などの諸国に対して、対等の国であることをアピールすべく、歴史書編纂《へんさん》に当たって「できるだけ古くかつ立派にみせたい」という強い意識が働いたとして当然であろう。なぜなら、歴史が古いということは国民の誇りであるし、ましてや、対等とみなしたい中国にはすでに紀元前に成った司馬遷《しばせん》の『史記』を始め世界一立派な歴史書がデンと腰を据えている。翻《ひるがえ》って、わが国の歴史の実情は、ヒミコの時代、３世紀半《なか》ばにおいても小国が乱立し、いまだ一つに固まっていない。ようやく統一の兆しが見えてくるのは、５世紀、倭《わ》の五王の時代前後である。そんな実情を記すと彼我《ひが》の比較で余りにも寂しい。そこで、初代神武《じんむ》朝の開始を紀元前６６０年辛酉《しんゆう》の年の一月一日とした。いや、せざるを得なかったというべきであろう。

それにしても、なぜ紀元前６６０年か。異論もなくはないが、明治の名高い歴史家那珂通世《なかみちよ》による次説がよく知られている。それは、「干支《えと》一回り六十年が二十一回循環した千二百六十年を経て、辛酉《しんゆう》(かのととり)にあたる年に世運に一大変化があるとする中国の辛酉革命思想によって、(聖徳太子が)古今第一の大革命である人皇初代神武天皇即位元年を推古天皇九年辛酉の年より千二百六十年前にあたる辛酉の年（紀元前660年）とした」とするものである。

紀元前660年頃といえば、先の『史記』が描く殷《いん》王朝（亀甲《きっこう》文字の解明により史実と認められている）はすでに終焉《しゅうえん》し、次の周《しゅう》王朝中葉《ちゅうよう》の東周がスタートして間もなくの頃である。歴史的に見劣りしないものとするためには、日本の建国をせめてこの時代にまで遡らせたいと書紀編者が考えたとしてなんら不思議はない。そして、これこそ彼らが、初代神武から第十六代仁徳天皇あたりまでの歴史を引き延ばし、史実をメッセージに託《たく》した動機であったに違いない。

このように作為の動機が明確となれば、むしろ**書紀の作為は、日本建国に関わる必然の結果、いや国の威信をかけた大事業であった**と言うべきであろう。それは当時すでに漢字を用いた和文による表記が可能であった（書紀撰上の八年前［712年］に完成した古事記がそうであった）にもかかわらず全文が漢文で記載されていることからも了解できよう。が、それは同時に本来の歴史を奥に秘めてしまうということであって、ことは言うほど簡単ではなかったはず。なぜなら、もしそんな**作為が中国側に見破られたら、わが国は大国唐から対等どころか歴史を捏造《ねつぞう》する野蛮国家の烙印を押される**ことは必定であったから。

そこで書紀が苦心惨憺《さんたん》の末に編み出したのが前述の年代トリック、「紀年」であったのだ。

## 3節　「紀年」を復して浮かび上がるヒミコの化身

### 書紀に女王ヒミコが登場しないわけ

ここまで、「紀年」を復して大己貴の活躍年代が倭国（大）乱（146～189年）の頃と分かった。

ところで、倭国（大）乱と言えばまさにヒミコの時代で、『魏志』には「その国、もとまた男子を以て王となし、住すること七、八十年。倭国乱れ、相攻伐すること暦年、すなわち共に一女子を立てて王となす。名付けてヒミコという」とある。ここにヒミコが倭国大乱終結頃の倭国の女王として共立されたことが分かるのである。

そんなヒミコと大己貴との間に、不思議な接点があることは追々述べていくが、その前に書紀は『魏志』を知り尽くしていたことを簡単に触れておきたい。

書紀は第十五代応神天皇の母神功皇后《じんぐうこうごう》の巻に『魏志』を三箇所、いずれも『魏志』曰く……として引用しているがその際、『魏志』に示されている紀年と書紀創作の「紀年」とをピタリ一致させ、中国王朝に書紀「紀年」の正当性をＰＲ及び、ヒミコは神功皇后であると感じさせる内容となっている。

が、最後の最後に神功皇后の没年を２６９年として、『魏志』のヒミコ没年２４７、８年を知りながら、二十年ほども乖離《かいり》させ、神功皇后はヒミコでないことを吐露している。

書紀の「紀年」上、神功皇后がヒミコの活躍年代と重なることは、書紀が初代天皇神武の即位年を８００年ほど引き延ばしたことによる偶然のたまものか、あるいは、逆に、神功皇后本来の活躍年代をヒミコ活躍年代の２００年前後に遡《さかのぼ》らせた結果、初代天皇神武の即位年が紀元前６６０年となったかは知るよしもないが、いずれにせよ、「紀年」の創作には、例えば干支による日付の挿入だけでも、下記に示すように大変な労力を要したものと思われる。

書紀の全日付を分析した貝田禎造著『古代天皇長寿の謎』（六興出版）によれば、書紀には日付が千六百六十四件記されているという。ここで問題は、干支はその順序に従って連綿とつながっているから途中で日付の干支を一箇所でも誤るとそれ以降の日付が全て狂ってしまうので、誤りなくそれらの日付を干支で記すためには書紀が描く約千三百六十年（約五十万日）分の干支換算表が必要になることだ。その換算表を作成するのに文献史学者の安本美典《びてん》氏の試算によると十人で八十日を要するという(『大和朝廷の起源』勉誠出版)。「紀年」の作成には暦の関係者だけでなく、数学の関係者も参画していたと考えられる。

そんな労力をかけてまで、書紀はなぜ、神功皇后の巻に魏志を三度も引用し、一見、神功皇后＝ヒミコを想起させるような記述をしたのだろうか。換言すると、書紀はなぜ倭の女王ヒミコの姿を堂々と描かなかったのか。その答はすでに前節で述べた通りであるが、少々付け加えると、本来の紀年を五倍強引き延ばした「紀年」において、ヒミコは他国、とりわけ中国が2、3世紀の倭国の歴史を知りうる数少ないメルクマール(指標)であったからに違いない。

# 2章　推理小説として読み解く書紀神代紀上下二巻

## 1節　書紀にほのめくヒミコの分身

前章で分かったように、書紀編者は仁徳天皇以前の歴史年代を五倍強引き延ばした「紀年」によって初代神武《じんむ》天皇以降、第十六代仁徳までの歴史を描いていた。さらに、その作為された「紀年」上に魏志に云《い》わくとして倭の女王ヒミコを魏志の紀年に合わせ登場させ、「紀年」をもっともらしくみせかける手の込んだ年代操作を行っていた。

前章ではそんな「紀年」を復元し、倭国(大)乱頃の女王ヒミコが書紀上に描かれるとすれば、年代記載の必要ない神話、すなわち神代紀上下二巻、あるいはそれに続く神武紀あたりに忍び込ませているはず、かつそこにヒミコが描かれているとしても、その姿はそれがヒミコであることは絶対に見抜かれないように二重、三重のカモフラージュが施されているはずとの見通しを得た。

かくして、書紀に秘められたヒミコ捜しの旅は茨の道となるが、まずは神代紀上から推理小説に対峙するが如く用心深く読み進めよう。

### 書紀の分身メッセージ①ヒミコ=アマテラス

書紀にヒミコらしき女王の姿を求めていくとまず目につくのが、神代紀上第五段(段分け区分は岩波文庫本に従う。上は八段、下は三段に区分)に日の神として登場する天照大神《あまてらすおおかみ》(以下アマテラス)である。

書紀によれば、万物の創造主イザナギ、イザナミ(以下ナギ、ナミ)が天上の主者たらせんと、共に生んだ日の神が「大日孁貴」（読みは後述）で、**一書《あるふみ》にはアマテラス**と云うとある。すなわち、書紀はアマテラスを本来この読むのも難しい日の神「大日孁貴」の**またの名に過ぎない**と宣言しているのである。

その四文字、冒頭と末尾の尊称、大《おお》と貴《むち》を省けば、「日孁」である。ここで、「孁」という難しい漢字について、岩波文庫本の校注に、『孁』は、巫女《みこ》の意で用いた文字であろう。（中略）靈《れい》の巫を女に改め、孁とすることによって女巫《おんなみこ》であることを、書紀の筆者が意味的に示そうとしたものと思われる」と興味深い解説があって、だとすれば、①「孁」という語は書紀の造語、②「（日）孁」の意味するところは「（日）ミコ」、ということになる。

さて、「大日孁貴」をどう読むか。実は、書紀自身がその割注《わりちゅう》でそれを「於保比屢咩能武智《おほひるめのむち》」と訓じている。その場合、「日」は、「比《ひ》」あるいは夜の反対語としての「比屢《ひる》」のどちらにも読みうるが、「孁」は「屢咩《るめ》」とも「咩《め》」とも読めないので、書紀がなぜ「日孁」と書いて「比屢咩《ひるめ》」と訓じたのかという謎が浮上する。すなわち「日孁」の中に「咩」と読める部分がどこにもなく、「孁」という文字を上下に分離して始めてその脚《あし》「女」が「咩」と読めるのだ。

これは、「孁」という字を冠と脚に分解せよという書紀からのメッセージと思われる。それを証するかのように、書紀は念には念を入れて、「孁」の音（読み）は「力《りき》」と「丁《てい》」の反《かえし》であるとわざわざ注している。反とは反切《はんせつ》の法則（難しい漢字の音を他の簡単な漢字二字を借りて示す標音法）をいうが、具体的にいうと、「孁」の読みは、「力＝liki」の頭子音（l《エル》）と「丁＝tei」の頭子音以外の部分（ei）を合体した、「lei」、すなわち「れい」と書紀は言っているのである。

これは、この造語「孁」の元字が「靈《れい》」（霊はこの字の新字体）であることを意味する。右の校注（注釈）はそれを気付いた上での校注か否かは知るよしもないが、「靈の巫を女に改め、孁とすることによって女巫《おんなみこ》であることを示した」とする見解はまさに正鵠《せいこく》を射たものと言ってよかろう。

　すると書紀は、「大日孁貴」四文字を表向きは「於保比屢咩能武智《おほひるめのむち》」と訓じてはいるが、「孁」の読みに注（カ丁の反）を挿入し、この四文字がヒミコであること、そしてその別名をアマテラスとすることによって、ここに、ヒミコをアマテラスに仮託（カモフラージュ①）したことを見事に宣言しているのである。

## 書紀の分身メッセージ②アマテラス＝三女神

　右記のメッセージに続いて書紀は間髪をおかずに、実に巧妙に、ヒミコすなわちアマテラスを別の女神に変身させている。それはアマテラスとその弟とされるスサノオとのウケイ（お互いに誓約をして誓約が実現すれば勝ちとする古代日本で行われていた占い）として知られる以下の行為によってである。

　父母（ナギ、ナミ二神）から天上界を去ることを命じられたスサノオは最後の暇乞《いとまご》いにと姉アマテラスのもとを訪れた際、アマテラスから来訪の理由を厳しく問責される。スサノオは自分には邪心なぞなく、ただ暇乞いに来ただけであると主張するも、アマテラスから邪心なき心を証明せよと責められる。

　スサノオはウケイによってそれを証明すべく、「これから自分が生む子が男であれば邪心なきことの証《あかし》」と一方的に宣言。そのときなぜか、ウケイなど不要なはずのアマテラスがスサノオに先立ってウケイもどきを実施。すなわち、スサノオの所持品（剣）を乞い取り、それを噛み砕いて霧状に吐き出すと、女（三女神［田心《たごり》姫、瑞津《たぎつ》姫、市杵島《いちきしま》姫］）が誕生したと話は進む。続いて、スサノオがアマテラスの所持品（玉）を乞い取って本来のウケイを行うと、誕生したのはウケイにかなう男（五男神［天忍穂耳《あまのおしほみみ》、天穂日《あまのほひ》、天津彦根《あまつひこね》、活津彦根《いくつひこね》、熊野櫲樟日《くすひ》］）であった。ここに、スサノオの邪心なき心が証明されたと思いきや、さにあらず。あろうことかアマテラスはウケイもどきで生んだ自身の三女神を、スサノオが本来のウケイで生んだ五男神との交換を要求。そのわけは、「三女神はあなたの所持品から誕生した子だからあなたの子。あなたの五男神は私の所持品から誕生した子だから私の子」と、なんとも身勝手な主張を展開する。が、結局、書紀はその結末を告げることもなく物語りは展開していくのであるが、ここにはいくつもの不審点がある。

そもそもウケイにおいて子を生む必要など全くなかったアマテラスが、なぜスサノオに先立ち子を生んで、その上、生んだ子を、その後に生まれたスサノオの子と交換する必要があるのか、全く不可解。

加えて、男性たるスサノオが子を生むとは何事か。アマテラスから受け取った玉を噛《か》んで吐き出した細《こま》かい霧から誕生したというのは一体全体、何を意味するのか。これを、スサノオとアマテラスとの結婚の比喩とみなす論者もいるが、そんな単純な話ではないはず。なぜなら、次段において、スサノオが自分の身に着けていた玉を噛み砕いて五男神をもうけたとする不可解な異伝（七段一書③）を示しているからだ。ここには、スサノオが独り身ながら五男神をもうけたこと、すなわちスサノオと五男神との強い結びつきが、確信的に示されている。だいたいが、アマテラスとスサノオとは同父母（ナギ、ナミ）とされているので、そんな二人が結婚しうる可能性は零《ぜろ》に近い。

これらのうち続く不審点に自問自答しながら、私の思考は書紀の撰者に誘導されるかのごとく一つの結論に帰結していく。すなわち、この五男神はスサノオの子でもアマテラスの子でもない。スサノオが自らの口から息吹のごとく吐き出した五男神とは彼自身の分身を暗示しているに違いない、と。

もう一度書紀をじっくり見直すと、スサノオが最初に生んだ子の名は、「正哉《まさか》吾《あ》勝勝《かつかち》速《はや》日《ひ》天忍《あまのおし》穂《ほ》耳尊《みみのみこと》」とあって、「正哉吾勝（まさに吾《われ》が勝った）」＋「勝速日天忍穂耳」の形になっており、**ウケイに勝った当人（スサノオ）が自らの名を告げているさまそのもの**なのである。よって、そう叫んだ天忍穂耳（以下オシホミミ）とはスサノオ自身とみなすべきで、誕生してきた子の叫びとするのは、赤子が言葉をしゃべるという不合理に、誕生前の出来事を知ろうはずがない子が勝利宣言したという不合理が重なっており、不自然極まりない。

しからば、スサノオが生んだというオシホミミ以下五男神共にスサノオの分身と解すべきほかはない。最初の子だけがスサノオ本人で、次男以下は子とみなすのはいかにも不合理だから。ここに、スサノオが口から吐き出したとする五男神全員がスサノオの異名同体であるとする仮説が導かれる。今これを**スサノオ=五男神仮説**と名付けるが、この仮説は、アマテラスが生んだ三女神にも当然適用されるべきで、それが成り立てば、アマテラスと三女神とは異名同体(カモフラージュ②)ということになる。これを**アマテラス=三女神仮説**とすれば、この仮説はスサノオ=五男神仮説と表裏一体であって、両者不可分であることはいうまでもない。

その検証は追々実施していくとして、この三女神、記紀撰上前には初代天皇神武の母玉依姫として知られていた証拠が次の神社伝承から導かれるのである。

## 2節　記紀以前から知れ渡っていた玉依姫の正体

### 三女神=玉依姫―神社伝承による補完①

アマテラスとスサノオのウケイから誕生した三女神とはいかなる神か。これら三女神の出現を記す神代紀《じんだいき》の六段本文では単に筑紫の宗像君《むなかたのきみ》らの祭神とするのみで降臨の場所さえ記していない。が、その一書の方には、三女神は当初、宇佐嶋《うさしま》(豊前国《ぶぜんのくに》、宇佐神宮あたり)に降臨したが、今は朝鮮半島に通じる北九州宗像《むなかた》神社から沖ノ島にかけての海北道中に筑紫の水沼君《みぬまのきみ》らによって祭られているとする。三女神について書紀はそれ以上何も語らない。

そこで神社伝承から三女神をみてみると、三女神が降臨したとされる宇佐嶋には、豊前国一の宮の宇佐神宮があって、ここに三女神が比売《ひめ》大神と名をかえて祭られている。比売大神は宇佐神宮の由緒記に、「**スサノオとアマテラスとのウケイによりあらわれた三柱（柱とは神の数詞）の比売大神で、筑紫の宇佐島に天降った神**とされている」とあるが、現在では三女神と比売大神を別神とみなす論者もいるようなので確認が必要だ。幸い宇佐神宮はいわずと知れた全国八幡宮の総本宮で、全国各地に勧請《かんじょう》（神仏の分霊を他の地に移して祭ること）されており、勧請先でどのような神で祭られているかを探れば、比売大神の正体を知ることができる。その際、勧請の時期も考慮が必要で、書紀に先立つ古事記撰上の７１２年以前とそれ以降に別けて調べた結果、表のように７１２年以前には**玉依姫九社、三女神一**社、比売大神一社であった。それ以降から宝亀《ほうき》元年（７７０）までを見ると、**三女神九社、玉依姫三社**、比売大神一社、木花開耶姫《このはなさくやひめ》一社とトップが入れかわっている。すなわち、**比売大神とは本来玉依姫であって、その後、三女神（田心《たごり》姫[多紀理《たぎり》姫とも]、瑞津《たぎつ》姫、市杵島《いちきしま》姫）へと変化していった**。こ

## 宇佐神宮の勧請

『古事記』撰上（７１２年）以前

| 神社名 | 所在地 | 勧請年 | 祭神 |
|---|---|---|---|
| 八幡宮 | 島根県益田市 | ６３０年頃 | **玉依姫** |
| 境八幡神社 | 香川県観音寺市 | ６４９年 | **玉依姫** |
| 八幡神社 | 山形県鶴岡市 | ６５０年 | **玉依姫** |
| 松崎八幡宮 | 山口県萩市 | ６５０年 | 三女神 |
| 八幡宮 | 福岡県飯塚市 | ６７２年 | **玉依姫** |
| 八幡神社 | 岡山県真庭市 | ６７５年 | **玉依姫** |
| 八幡神社 | 兵庫県神戸市 | ６８０年 | **玉依姫** |
| 鴻八幡宮 | 岡山県倉敷市 | ７０１年 | **玉依姫** |
| 松江八幡宮 | 山口県小野田市 | ７０９年 | 比売大神 |
| 圓野神社 | 宮崎県都城市 | ７１０年 | **玉依姫** |
| 花尾八幡宮 | 山口県山口市 | ７１１年 | **玉依姫** |

和銅六年（７１３）～宝亀元年（７７０）まで

| 神社名 | 所在地 | 勧請年 | 祭神 |
|---|---|---|---|
| 八幡神社 | 愛媛県八幡浜市 | ７１７年 | 三女神 |
| 磯崎神社 | 兵庫県加西市 | ７１９年 | 三女神 |
| 串八幡宮 | 山口県山口市 | ７１９年 | **玉依姫** |
| 金富神社 | 福岡県築上町 | ７２４年 | コノハナサクヤヒメ |
| 丸山八幡宮 | 山口県萩市 | ７２５年 | 三女神 |
| 秋山八幡神社 | 広島県広島市 | ７２７年 | **玉依姫** |
| 市木神社 | 島根県浜田市 | ７３１年 | 三女神 |
| 広籏八幡宮 | 山口県美祢市 | ７３２年 | 三女神 |
| 八幡神社 | 福岡県飯塚市 | ７３９年 | 三女神 |
| 八幡神社 | 広島県福山市 | ７４５年頃 | 三女神 |
| 今山八幡宮 | 宮崎県延岡市 | ７５０年 | **玉依姫** |
| 松原八幡神社 | 兵庫県姫路市 | ７６３年 | 比売大神 |
| 八幡神社 | 広島県尾道市 | ７７０年 | 三女神 |
| 岡崎八幡宮 | 山口県宇部市 | ７７０年 | 三女神 |

とが分かった。変化した時期や理由については次項で考察する。

## 玉依姫が三女神に改名された時期と理由

我々は書紀がアマテラスを三女神に分身したのを先に見たが、その三女神とは本来玉依姫であったことを全国各地の宇佐神宮勧請先の祭神変化から知った。すなわち宇佐神宮本来の祭神は玉依姫であったのがいつしか三女神に変身したのであるが、実はそれは宇佐神宮の祭神が現在比咩《ひめ》大神ともされていることと密接に結びついている。その詳細を語る前に、三女神の祭祀で有名な宗像《むなかた》大社の三女神は宇佐神宮からの遷祀であることを、両社を結ぶ曲線上の三社の伝承により確認しておこう。

まず、飯塚市鹿毛馬《かけのうま》の厳島神社(上図①)の由緒に、「豊前国宇佐島より筑前国宗像郡沖津島に鎮座のとき、当村日尾山《ひのおさん》(現日王山《ひのおうさん》)をこえ給う古実をもって、景行天皇の御宇、三女神を祭り今に社殿神石柱石など残れり」とあって、景行朝(4世紀中頃)での遷幸と示されている。続いて、鞍手《くらて》郡鞍手町室木の六嶽《むつがたけ》神社(②)の由緒には「この地は宗像三女神が降臨したゆかりの地で、孝霊《こうれい》天皇の御宇に宗像三所に遷幸ましまし宗像大神あらわれ給う」とあって、ここでは遷幸時期が孝霊朝(崇神朝三代前で4世紀初頭頃か)とされている。三社目は宗像手前の福津《ふくつ》市上西郷《かみさいごう》の神輿《みこし》神社(③八幡宮とも)で、「三女神遷幸の地」と伝承されており、

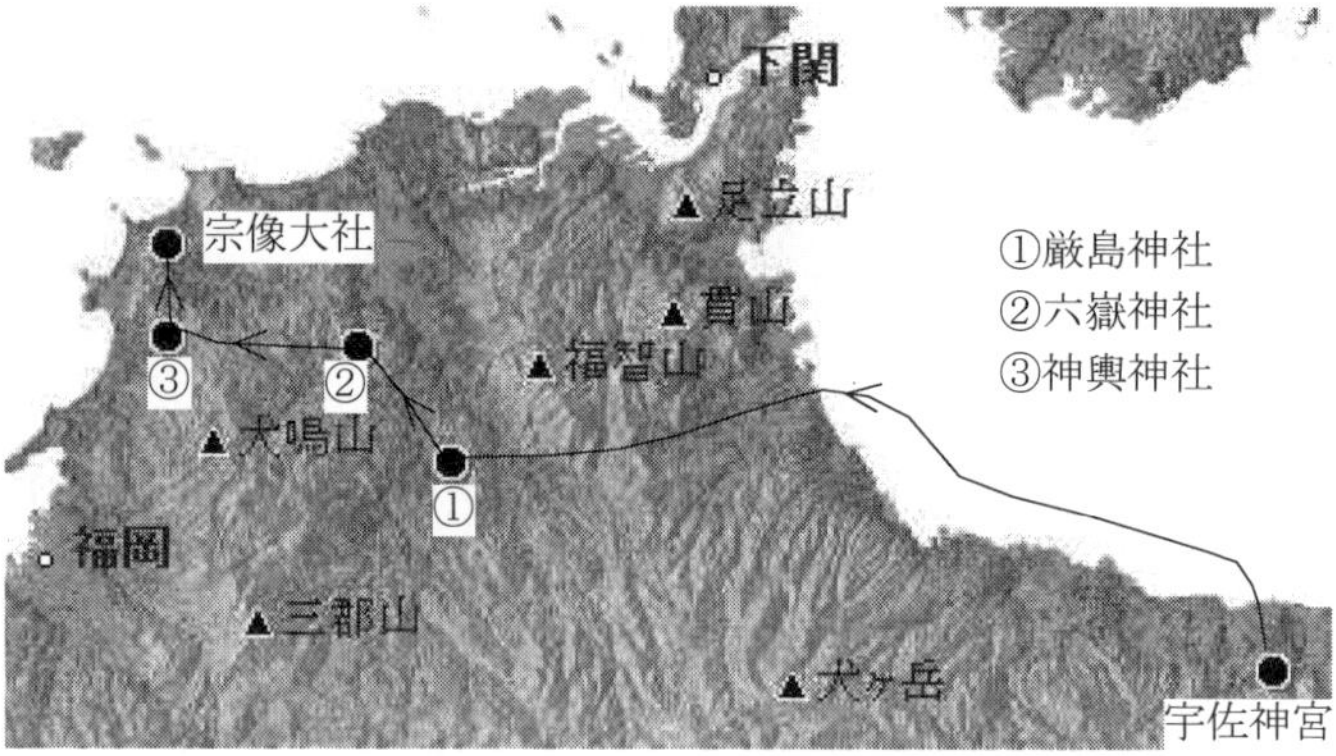


宇佐神宮から宗像大社への祭神遷幸経路(海路は推定)

遷幸時期は不明ながら、最終地の宗像大社には「神功《じんぐう》皇后は征韓の際に(三女神の)神威を発揚され云々」とあることから、神功皇后が朝鮮半島に渡った4世紀後半頃にはすでに祭祀されていたことが窺《うかが》える。

以上より、三女神が宇佐(大分)から宗像《むなかた》(福岡)へ遷祀されたのは4世紀初頭～中頃と分かるが、なぜ玉依姫を三女神に分身する必要があったのだろう。その理由は宗像大社の由緒、「当社は沖ノ島の沖津宮、大島の中津宮《なかつみや》、田島の辺津宮《へつみや》の三宮を総称して宗像大社と称す」から推定するに、朝鮮半島への渡海ルート上の重要三拠点(沖ノ島、大島、田島)に海上守護神として絶大な信頼があった玉依姫を宇佐神宮から勧請する際、三拠点に分祀する都合上、三女神に別けたに違いない。その際、宇佐神宮の方で玉依姫一体をまさか「三柱(柱は神の数詞、〝座《ざ》〟ともいう)の玉依姫」とするわけにはいかないので、玉依姫という固有名詞を普通名詞に置き換えて「三柱の比咩大神」とする異称が生まれたものと思われる。

その推察を補強するのが玉依姫の代名詞とも言える太宰府市の**宝満山**《ほうまんざん》にある竈門《かまど》神社の由緒、「按《あん》ずるに玉依姫を中央主祭の神とし、神功皇后、八幡大神を左右に配祀せしは、宇佐神宮三座の神と御同神にして**玉依姫は同神宮の比売大神と御同体にいますなり**」に示されている。

さて、かように玉依姫が三女神に分身された時期が書紀編纂(8世紀初頭)のはるか四百年も前のことと分かってみると、**書紀の分身メッセージは勝手な創作ではなく、過去の歴史的史実をもきちんと取り入れた上での練りに練った深謀遠慮**であることが理解できるのである。

書紀は古事記の八年後に成立しているので、その頃には、三女神＝玉依姫は公然の事実であったといえよう。ここで繰り返しになるが**玉依姫は初代神武天皇の母**である。だとすると、書紀のカモフラージュ①(ヒミコ＝アマテラス)、及びカモフラージュ②(アマテラス＝三女神)から導かれるヒミコ＝アマテラス＝**三女神**に、宇佐神宮の伝承(三女神＝玉依姫)を組み合わせると、ヒミコ＝アマテラス＝三女神＝**玉依姫**、すなわち**ヒミコ＝玉依姫**となるが、これは**ヒミコが初代天皇神武の母であった**ことを意味する。これは誠に重要な情報であるが、果たして史実か否か。

それだけではない。（ヒミコの分身）アマテラス＝三女神という書紀のカモフラージュ②はもう一点、やはり書紀撰上以前の斉明天皇五年（６５９）に改修されたとされる出雲大社の伝承とを重ね合わせると、より重要な情報となる。

## 三女神は大己貴の筑紫妻―神社伝承による補完②

出雲大社を参拝された方はその境内、本殿の向かって左側に筑紫社があり、筑紫（九州）の妻として三女神の一神、**田心姫《たごり》（出雲大社は多紀理姫《たぎり》と表記）**が祭られていることを御存知の方も少なくなかろう。右側には本妻の須勢理《すせり》姫を祭る御向社《みむかいのやしろ》、及び神話で大己貴《おおなむち》（大国主）を救ったキサガイ姫とウムガイ姫を祭る天前社《あまさきのやしろ》の二社があって、境内社は計三社である。これら三社について、明治から昭和にかけて出雲大社宮司を襲職《しゅうしょく》された第八十二代出雲国造《いずもこくぞう》（古代は出雲国の長）の千家尊統《せんげたかむね》（１８８５～１９６８）は、大社の古記録によれば**筑紫社が常に第一に重んじられていた**と『出雲大社』（学生社）に記しておられる。さらに同著によれば社殿の基礎工事や建築をみても、筑紫社のそれは他の二社と異なり、一段と丁重であったことは不可思議な事実であるとされてきたことや、出雲大社の注連縄《しめなわ》の張り方が、世の神社とは正反対に向かって左から縄を綯《な》いはじめ、綯い終わりを右にするのは左側を上位とすることの表れであり、上記三社の摂社の位置に深く関係していると推察しておられる。

ここで大己貴の筑紫妻とされる三女神は前項のように玉依姫と異名同体であった。さすれば、出雲大社は千数百年の風雪に耐えて三女神の一神、**多紀理姫こと玉依姫（ヒミコ）が大己貴の筑紫妻である**と主張し続けているのである。我々はその伝承を軽々しく扱うわけにはいかない。

以上、我々は書紀が発するヒミコについて、二つの分身メッセージと二つの神社伝承とによって、天皇誕生史（日本建国史）解明の二つの鍵、**①ヒミコ＝アマテラス＝三女神＝玉依姫（神武の母）、②三女神こと玉依姫（ヒミコ）は大己貴の筑紫妻**を得た。

この①、②により、**神武は大己貴と玉依姫との子である**との推論が導かれるのであるが、ここで、ヒミコを神武の母とみた場合の最大のネックは、『魏志《ぎし》』にヒミコが「年すでに長大なるも、夫婿《ふせい》なく男弟あり」とされていることだろう。が、『魏志』のこの文章は倭国乱後にヒミコが倭国王として共立されたのちに記されていることに注意すれば致命的な問題になるとは思えない。たとえば、『後漢書』の倭国**大乱**（桓・霊の間［146～189］）を征した男王とヒミコ女王との子が神武として、男王亡き後の２００年前後に『魏志』の倭国**乱**が勃発、その後、ヒミコ女王が倭国乱を征する形で共立されたのであれば、そのときヒミコは未亡人で夫婿はないが、子はいても齟齬《そご》はきたさない。

ここで我々は『後漢書』の倭国大乱と『魏志』の倭国乱とが同一か否かについて真摯に向き合う必要が出てきたのである。

## ３節　倭国大乱と倭国乱との精査

### 中国史書三書の比較

倭国大乱と倭国乱については『後漢書』や『魏志』以外に『梁書《りょうしょ》』にも記載があって、次頁表に示すようにそれぞれ微妙に違っている。表では一連の文章を便宜上Ａ、Ｂ、Ｃに三区分したが、史書上はいずれも漢文独特の句読点のない一続きの文章である。

注意すべきはこれらの史書が対象とする年代と、撰録された年代との対応で、『後漢書』は後漢時代(西暦25～220年)の歴史を記すものではあるが、撰録されたのは二百年以上後《のち》の440年頃。一方、後漢に次ぐ三国時代(後漢末期と重なる185年頃～280年)の歴史を記す『魏志』は285年頃の撰録でほぼ同時代史。当然ながら、『後漢書』や『梁書《りょうしょ》』よりも信頼がおける。

| 書名 | 撰録年代 | A | B | C |
| --- | --- | --- | --- | --- |
| 魏志 | 285年頃 | 其国本亦以**男子**為王 | 住七八十年 | 倭国乱相攻伐歴年乃共立一女子為王名曰卑弥呼 |
| 後漢書 | 440年頃 | 安帝永初元年(107年)**倭国王帥升**等献生口百六十人願請見 | 桓霊間 | 倭国大乱更相攻伐歴年無主有一女子名曰卑弥呼 |
| 梁書 | 629年 | (当該部分記述なし) | 霊帝光和中 | 倭国乱相攻伐歴年乃共立一女子卑弥呼為王 |

以上を念頭に、三書を比較検討してみよう。まず、『魏志』の区分Aには「その国、もとまた男子をもって王と為す」とあり、解釈の分かれているBは後回しにしてCを見ると「倭国乱れ、相《あい》攻伐すること歴年。乃《すなわ》ち一女子を共立し王となす。名をヒミコという」とある。ここに倭国が乱れてヒミコが女王として共立されたことが分かるのであるが、では、その時期はいつか。ここで、Bに戻るとそこには、「住七八十年」の五文字があって、通説ではこれを「住《じゅう》する(あるいは住《とど》まる)こと七、八十年」と読み、直前のAにかけて、男王が「住すること七、八十年」と解されている(例えば岩波文庫本『新訂 魏志倭人伝他三篇』)が、それでは倭国乱の時期が何とも悩ましい。ヒミコ女王の前に男王が倭国の王として「七、八十

年住した」とは一体どういうことか、一代の長寿の男王が住したのか、あるいは男王何代かで七、八十年住したのか、だとすればそれ以前はまた女王であったのか、等々疑問が尽きない。

『魏志』のこんな文章を目の前にして、「桓《かん》・霊《れい》の間、倭国大乱」と書き記《しる》した『後漢書』の撰者は相当悩んだに違いない。常識的には『魏志』のB部には倭国乱の発生時期に関する文章があってしかるべきだが、「住七八十年」ではそれが分からない。

だいたいが、「桓帝《かんてい》〔146〜167〕・霊帝《れいてい》〔168〜189〕の間」の霊帝は後漢の実質的な最後の王。在位中の１８４年に発生した黄巾《こうきん》の乱以降、後漢は皇位争いや豪族達の反乱で戦国時代に突入していき、倭国の情報など関知する余裕もない。ようやく国内が落ち着くのは傀儡《かいらい》政権であった後漢が滅亡し洛陽に魏が建国された２２０年頃で、ここからが本来の『魏志』が扱う範囲だ。よって『魏志』にある**倭国乱はせいぜい遡っても２００年前後**のことだろう。一方、倭国大乱は桓・霊の間、すなわち１４６〜１８９年に該当するが、両端を丸めて１５０〜１９０年頃とみれば**２００年前後**よりは数十年も前の事件だ。とても同じ事件とは思えない。

『後漢書』の撰者はそう思いつつも、ついつい『魏志』の「住七八十年、倭国乱」を、手元の史料「桓・霊の間、倭国大乱」に置き換えたのではなかろうか。それは二つの史書を比べるとよく分かる。すなわち、「住七八十年、倭国乱」前後の文と、「桓・霊の間、倭国大乱」前後の文はほぼ同じ内容となっているからだ。

それはすぐあとで再確認するとして、その前に、両書より二、三百年後の６２９年に成立した『梁書』が倭国大乱の時期を霊帝光和年中〔178〜184〕と限定していることについて触れておこう。それは、今、あまりに多くの研究者が倭国大乱の時期をこの『梁書』に惑わされているからだ。

すなわち、『後漢書』に「桓・霊の間」〔146〜189〕とあり、『梁書』にも「霊帝光和年中」〔178〜184〕とあるからには、倭国大乱は『梁書』の「霊帝光和年中」でよかろうとする見解である。が、それは両書の成立時期を無視した安易な考えではなかろうか。

なぜなら、『梁書《りょうしょ》』の「霊帝光和年中」は『魏志』と『後漢書』があれば簡単に導くことができるからだ。すなわち、『魏志』の男王が『後漢書』の１０７年に後漢に朝貢した帥升《すいしょう》であり、その男王が、倭国乱中に七、八十年住した結果が『後漢書』Ｂの桓霊間であるとすれば、１０７年に七、八十年を加算した１７７～１８７年が得られ、それはまさに霊帝光和年中〔178～184〕となる。

『梁書』の撰者はこれに気づいたとき、得意満面の笑みを浮かべつつ自信満々にそう記したに違いない。決して悪気からではなく、後世の読者の便宜を考えて。その彼の気遣いが今、我々を困惑させている。困惑しながらも倭国大乱と倭国乱を同一視し、その時期を『梁書』の霊帝光和年中に従っている。あるいはせいぜい『後漢書』の桓霊間を併記する程度である。不思議なことだ。

そもそも『梁書』は倭国(大)乱後、四百年以上も経た６２９年に成立している。そんな後代に、倭国(大)乱の時期を『魏志』や『後漢書』以上に精密に『梁書』の撰者が特定できるというようなことは考えがたい。もし倭国(大)乱が霊帝光和年中であったなら、**『後漢書』が「桓・霊の間」とするはずがなく、「霊帝の間」としてしかるべき**。どうしてそんなことも分からないのかと、『後漢書』の撰者は草葉の陰でいぶかっていることだろう。そんな推測を裏付けるかの如く、『梁書』(６２９年)から七年後の『隋書』(６３６年)には「桓・霊の間」とあるし、ほぼ二十年後の『晋書』(６４８年)には「漢末、倭人乱」とあって、**『梁書』の「霊帝光和年中」は完全に無視されている**。

ここで我々は『梁書』の「霊帝光和年中倭国乱」という雑音はきっぱり振り払って、『魏志』と『後漢書』両書に集中しなければならない。するとそこにも新たな矛盾点が浮き上がってくる。

『魏志』には、倭国乱の収束後にヒミコが共立されたとする左表のＣ欄に続いて、このときヒミコはすでに年《とし》長大と記されており、その頃、五十歳程度には達していたはずである。その時期が『後漢書』の倭国大乱にある桓霊間［146〜189］の後半たとえば185年あたりとすれば、ヒミコが没した247、8年頃（『魏志』）とは六十年以上も離れている。それではヒミコの寿命は百歳をさらに十数年こえることになってしまうではないか。『魏志』には倭人は長寿で、百年、あるいは八、九十年ともあるので、中にはそれぐらいまで生きのびた人がいるとしてもせいぜい百歳ぐらいが限度ではなかろうか。ところが『後漢書』に従えば、ヒミコの寿命はそれをさらに十数年こえた常識的にはまずはありえない長寿を全《まっと》うしたということになる。

これは一体どうしたことか。ここでこの矛盾を解決するためには、我々には二、三の仮定が必要だ。一つは『後漢書』の倭国大乱と『魏志』の倭国乱とは別々の事件であるという仮定。これを仮定1とする。二つ目は、『後漢書』が「倭国大乱」に続けて「更相攻伐歴年無主有一女子名曰卑弥呼」とするのは、実質的な歴史を184年頃に閉じて統治能力を失っていた後漢の宮廷には「倭国大乱」は記録されていたが、その中身や結末は記録されていなかったので『魏志』のC部をほぼ再録したという仮定。以上二つの仮定が成り立つならば、『後漢書』のその部分は本来なかったことになるのでこれは削らねばならない。すると両書は本来、左表のような形であったはず。さて、このように解してくると、そもそもの疑問の出発点であった「住七八十年」五文字についての解釈が問題になってくる。

| 書名 | 魏志 | 後漢書 |
|---|---|---|
| 撰録年代 | 285年頃 | 440年頃 |
| A | 其国本亦以男子為王 | 安帝永初元年(107年)倭国王帥升等献生口百六十人願請見 |
| B | 住七八十年 | 桓霊間 |
| C | **倭国乱**相攻伐歴年乃共立一女子為王名曰卑弥呼 | **倭国大乱**（**詳細不明**） |

## 「住《じゅう》七八十年」をどう解するか

通説は「住する(あるいはとどまる)こと七八十年」と解し、その前文、「其国本亦以男子為王」にかかるとしている。しかし、それはここまで、三書を比較検討して分かったように、『後漢書』や『梁書』の編者はこの五文字を倭国大乱の時期を示すものと捉えていた。

ならば文章構造上、同じBの位置にくる『魏志』の「住七八十年」も本来、倭国乱(倭国大乱とはされていない点、要注意)の時期を示しているのではなかろうか。

実は、これまでもそのように考えた先学者が数人いるので、まずはそれを見てみよう。

明治初期の史家で大宮司の菅政友《かんまさとも》(1824~97)は「住」は「往」の誤りと推定し、「ソレヨリ前七八十年」と読むことを提唱。その後、わが神社伝承学の父原田常治《つねじ》(1903~77)も同様の見解から「今を去る七八十年」と読み、その「今」を『魏志』撰者の陳寿《ちんじゅ》没年(297)近辺とみなしそこからの逆算で、五文字を「210年から220年頃」と考えた。

一方、昭和の高名な歴史学者井上光貞(1917~83)は、南北朝時代の金石文(金属や石に記された文字史料)にはしばしば行人偏を人偏に作る用例が見られるとする東洋史家末松保和《やすかず》の教示に基づき、住はすなわち往で、五文字を「今から七、八十年前」と読み、いつを起点にして七、八十年前かは不明と断った上で、「かりに卑弥呼の死んだ240年代末を起点にして逆算してみると2世紀の六、七十年代ということになる」(『神話から歴史へ』)として、この時期は『後漢書』や『梁書』の年代に合うと結論した。

以上の議論を踏まえ、私は「住七八十年」を「往七八十年」とみなした上で(誤写説よりも、行人偏を人偏に略したとする説に与《くみ》したい)、これを「今から七、八十年前」と読み、その「今」の起点を原田説でも井上説でもなく、陳寿が『魏志』のこの文章を書いていた時点と考える。

陳寿（２３３〜２９７）が『魏志』の本体たる『三国志』を編纂《へんさん》し終えたのは２８５年頃とされるが、この膨大な史料（全三十巻）の、この部分の初稿はいつ頃完成したのであろうか。推定するしかないが、２７０年頃の述作であるとすれば「往七、八十年」は「今から七、八十年前の１９０〜２００年」を意味し、２８０年頃の述作であるとすれば、それは「今から七、八十年前の２００〜２１０年」を意味するというのが三つ目の仮定である。

さて、以上三つの仮定のもと、前述の『魏志』の文章全体を解すると次のようになる。

「その国、もとまた男子をもって王と為す。今から七、八十年前（２００±10年）、倭国乱れ、相攻伐《あい》すること歴年、そこで共に一女子を立てて王とした。名はヒミコという」

このように解すれば、ヒミコが共立されたのは『後漢書』の**倭国大乱**（146〜189）から数十年を経た２００年前後に、再び発生した倭国**乱**後のことで、この頃すでに年長であったヒミコ（五十歳前後か）がさらに四十七、八年生きのびたとしておよそ百歳の長寿を全うしたことになり、この程度の長寿であれば十分ありうるので、ここに初めて先の矛盾が解消されるのである。

## ヒミコ百歳はありうるか

ヒミコの時代は『三国志』の時代と重なるが、この頃、魏《ぎ》、呉《ご》、蜀《しょく》を建国した時の英雄曹操《そうそう》、孫権《そんけん》、劉備《りゅうび》はそれぞれ六十六、七十一、六十三歳で亡くなっており、平均六十七歳である。ちなみに『三国志』（『魏志』はそのうちの一つ）の編者陳寿も六十五歳で平均に近い。これは今の男性の平均寿命と十数歳程度しか違わない。日本でも時代は少し下るが奈良時代の高僧行基《ぎょうき》は八十二歳の長寿をまっとうしたことが墓誌により知られている。それだけではない。この頃七、八十歳はざらにいたことが、書紀に続く正史『続日本紀《しょくにほんぎ》』

や『養老律令』の記事から分かる。

まず『続日本紀《しょくにほんぎ》』を見ると、慶雲四年(７０７)七月十七日条に元明天皇即位の勅として、「**百歳以上**に籾《もみ》二斛《こく》(注 一斛は１８０リットル)、九十以上には一斛五斗、八十以上一斛を賜う(与える)」とある。翌、和銅元年(７０８)正月十一日条にも、武蔵国秩父で和銅が産出された記念として、「**百歳以上** 賜籾三斛 九十以上二斛 八十以上一斛」との勅が出ている。以下『続日本紀』には**百歳以上の高齢者を褒賞する記事が十件近く**も載っている。

一方、７５７年に施行された『養老律令』第八編、戸令《こりょう》11 給侍《きゅうじ》条には、「年八十及び篤疾《とくしつ》(重病者)には給侍を一人、九十には二人、**百歳**には五人をつける。皆、子孫を優先的に充てること。もし子孫がいない場合には近親者から採ることを許す」とある。


以上より、奈良時代には百歳が稀でなかったことは明白だ。それを遡ること五百年の弥生時代後期末といえどそう大差なかろう。ヒミコ百歳は十分にあり得たのである。ちなみに、弥生時代に次ぐ古墳時代において、中国東北地方南東部から朝鮮半島北部にかけて勢力を誇った高句麗《こうくり》の第20代国王(好太王碑で有名な好太王[広開土王]の長子、好太王碑の建造者)は五世紀直前の３９４年に誕生し、４１３年に即位、在位79年にして４９１年12月98歳の長寿を全うし没したことから長寿王と呼ばれたことはよく知られている。

思うに人間(動物)本来の長寿寿命はＤＮＡによって決められているような気がしてならない。

さて、**書紀にヒミコが三女神や玉依姫に化身されて描かれていることが確認できた**ところで、神代紀上下二巻を改めて俯瞰してみたい。

## 4節　書紀神話に秘められた「幻の皇祖神系譜」

### 神代紀上の核と謎

「古《いにしえ》に天地《あめつち》いまだ剖《わか》れず、陰陽分《めおわか》れざりしとき……」から始まる前半部分を思い切って省略し、ナギ、ナミ夫妻の国生《くにう》み神生《かみう》みあたりからみていこう。国土に次いで海山川草木を生み終えたナギ、ナミ夫妻が次に生んだのは、アマテラスとスサノオを含む四神であった。

四神のうち、我々日本人の始祖となるのは日の神アマテラス、及び彼女と共に天下を治《しら》すべしとも記《しる》されるスサノオの二神で、神代紀上ではそのスサノオが天上界から天下(地上界)へと天降っていくさまが、続く神代紀下ではアマテラスの孫のニニギが地上界に天降っていくさまが描かれている。以下、神代紀上の概要を示すが、数多く示される異伝は無視してまずは本文を追ってみると次のようになる。

Ⅰ　ナギ、ナミ夫妻の子スサノオは生まれつき残忍で泣きわめき、かつ多数の人民を夭折《ようせつ》させたり、青山を枯らしたりするので、両親によって根国《ねのくに》(場所不明)に追放される。

Ⅱ　その途次、スサノオはアマテラスのもとに暇乞《いとま》いに訪れるが邪心を疑われウケイ(誓約)により身の潔白を証明しようとする。ウケイで男神を生んだスサノオはその後、アマテラスの田や宮に乱暴を働き、アマテラスを傷つける。怒ったアマテラスは天石窟《あまのいわや》に身を隠し世界は闇に包まれるが、八百万《やおよろず》の神々の知恵で引き出すことに成功。乱暴を働いたスサノオは髪や手足の爪を抜かれて地上界に追放される。

Ⅲ　降臨地は出雲国簸川《ひかわ》の川上で、スサノオは今にもヤマタノオロチに呑みこまれようとしていたアシナヅチ、テナヅチ夫妻の若き娘稲田姫を救出、やがてその娘と結婚。**二人の間に大己貴が誕生。**

本文はそんなところであるが、建国史を考察する上で見逃せないのが、本文に続いて示される六つの異伝の内、最後に示される異伝(八段一書⑥)だ。ここに**大己貴《おおなむち》こそが少彦名《すくなひこな》と共に力を合わせ心を一つにして天下を経営した建国の神**、と明かされる。さらに彼は、少彦名亡き後は独り巡って国を造り、最後に出雲国に戻って葦原中国《あしはらのなかつくに》(日本の国土)を理《おさ》めたと宣言、その領域はヤマトにも及び、三諸山《みもろやま》(三輪山《みわやま》)に住んで大三輪神《おおみわのかみ》とも呼ばれ、そこで後《のち》の**初代天皇神武の后となるヒメタタライスズ姫をもうけた**とする。

そのイスズ姫の母の名を三島溝咋《みぞくい》姫、また玉櫛《たまくし》姫としながら、**父は大己貴**とした上で、また曰《いわ》く事代主《ことしろぬし》神として大己貴の正体を困惑させている。大己貴と事代主との関係については本節後半で推察するとして、以上のストーリーから系譜だけを抽出すると、次項に示す系譜図(40頁)の右欄に示すような天皇家の外戚《がいせき》(母方の親族)系譜ができあがる。

どうやら、**神代紀上の核は皇祖神の外戚系譜を示すこと**にあったようだ。ここで神武后が神武と同世代とすれば、建国の神**大己貴は神武の父の世代に、スサノオは祖父の世代に該当する**ことが分かるのである。

## 神代紀下の核と謎

神代紀下はアマテラスの系譜から始まり、アマテラスが主役かと思いきや、それは系譜だけで、なぜか高皇産霊尊《たかみむすひのみこと》(以下タカミムスヒ)なる神が突然登場し、アマテラスをさしおいて天上界を取り仕切る。以下、ここでも数多く示される異伝は無視して本文だけでストーリーの概略を、前項のⅢに続いて追っていこう。

Ⅳ　天上界の支配者タカミムスヒは、自分の娘**栲幡千千姫《たくはたちぢ》**と**アマテラスの子オシホミミ**との間に生まれた**ニニギ**を葦原中国《あしはらのなかつくに》(日本国土)の支配者とすべく、大己貴に国の譲渡を迫る。話し合いによる交渉は失敗するも、武力をちらつかせて簒奪《さんだつ》に成功し、ニニギを葦原中国に天降らせる。

Ⅴ　ニニギは日向《ひゅうが》(「ひむか」とも)の高千穂に天降って、地上界の鹿葦津姫《かしつひめ》(木花開耶姫《このはなさくやひめ》)と結婚しホスソリ、**ヒコホホデミ**兄弟をもうける。

Ⅵ　兄のホスソリは海幸彦《うみさちひこ》、弟のヒコホホデミは山幸彦《やまさちひこ》ともいい、二人は互いに獲物を捕る道具を交換する。しかし、山幸彦は兄の釣り針をなくしてしまい強く叱責され、海宮《わたつみのみや》に探しに行く。そこで、海神《わたつみ》やその娘**豊玉姫**と出会い、釣り針を探しだしてもらう。

Ⅶ　山幸彦はそこで豊玉姫を娶り三年暮らしたが、望郷の念に堪えかねて故郷に帰り、釣り針を兄に返すが、釣り針の紛失を頑《かたく》なに許さない兄に対し海神から教示された呪文を唱え、遂に兄を降伏させる。

Ⅷ　時に、海宮で山幸彦の子を身ごもっていた豊玉姫が妹の**玉依姫**と共に追いかけてきて、海辺の渚《なぎさ》で竜《たつ》に化《ば》け出産。それを見られた豊玉姫は恥じて海に帰る。この御子が**ウガヤ**で、彼は叔母の玉依姫を妃とし、四人の男子をもうける。その末子が神日本《かむやまと》**イワレ彦**(**初代天皇**)である。

以上、神代紀下のストーリーの前半(天孫降臨神話「Ⅳ、Ⅴ」)と後半(海幸山幸神話「Ⅵ〜Ⅷ」)は木に竹をついだように不自然なもので、そこにはヒミコや邪馬台国《やまたいこく》の匂いはまるで感じられない。非現実的な記述は物語だけでなく、系譜についても同様で、次頁図の左欄に示されるアマテラスから初代天皇イワレ彦(神武)に至る六代の皇祖神系譜は容易に納得しうるものではない。なぜなら、図のように神代紀上下を並び立てたとき大きな謎が浮上するからだ。

すなわち、スサノオを起点として神武とその后ヒメタタライスズ姫との世代が**三世代も合わない**。しかも妻の方が三世代(一世代二十五年として約七十五年)も年上とはどういうことか。

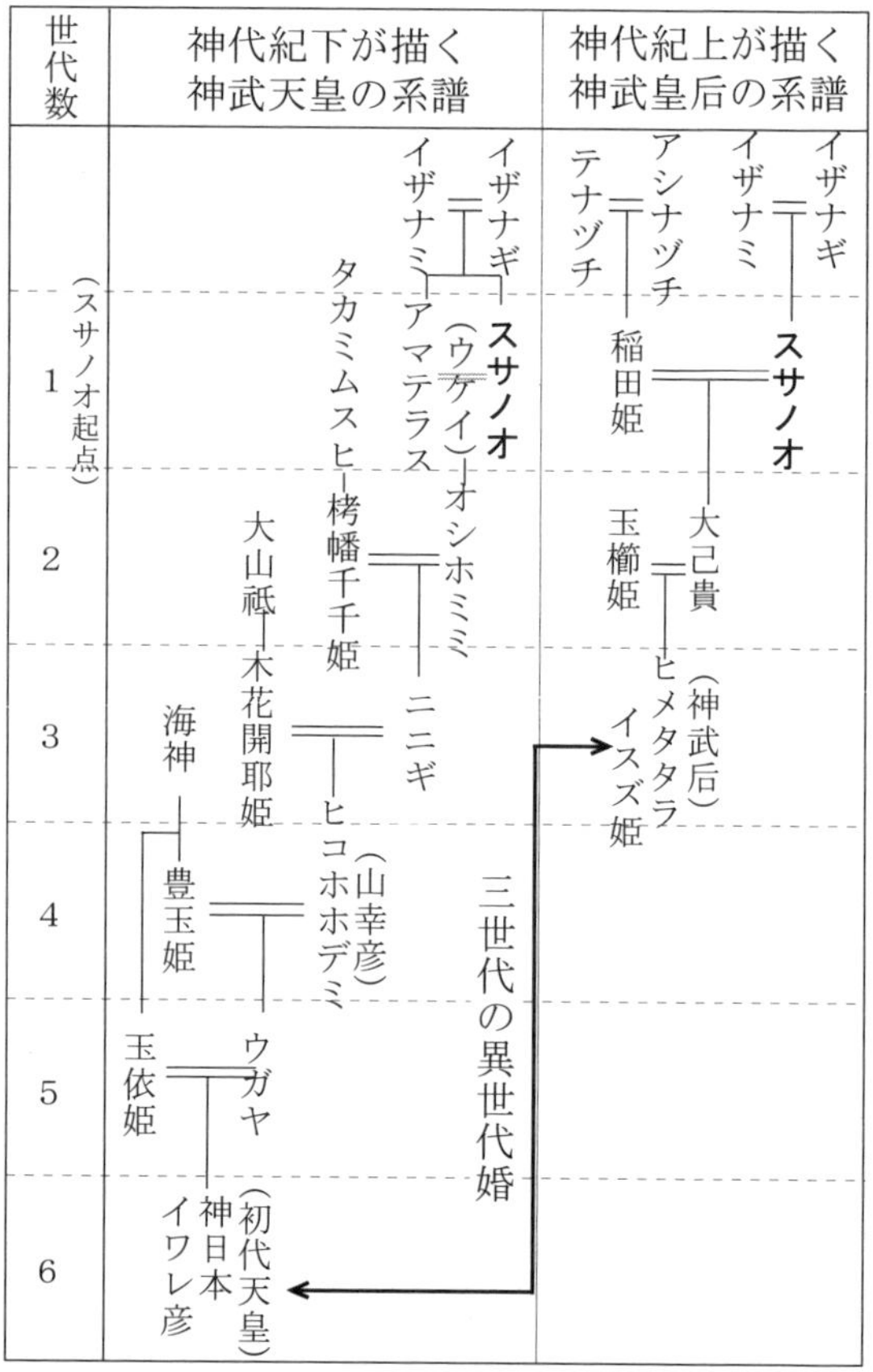


**神代紀上・下間に横たわる神武夫妻の世代矛盾**

ここで、わがスサノオ＝五男神仮説に従って、スサノオ＝オシホミミとしたとしても、やはり、二世代合わない。仮に神代紀上の系譜が真とすれば、神代紀下の系譜には二、三世代の加上があるはず。「矛盾こそが書紀からのメッセージ」とすれば、木に竹を繋いだような不自然な神代紀下のストーリーはきっとどこかにその矛盾を解くカギが秘められているに違いない。

## 書紀の分身メッセージ③（カムヤマトイワレ）ヒコホホデミ＝神武天皇

そんな目で神代紀下を何度も復読して気付くのが神武天皇について、幼少時の名は狭野尊《さののみこと》、天皇の位についてからは、本文では神日本《かむやまと》**イワレ彦**としながら、その一書では別名として（神日本イワレ）**ヒコホホデミ**と何度も繰り返し叫んでいることだ。すなわち神代紀上に一度（第八段一書⑥）、下では三度（第十一段一書②、③、④）にわたってそう記している。その上、ご丁寧に、巻三の神武紀冒頭でも「神日本磐余彦《いわれひこ》天皇、諱《いみな》

(実名)は彦火火出見《ひこほほでみ》」と念を押している。それでも物足りなかったのか、神武即位元年紀一月一日条にもわざわざ、「始馭天下之天皇《はつくにしらすすめらみこと》を、号《なづ》けたてまつりて神日本磐余彦火火出見《かむやまといわれひこほほでみ》天皇ともうす」とダメを押している。実に六度にもわたって神武をヒコホホデミとしているのだ。これは**神武(イワレ彦)=ヒコホホデミ**とする書紀の必死の叫びでなくてなんだろう。だとすれば、上の右側の系譜図、**神武始祖復元系譜**こそが神武本来の系譜であると書紀は念には念を入れているのである。

ならば、その本質は「神武=ニニギの子」ということになる。もちろんこれも検証が必要であるので、今、これを神武=ニニギの子仮説と呼んでおこう。

興味深いことに、この仮説とわがスサノオ=五男神(オシホミミ他)仮説を適用すればスサノオを起点とする神武の世代と、神代紀上の核たる、神武后の世代は両者ともスサノオの孫(第三世代)として系譜図左側の如くぴったり一致する。以降この復元系譜を「**幻の皇祖神系譜**」(復元系譜①)と呼ぶことにするが、ここで神武=ニニギの子仮説が成り立つならば、次頁の右側の図(**神代紀下の構造**)のようにヒコホホデミ以降の系譜は神代紀下本来の皇祖神系譜に海幸山幸《うみさちやまさち》神話を継ぎ足したものとみることができよう。ここで、この系譜の上下を左右に分けて見比べてみると左側の系譜図のようになり、

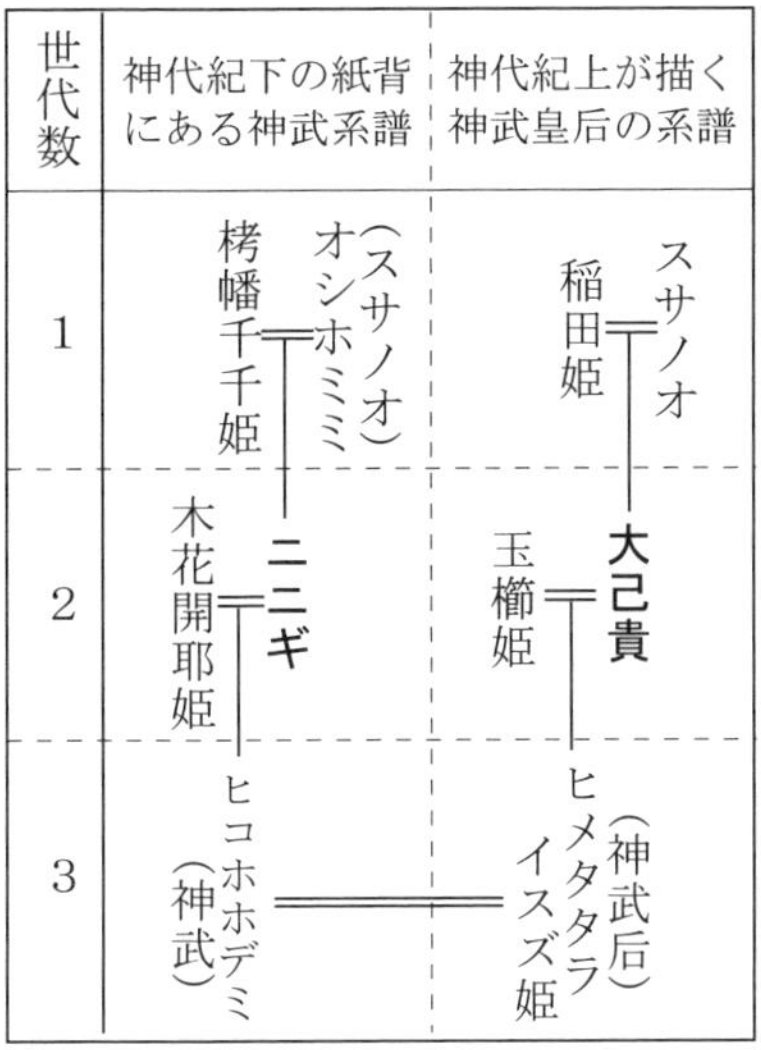

「幻の皇祖神系譜」(復元系譜①)

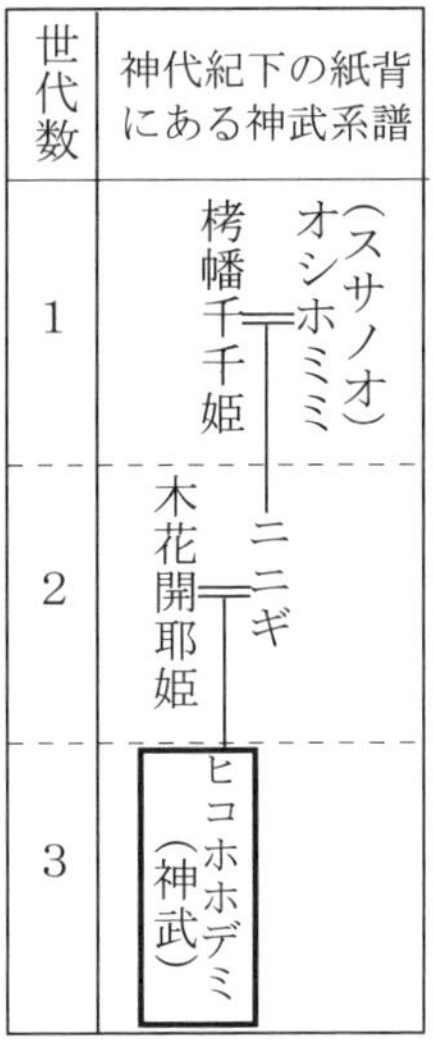

**神武始祖復元系譜**

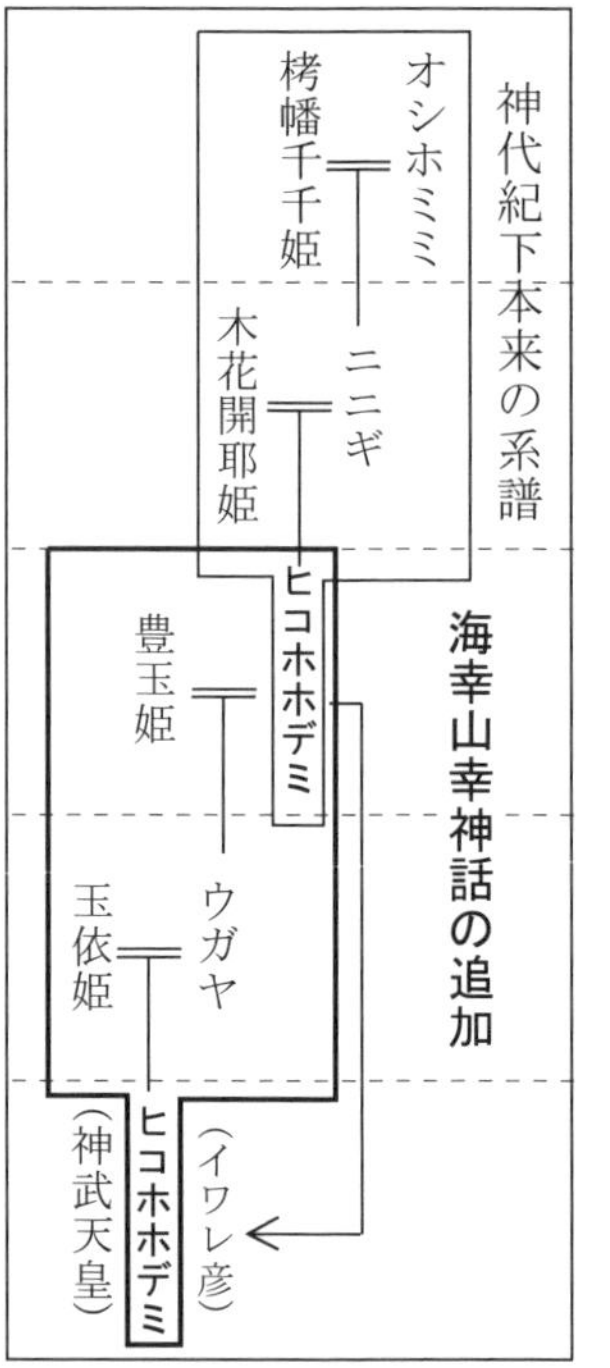

神代紀下の構造

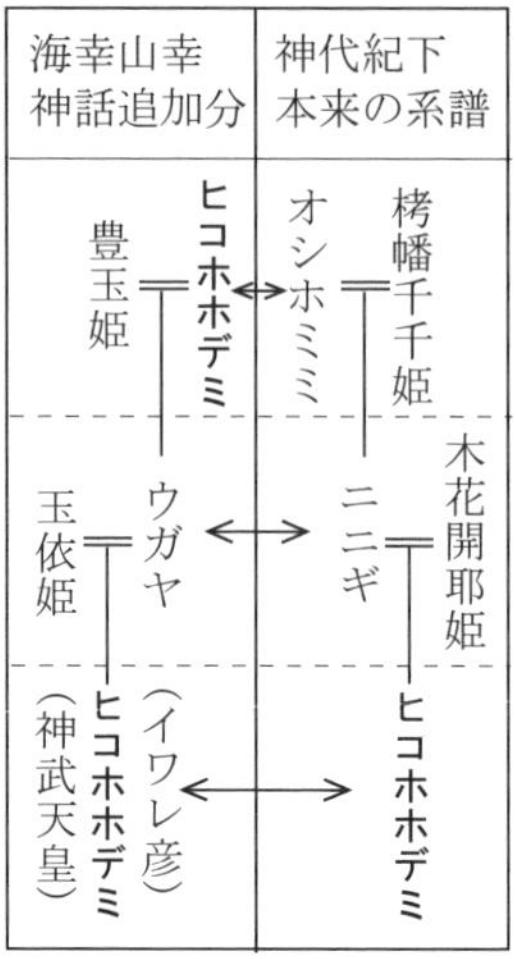

右図系譜を左右に分解

オシホミミとヒコホホデミ、ニニギとウガヤ、ヒコホホデミとイワレ彦たるヒコホホデミ(神武)とがそれぞれ対応している。その場合、これらの一部、あるいは全てが異名同体の可能性が浮上してくる。むろんそれは妻側にも言えることで、例えば、木花開耶《このはなさくや》姫《ひめ》と玉依姫とが異名同体であるか否かなどは今後の重要な検討課題の一つとなるが、これについては後述の**書紀の分身メッセージ④**で触れたい。

ここで注意すべきは**ヒコホホデミ**で、**ニニギの子のヒコホホデミ(後の神武)と神武祖父のヒコホホデミ(海幸山幸神話の山幸彦)、すなわち豊玉姫の夫としてのヒコホホデミとは別人**であることだ。実は古代には偉大な祖父や曾祖父の名を受け継ぐ例が、三輪氏族の武甕槌《たけみかづち》や、新羅《しらぎ》からの渡来人天日槍《あめのひぼこ》などに見られるので、これはさほど特異なことではなさそうだ。いずれにせよ、以降に登場するヒコホホデミは**豊玉姫の夫(山幸彦)としてのヒコホホデミ、すなわち神武祖父としてのヒコホホデミの場合と二代目のヒコホホデミ(神武自身)の場合とがあるので混乱しないように頭にとどめておく必要がある。ここで、初代ヒコホホデミ、すなわち神武祖父としてのヒコホホデミは前図より、オシホミミすなわちスサノオの異名同体とみられる**のであるが、その検証は追々行っていくとしよう。

それはさておき、ここで「幻の皇祖神系譜」（復元系譜①［41頁］）に戻ると、神代紀上下の比較において、スサノオ＝五男神仮説の一角、すなわちスサノオ＝オシホミミを適用すれば、大己貴とニニギは異名同体あるいは兄弟ということになる。前述のように神代紀上では大己貴は葦原中国の支配者、一方、神代紀下ではその国を簒奪《さんだつ》した天孫が新たな支配者として天降らせたのがニニギとあって、因縁少なからぬ二神である。

そんな二神の関係を書紀は無視するかの如く一切語らないが、古事記がそれを見事に補完している。

## 『古事記』が補完するニニギと大己貴との深い関係―その①

古事記の背後に大己貴＝ニニギのデザインがあることを読みとった哲学者がいる。それは上山春平《うえやましゅんぺい》（1921〜2012）でユニークな歴史研究者としても知られているが、特に同業の梅原猛《たけし》（1925〜2019）と共に書紀の実質的な制作主体として藤原不比等《ふひと》を推察した見解には賛同者が多い。

上山によれば、古事記の神統譜は、一方に高天原《たかまのはら》の系譜（タカミムスヒ―イザナギ―アマテラス―ニニギ）、他方に根の国の系譜（カミムスヒ―イザナミ―スサノオ―オオクニヌシ［大己貴］）を設定し、この二つの系譜がアメノミナカヌシ（O1）を共通の始点とし、イワレヒコ（神武［O2］）を共通の終点とする上図のようなシンメトリックな構成になっているという（『神々の体系』中公新書、197

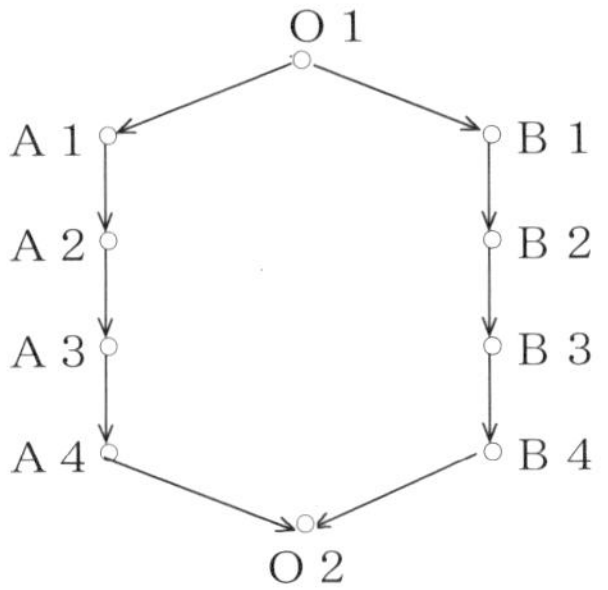


O1　アメノミナカヌシ
O2　イワレヒコ（神武）

| 高天原系 | 根の国系 |
| --- | --- |
| A1タカミムスヒ | B1カミムスヒ |
| A2イザナギ | B2イザナミ |
| A3アマテラス | B3スサノオ |
| A4**ニニギ** | B4**オオクニヌシ** |

**『古事記』の神統譜**
（上山春平著『神々の体系』より）

2)。この図は記紀を熟知していないと分かりづらいかもしれないが、上山は「この図の神々の縦のつながりは血によるつながりではなく、一見不明瞭な精神的なつながりによって結ばれている」とする。具体的にいえば、根の国の神々(右側)は慕うものと慕われるもの、目をかけるものとかけられるものとの心情的な絆によって、また、高天原《たかまのはら》の神々(左側)は命令するものと従うものという意志の絆によって結ばれていると主張する。それは哲学的な深い思索なくしては発露しがたい見解で、上山の著作にはそのあたりの難解な論理が軽妙に説明されていて大変参考になる。

その詳細は原著をご覧いただくとして、上山はこの図の発案過程で、高天原系のニニギと根の国系のオオクニヌシ(大己貴)とは一対、すなわち、「**高天原系と根の国系それぞれからイワレ彦への統合の方向性をはらむ神としてニニギとオオクニヌシ(大己貴)がある**」と看破されたのである。

この上山説から導かれる「ニニギとオオクニヌシ(大己貴)の等価性」を裏付けるかのような伝承は各地に点在している。詳細は後述するとして、書紀撰上以前の715年頃に撰進された『播磨国風土記』にある一例を紹介すると、穴禾《しさわ》郡雲箇《うるか》の里の条に「**(伊和《いわ》)大神の妻、木花開耶姫《このはなさくやひめ》**はその容姿が美麗《うるわ》しかった。だからウルカという」とする地名伝承を載せている。ここで、伊和大神が大己貴であることは『延喜式』神名帳「927年」に、「伊和坐《いわにいます》**大名持《おおなもち》**御魂《みたま》神社」とあって間違いない。一方、書紀によれば、**木花開耶姫の夫はニニギ**とあるので、大己貴=ニニギが書紀以前から伝承されていたことが当風土記からも窺《うかが》える。

## 『古事記』が補完するニニギと大己貴との深い関係―その②

実は古事記には右記上山の哲学的な思索がなくとも、より端的に大己貴=ニニギを暗示するメッセージが埋め込まれている。それは大己貴とニニギに限り、両者が共に「地底の石根《いわね》(堅固《けんご》な石《いわ》)に太い宮柱を立て、天空に千木《ちぎ》（神社の屋根に交差して伸びている2本の板木）を高くそびえさせた宮殿」に住したと、三箇所に示されているのだ。

その内の二箇所は好一対の物語で、一つは大己貴が三種の神宝をスサノオから奪い取って大国主神となる物語の最後にスサノオからこの宮殿に居《お》れと命じられる場面、他の一つはニニギがアマテラスから三種の神宝を授けられて葦原中津国《あしはらなかつくに》の統治者として天降る物語の最終盤にこの宮殿に坐《いま》すとする場面だ。

ここに宮殿を通して両者の等号が暗示されているのであるが、それでも気付かない読者のために古事記は両物語の中ほどに、大己貴が天孫族の脅しに屈して、葦原中津国を天孫に譲る物語を挿入し、その際、国譲りの条件として大己貴が天孫族に要求したのが、これまたこの「地底の石根に太い宮柱を立て、天空に千木高くそびえさせた宮殿」の造営であったのだ。この宮殿が出雲大社を意味することは近年、出雲大社境内からスギの大木3本1組で直径約3メートルにもなる巨大な柱が三箇所で発見され、これをベースにすれば高さ48メートルの本殿建築が構造力学的に可能であることを大林組が発表していることからも疑いの余地はなかろう。

以上のように古事記や『播磨国風土記』はニニギ＝大己貴を強く暗示している。そして、この等式が成り立つのであれば、ニニギが九州の日向に降臨して娶った妻・木花開耶姫という書紀のストーリーの裏に、大己貴が日向に出向いて木花開耶姫をめとったという姿が浮かび上がってくるのであるが、書紀にはそれを確信させる分身メッセージが以下のように埋め込まれている。

### 書紀の分身メッセージ④アマテラス（ヒミコ）＝木花開耶姫

ここまでの書紀神話や神社伝承から、我々はヒミコがすでに五女神（①アマテラス②三女神③玉依姫）に分身されていることを知っている。実は書紀にはさらなるヒミコの一分身が、神功皇后《じんぐうこうごう》をヒミコとみなすふりをした神功皇后《じんぐうこうごう》の巻に堂々と、かつ誰に気付かれることもなくひっそりと記載されている。

神功皇后摂政《せっしょう》前紀三月一日条の中に、かつて自分にのり移って新羅《しらぎ》遠征を勧告した神に、その御名《みな》を問う場面。神は七日七夜に至ってようやくその重い口を開く。「神風の伊勢国の百伝《ももづた》う度逢県《わたらいのあがた》の拆鈴《さくすず》五十《い》鈴宮《すずのみや》に所居《ま》す神、名は撞賢木《つきさかき》厳《いづ》之御魂《みたま》天疎《あまさかる》向津姫《むかつひめ》」と。

ここに、伊勢神宮の神アマテラスの異名が「天疎向津姫」として示されているが、古代の知識人であれば、それが「日向《ひゅうが》の姫」を意味することは容易に見抜けたはず。なぜなら、「天疎」が、「夷《ひな》」のヒにかかる枕詞であることを知っていたからだ。なぜ、「天疎」が「夷」の枕詞になるかといえば、「夷」が天から疎遠なところにあるからで、天疎は夷を意味するからだ。書紀は用意周到に、そういう知識を有しない読者のためにも書紀自身の中にその一例を加えている。神代紀下第九段一書①にある「天離《あまさかる》る　夷つ女《め》の　い渡《わた》らす迫門《せと》　石川片淵《いしかわかたふち》……」(片田舎の女が、瀬戸を渡って[魚をとる]石川の淵よ……)とする歌だ。書紀撰上前後にすでに原形があったと考えられる万葉集にも同じような例がある。たとえば、柿本人麿は、「天離る鄙《ひな》の長道《ながち》ゆ恋来れば明石の門《と》より大和島見《やまとしまみ》ゆ」と歌っている(巻三・二五五)。

このように、当時の知識人にとって「アマサカル」とくれば容易にヒナの「ヒ」が連想されたことだろう。さらに向津姫の「津」が助詞の「ノ」を意味することは常識であったので、「天疎」向津姫《むかつひめ》は当時の知識人にとって、「ヒ」向《むか》ノ姫を意味することに気付くことはさほど困難ではなかったはず。

さてここにアマテラス＝日向ノ姫が導かれたのであるが、日向の姫といえばなんといっても皇孫ニニギの妻木花開耶姫《このはなさくやひめ》である。なぜなら、日向の地のほぼ中央にある西都《さいと》市の西都原《さいとばる》古墳群には千数百年の時を経て現在もなおニニギと木花開耶姫の陵墓と伝承されている九州一の大古墳男狭穂塚《おさほづか》と女狭穂塚《めさほづか》があるからだ。

以上のようにアマテラス＝木花開耶姫が分かってみれば、アマテラス(＝三女神＝玉依姫)を介して、玉依姫＝木花開耶姫が証明されたことになる。さすれば、ニニギと木花開耶姫が結婚してヒコホホデミ（神武）をもうけたという神代紀下の物語は裏を返せば、大己貴と玉依姫ことヒミコが結婚してヒコホホデミこと神武をもうけたということになる。ここに至って我々はようやく、出雲大社が千数百年の風雪に耐えて三女神の一神、**多紀理《たぎり》姫**（書紀の表記は田心《たごり》姫）ことヒミコが大己貴の筑紫（九州）妻であると主張し続けている伝承の真の重みが理解できるのである。

## 浮かび上がった大己貴とヒミコとの赤い糸――「幻の皇祖神系譜」

ニニギ＝大己貴の等号が確たるものになるにつれ、我々の眼前に立ちふさがっていた神代紀下の木に竹をつないだようななんとも不自然な系譜の謎も雲散霧消するときがやってきた。

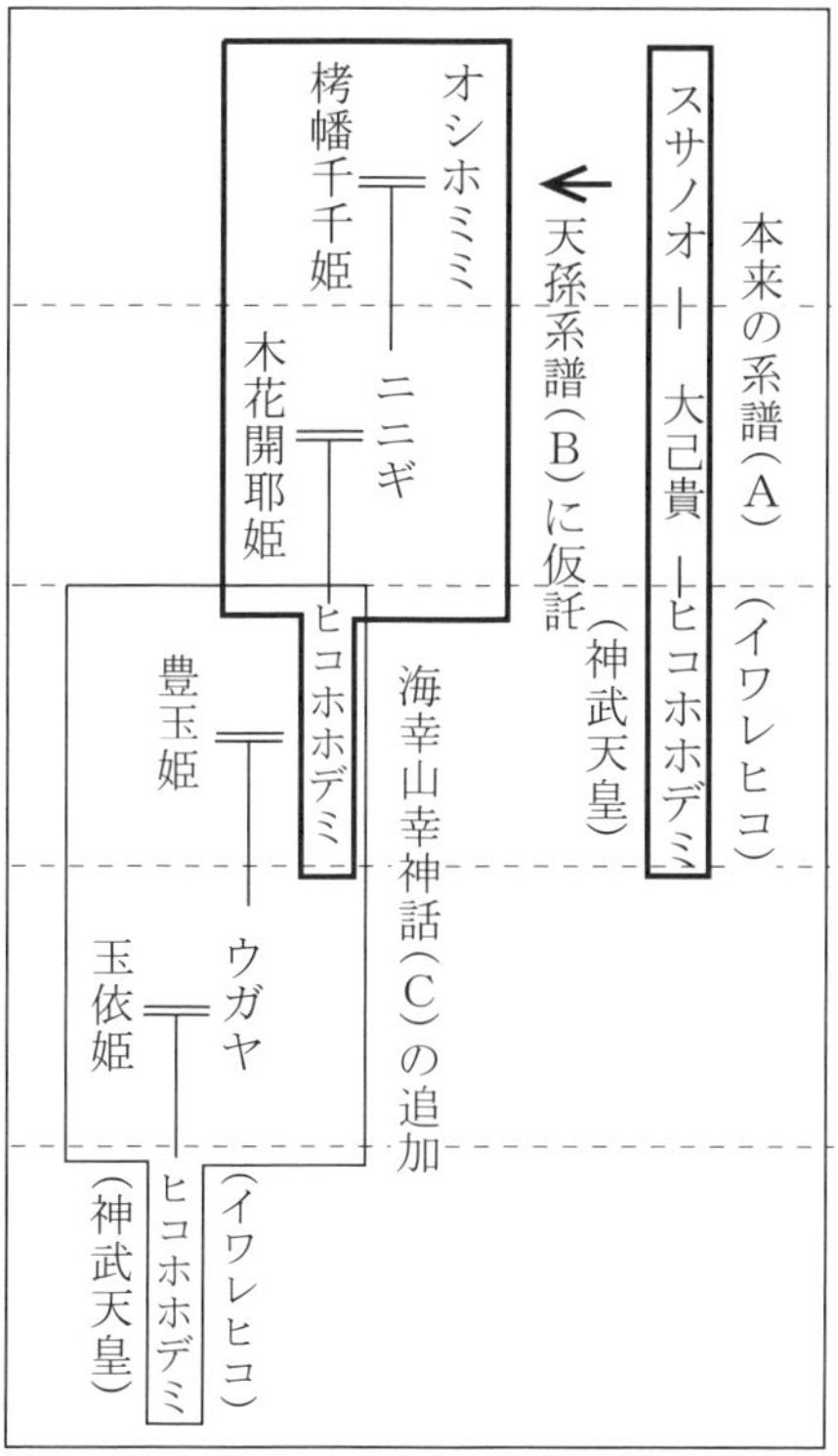


そこにあったオシホミミ―ニニギ―ヒコホホデミという天孫系譜は上図のように、**スサノオ―大己貴―ヒコホホデミ（神武）という本来の系譜（A）を創造上の天孫系譜（B）に仮託した上で、ヒコホホデミを山幸彦とする海幸山幸神話（C）を付加**して、本来の系譜を困惑させつつもその真意をかぎとって欲しいという書紀苦心の仮冒《かぼう》（偽称）系譜であったのだ。換言すれば、神代紀下の天孫系譜は神代紀上の分身系譜だったということになる。

それだけではない。書紀にはもう一点見逃してはならない重要なメッセージが秘められており、そこにもまた、アマテラス＝玉依姫の片鱗が垣間みられるのである。

それは、玉依姫の母の正体であって、神代紀下九段一書⑦に、雑多な系譜に紛れて「タカミムスヒの児《みむすめ》万幡《よろずはた》姫の児《みこ》玉依姫」として示されている。そして、その万幡姫の正式名称が同段一書①に万幡豊秋津姫《よろずはたとよあきつひめ》として示されている。これらはいずれもよほど目をこらさないと素通りしてしまいそうな小さな記事であるが歴史復元にあたっては大きな意味をもっている。というのはこの神は、わが国最高至貴の宗祀《そうし》とされ、また天皇の皇祖ともされる**伊勢神宮の祭神**アマテラスの相殿神《あいどのしん》(主祭神と同殿に相並ぶ神)として祭られているにもかかわらず、この神とアマテラスとの関係が伊勢神宮の謎の一つとされているからだ。

そんな疑問もアマテラス＝玉依姫仮説によれば一気に氷解することになる。アマテラスの傍らに寄り添うように祭られている神万幡豊秋津姫はまさにアマテラスこと玉依姫の母にあたるからである。

さて、ここに若干の疑問が残るとすれば、一般には万幡姫は栲幡千千姫《たくはたちぢひめ》の異名と考えられていることだ。それはこの神が登場する神代紀下第九段本文冒頭にオシホミミが**栲幡千千姫**を娶《めと》ってニニギを生んだとしながらも、その一書①や②ではオシホミミが万幡豊秋津姫を妃としてニニギを生んだとあるからだ。

が、この一書を注意深く復読すると、まず①では、オシホミミに万幡姫を配《あわ》せて葦原中国《あしはらのなかつくに》(日本国土)に天降らせようとしていたら、「已《すで》に」ニニギが誕生していたとある。さらに、②ではオシホミミと万幡姫二人の天降《あまくだ》り途中の「虚天」でニニギが誕生したとあり、生まれた場所にウソを暗示する虚という言葉を添えている。これらから、ニニギの母についての書紀本来の主張は本文通り栲幡千千姫とみて間違いなかろう。

これをこれまでの「幻の皇祖神系譜」(復元系譜①[41頁])と照らし合わせると、次頁図(玉依姫の母の正体)のようにニニギこと大己貴の母は稲田姫であったので、稲田姫と栲幡千千姫とは異名同体ということに

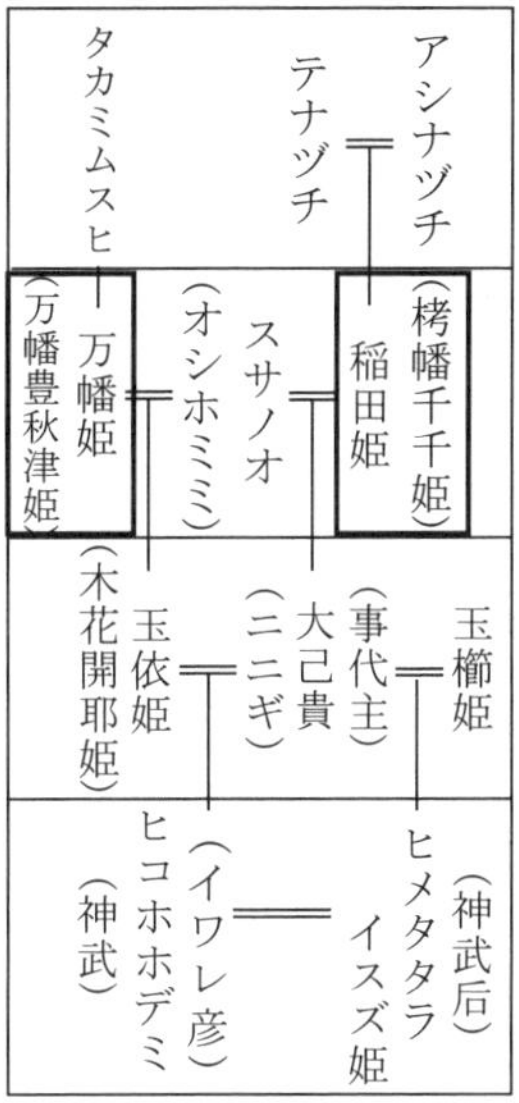


**玉依姫の母の正体**

なる。すると、神代紀上第八段本文に稲田姫の両親がアシナヅ**チ**（脚摩乳《あしなづち》）、テナヅ**チ**（手摩乳《てなづち》）として示されていることに注目しないわけにはいかない。

なぜなら、大己貴の母稲田姫は○乳《ち》と△乳《ち》の児とされる一方、その大己貴がニニギと名を換え天降る神代紀下になるとそのニニギの母の名が栲幡**千千**姫として「チチ」を共有しているからだ。これは決して偶然ではなく、恐らく大己貴＝ニニギを暗示する書紀の例の復元メッセージと思われる。

一方、では万幡姫の方はどうかというと、神代紀下第九段一書⑥において、タカミムスヒの女《むすめ》・栲幡千千**姫**万幡**姫**と姫を重ねて登場させ、栲幡千千姫と万幡姫とが別人であることを示唆した上で、ついに一書⑦にいたり、「タカミムスヒの児《みむすめ》**万幡姫の児《みこ》玉依姫**」として万幡姫を玉依姫の母として紹介しているのだ。

以上の知見を前述の「幻の皇祖神系譜」（復元系譜①［41頁］）に反映すると上図の復元系譜②となる。

だいたいが、もし栲幡千千姫と万幡豊秋津姫とが同体であったとしたならニニギと

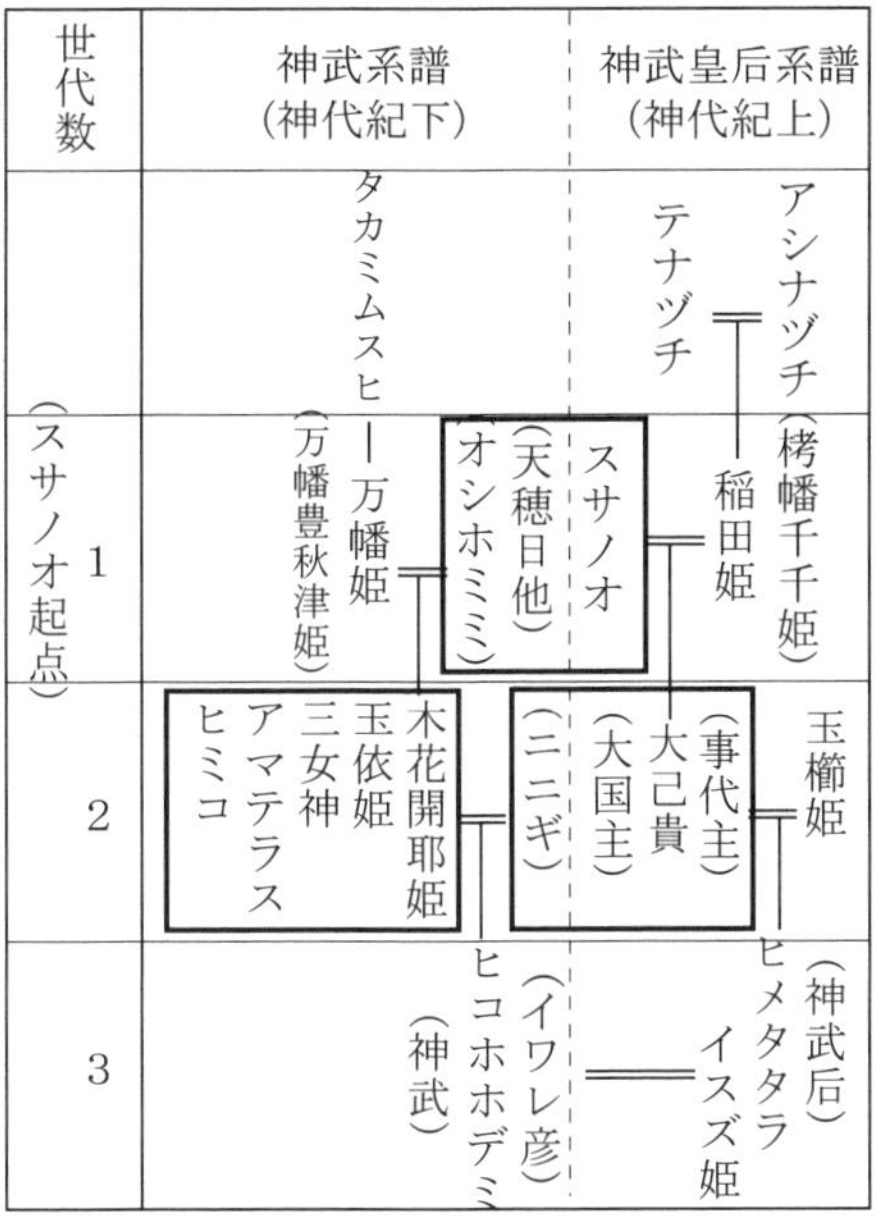


**「幻の皇祖神系譜」**（復元系譜②）
注：□は同体

木花開耶《このはなさくや》姫《ひめ》こと玉依姫とは同父同母の兄妹婚となってしまうが、それは結婚の風習からしてまずありえない。その面からも栲幡千千姫と万幡豊秋津《よろずはたとよあきつ》姫《ひめ》とは別人とみなすべきである。その場合、ニニギと木花開耶姫、すなわち大己貴と玉依姫（アマテラス）の結婚は同父異母の兄妹婚ということになって、それは古代ではさほど珍しいことではなかったので、そんな二人が結ばれてイワレ彦（神武）が誕生するということは十分ありえたのである。

　思えば書紀で名前に尊いを意味する「貴《むち》」が用いられているのは男性では「大己貴《おおなむち》」、女性ではアマテラスの「大日孁貴《おおひるめのむち》」の二人のみ（他に道主貴《ちぬしのむち》があるがこれは大日孁貴の分身三女神の別称で同神）である。これも恐らくは二人が夫婦であったとする書紀のメッセージとみてよかろう。ところで、この系譜上からは海幸山幸《うみさちやまさち》神話に登場する豊玉姫やその子ウガヤは見えないが、二人とも名を換えてこの「幻の皇祖神系譜」の中に書き込まれていることを我々は追々知ることになろう。

　それにしても、この復元系譜②をよくよくみれば、わが国**初代天皇神武は大己貴と、かのヒミコ女王の子**ということになる。一方、神武后も母こそ違え父は共通の大己貴であってみれば、あの大和朝廷発祥の地三輪山の大神《おおみわ》神社に大己貴が鎮座しているのは、しかるべしと言わざるをえない。

　ところで、我々は「紀年」の復元により、神武の活躍（即位）年代がおよそ西暦２１０年頃と知っている（１章1節）。ここで、一世代＝25年とすれば、彼の父、祖父二世代が倭国大乱（桓帝《かんてい》・霊帝《れいてい》の間［146～189］）の頃の人物であることを意味している。そして今、我々は「幻の皇祖神系譜」を得たのであるが、これによれば神武の父・祖父は大己貴・スサノオ親子であり、従って両者は倭国大乱を征した男王親子であって不思議はない。実は、スサノオ、大己貴親子は全国津々浦々の神社の祭神として祭られると共に、幾多の神社伝承にその足跡が語り継がれている。

7章ではそんな足跡をたどりながら、倭国大乱の歴史を復元していくことにするが、その前に、書紀巻三の神武紀にも存在する大己貴の謎についてもみておくことにしよう。

## 神武紀の核と謎

神武紀の核はおよそ次の三点だ。

まずは、大和朝廷初代天皇神武の出自《しゅつじ》（系譜や出生地）が語られ、その出生地の日向からヤマトへの東征を目指す決意が表明される。次いでその東征経路を示し、最後に、ヤマトに到達した神武軍と在地軍とのはなばなしい戦闘による天皇家誕生の過程とその成就の様子が描かれる。

核はそれとして、そのストーリーをもう少し細かく追っていくと、これもやはり不審と謎に満ちている。まず冒頭には、「神日本磐余彦《かむやまといわれひこ》天皇、諱《いみな》（実名）は彦火火出見《ひこほほでみ》」と、神武（イワレ彦）をヒコホホデミとする重要なメッセージがあったことは前述の通りであるが、そのすぐあとに謎が続く。すなわち、神武の経歴がわずか数行で略載された直後、いかにも唐突に六合《くに》（天下）の中心《もなか》としてヤマトが示され、そこに都をつくるべく東征すべしという神武の決意が述べられるのであるが、ここに大きな不審がある。というのは、神代紀上によれば、ヤマトはすでに大己貴が宮を営《いとな》み、子（ヒメタタライスズ姫）をもうけた建国ずみの地であった。続く下では、大己貴が治めた国々は神武上祖のタカミムスヒが大己貴から力づくで簒奪《さんだつ》したことになっている。そんな国に向かうのになぜわざわざ征服を意味する東征という言葉を使う必要があるのか。

ここに大己貴の建国対象範囲の不整合は極まった感がある。すなわち、もともと大己貴の建国範囲にヤマトは含まれていなかったのか、あるいは、タカミムスヒの簒奪はなかったのか、はたまた神武東征なるもの自体が創作なのか、そんな疑問が次々にわきあがってくるからである。が、今は結論を急がず、もう少し、神武紀全体を俯瞰《ふかん》することにしよう。

次に目につくのが、ヤマトに到達した神武一行の建国の過程とその成就の様子を描く中にひそむ謎だ。そこではヤマト入りを目前にした神武一行が、在地の長髄彦《ながすねひこ》軍の激しい抵抗を受け、一時退却を余儀なくされるが、結局、刃向《はむ》かった長髄彦がなぜか妹の夫饒速日命《にぎはやひのみこと》(以下饒速日)なるものに殺害されて、その饒速日が神武の軍門に下り、ここにヤマト初代の神武王朝が成立したとするストーリーになっている。

その饒速日であるが、これも唐突な登場だ。すなわち、神代紀上では大己貴あるいは事代主《ことしろぬし》(当初正体明かされず、後に大己貴の子とする)がヤマトの征服者であることが暗示されていた。にもかかわらず、ここでは肝心要《かなめ》の大己貴が姿をみせずに、いつしか天上界より天降ってきたという饒速日を中心とするその妻子や妻の兄(長髄彦)がヤマトを支配していたことになっている。そもそも神武が妻とするのは前述のように大己貴あるいは事代主の子ヒメタタライスズ姫であるので、この頃、大己貴の威力はまだヤマトに十分残存していたはず。その大己貴が消え去って一体どのような経緯で饒速日に置き換わったのか。いよいよ二人の関係が気にかかるわけであるが、神武紀はつゆともそれを語ろうとしない。

このように、神**武**紀も読み進むにつれて、神**代**紀との関係がますます支離滅裂になっていくのであるが、ここに仮に大己貴=饒速日が成り立つのであれば、それは逆に神代・神武両紀がセットになって初期ヤマト王朝の開闢《かいびゃく》の歴史を語っていることになりはしないか。そのことに関連していそうな謎が、神武紀にもう一つある。それは神代紀上下間の不整合の一つでもあった大己貴と事代主との関係だ。

前述のように、神武の皇后、ヒメタタライスズ姫の父について神代紀上では、大三輪神《おおみわのかみ》(大己貴)か事代主かがあいまいにされていた。それが、神武紀では一転、ヒメタタライスズ姫の父は事代主に限定され、以降、その筋書きで物語が展開されている。そうと分かっていたなら、なぜ書紀は最初からそう言わなかったのか。

そもそも、神代紀上を振り返れば、大己貴が自問自答する形で、自身が大三輪神であることを紹介したのち、自身の子としてヒメタタライスズ姫が示されており、そこではむしろ事代主は「また曰く」の存在であった。それがなぜ、いつの間に主従が逆転してしまったのか。

ここで私は、書紀がヒメタタライスズ姫の父を大己貴としたり、事代主とすることに対する一つの解として大己貴＝事代主仮説を提唱したいのである。もちろんその場合には、事代主が大己貴の子であるとする神代紀下や神武紀などの記述と齟齬《そご》をきたすことになるので我々は二者択一をせまられることになる。

それを承知の上で、私は神武紀に登場する大己貴、事代主、饒速日の三者に横たわる右の疑問点を解く鍵として、大己貴＝事代主の等号に饒速日を加え、さらには神代紀上下二巻に横たわる系譜の矛盾を解く中で顕現してきた大己貴＝ニニギを加えた大己貴＝事代主＝饒速日＝ニニギ仮説を提唱する次第である。

ここで、一般には大己貴は出雲の王、饒速日はヤマトの王、事代主は出雲ともヤマトとも断定しかねる不可思議な王、ニニギは日向の王というぐらいの共通認識があろうかと思うので、私はこの四者を同体とみなす仮説を以降、大己貴大倭王《だいわおう》仮説と呼ぶことにする。もちろんこれは検証を要する大胆な仮説であることは言うまでもなく、次章以下の最重要課題となることは間違いない。

その検証は追々実施していくとして、今は四者が「玉」というキーワードで結びついていることだけを紹介しておきたい。まず大己貴であるが、その亦《また》の名が大国玉《おおくにたま》、あるいは顕国玉《うつしくにたま》とされるほど(神代紀上八段一書⑥)に深く玉と結びついている。次に事代主であるが、書紀にはその正体が「天事代虚事代**玉**籤入彦厳之《あめにことしろそらにことしろたまくしいりびこいつの》事代主神」(神功皇后《じんぐうこうごう》摂政前紀三月一日)として明かされている。

一方、饒速日は書紀には伏せられているが、物部《もののべ》氏の伝承を伝える『先代旧事本紀《くじほんぎ》』(詳細は7章10節、以下旧事本紀)に、「天照国照彦《あまてらすくにてらすひこ》天火明《あまのほあかり》**櫛玉**《くしたま》饒速日尊《にぎはやひのみこと》」として示されている。ここで事代主と饒速日両者の形容詞的部分を比較してみると、「天事代虚事代」に対し「天照国照」、さらに「玉籤《たまくし》」に対し「櫛玉」と微妙に変化はしているが、その名目上《めいもくじょう》の本質は同じで「天をもあまねく知り照らす尊き**玉**」ぐらいの意味であると思われる。さらに、ニニギは書紀に瓊瓊杵《ににぎ》（尊《のみこと》）、すなわち玉を意味する「瓊《けい》（美しい玉）」が重複して使用されており、これまた玉と強く結びついている。

いずれにせよこの四者を異名同体とみなすのはかなり大胆な仮説であるので、以降の検討課題の一つとしてしっかりと検証していかねばならないことは言うまでもない。ここで注意すべきは事代主で、書紀上彼は神代紀上で神武皇后の父として〈大己貴、また曰く事代主〉として登場、続く神代紀下では大己貴が天孫族から国譲りを迫られた際、即答できかねた父大己貴に代わって国譲りの決断をした直後に海中に身を沈めたとされている。すなわち彼は名目上は饒速日《にぎはやひ》、実体上は大己貴の分身として描かれているのである。

## 神武の母・玉依姫とヒミコの深い繋がり

ところで書紀は巻三神武紀の冒頭で、神武天皇の母を玉依姫とする。玉依姫の出自や系譜についてはこれまでみてきた通りだが、その名称や年代はかの有名な『魏志』のヒミコといかほど重なっているのだろうか。

まず、玉依姫という名について、硬骨《こうこつ》の考古学者で日本神話にも強い関心を寄せた原田大六《だいろく》（１９１７〜８５）は、『実在した神話』の中で次のような説を展開している。

「玉依姫の名前を分析してみよう。タマとはもとより神の霊で、ヨルとは神の霊が人間に憑《つ》くことで、これをヨリマシ（依座）といった。ヒメ（日女）は太陽の女ということである。だから**タマヨリヒメ**とは、太陽の霊と一体になる女ということで天照大御神の『大日孁貴《おおひるめのむち》』（太陽の妻）と同じ意味なのである」

ここで、天照大神と「大日孁貴」（太陽の妻）とが同じ意味であると言われてもピンとこないかもしれないが、原田説を要約すれば、**「玉依姫という名は神の霊が依り憑く日の巫女《みこ》すなわち、ヒミコを意味する」**ということになる。

次に、二人の活躍年代をみてみよう。まず、ヒミコは『魏志』倭人伝の文末近くに彼女が西暦247、8年頃に没したと記されている。彼女の誕生年や享年についての記載はないが、倭人伝二千文字の真ん中あたりに倭人は長寿で、百年或いは八、九十年とある。さらにそのすぐ後に、ヒミコ自身も歳、長大とあって、彼女の享年は百歳前後であってもおかしくないことは上述(35頁)の通りである。

かくして、ヒミコの享年を百歳前後とみれば、ヒミコの生涯は西暦150年誕生~247年頃没とみて大過あるまい。

一方、玉依姫はどうかというと、彼女を初代天皇神武の母として描く書紀以外にそれを知る手立てはないが、前述のように、書紀の紀年(「紀年」)の復元から、神武の一生涯はおよそ生誕175~崩御240年頃と推定されたことからすれば、書紀は玉依姫の生誕を150年頃とみなしている節《ふし》(その場合、神武は玉依姫二十五歳頃の子と推定される)があり、これまたヒミコの推定生誕年と重なるのである。

さてここまで書紀神話に施された細工の数々をみてきたが、読み進むにつれて書紀に対する不信感が募ってきたとすれば、それは私の本意ではない。書紀神話に施されている種々の系譜トリック、例えば、アマテラスこと玉依姫をスサノオの姉と設定して語り始める分身系譜の出発点からしてそれは1章2節でも説明したように、あくまで2、3世紀の我が国の現状をあちら側に悟られないための工夫の結果であって、本来両者の関係は、復元系譜②[49頁]から判明したようにアマテラスこと玉依姫はスサノオの子であったのだ。

一方、書紀が語る、およそ5世紀以降の歴史には、いやそれ以前の歴史にも史実を伝える努力をしている痕跡が次のように残っているのである。

## 5節　正史たらんとする書紀の痕跡

### 例1　5世紀以降の記事（雄略五年六月条）

２０００年９月10日の西日本新聞佐賀版のトップに、「百済《くだら》・武寧王《ぶねいおう》は佐賀・加唐島《かからしま》生まれ」の見出しが躍った。ことの発端は書紀であり、そこには雄略五年（４６１年）に百済の武寧王が、筑紫の各羅嶋《かからのしま》(佐賀県鎮西町《ちんぜいちょう》 加唐島)で誕生したいきさつが書かれている。内容が内容だけに、これを史実とみなすのは特に韓国の人々にとって難《むずか》しかったようであるが、その生誕年が１９７１年発見された武寧王の墓誌《ぼし》(没年、享年など記載)からの逆算でピタリ一致（満年齢換算時)。しかし、それでもなお、誕生地(各羅嶋)の方については単なる伝承として、長らく放置されてきた。そんな中、韓国慶北大学の文教授が１９９９年７月加唐島を現地調査した上で、書紀の記述は正確だとして、上記新聞見出しの内容を韓国の史学雑誌『史学研究』に発表されたのである。この間、実に三十年近くを要したことになる。韓国では未だに議論が続いているようであるが、書紀の記事を史実とみなす人は確実に増えてきている。

### 例2　4世紀以前の「紀年」使用中の記事（崇神十年九月条）

第十代崇神《すじん》天皇の時代に王権は大和の四方に将軍を派遣し、王権の強化を図ったとする。その際に大彦を北陸、その子の武渟川別《たけぬなかわわけ》を東海に派遣したとある。この記事が単なる創作でないことが、半世紀程前に埼玉県稲荷山《いなりやま》古墳から出土した鉄剣に刻まれていた１１５文字の銘文（１９７８年に解読完）から以下のように判明した。

そこには辛亥《しんがい》の年という年代やオホヒコ(大彦)からヲワケの臣に至る八代の系譜と共に、「世々杖刀人《じょうとうにん》の首《おびと》（護衛隊長）として奉事し来たりて今に至る。ワカタケノ大王の寺（朝廷）、斯鬼《しき》の宮に在りし時、吾は天下を治むるを左《たす》く」とあって、発見当初、「謎の４世紀」と5世紀とをつなぐ貴重な考古史料として史学界に衝撃を与えた。

銘文の辛亥の年は古墳から出土した須恵器の年代やワカタケノ大王が書紀の大初瀬幼武《わかたけ》天皇（雄略）の治世（４５６〜４７９）に該当することから西暦４７１年として、その八代ほど前の大彦は孝元《こうげん》天皇皇子で、崇神朝に北陸道に派遣された四道（北陸、東海、山陽、山陰）将軍の一人とみなしうるが、関東近辺の豪族とする史家もいて、せっかくの貴重な史料が今や風前の灯になっている。

ここで神社伝承に目を向けると、大彦の伝承は北陸のみでなく、山形、秋田の出羽に至る22箇所の神社に記録されており、中には前後の経由地を示す伝承も数件あって、大和から北陸、出羽に至る経路を明確に描きうるほどである。

興味深いのは秋田から山形にかけての出羽においては、大彦が古四（越）の王として五社の古四王神社に祀られていることで、そのいきさつが例えば秋田市の古四王神社に、「大彦が北陸巡撫の際、北門の鎮護として武甕雷《たけみかづち》を奉祀し、鰐田浦神《あいたのうらかみ》と称した。次いで阿倍比羅夫《あべのひらふ》下向の折、大彦を合祀して古四王と称して崇めた」と記録されている。

ここで阿倍比羅夫は大彦を祖とする飛鳥時代の実在の人物で、大彦を初代としたとき、十二代目の人物に該当し、阿倍引田臣《ひけたのおみ》の祖とされている。彼は普勢臣《ふせのおみ》と共に阿倍氏本流で三輪山山麓の旧阿倍村（現桜井市阿部一帯）を本拠としており、大彦の墓所を考察する際の貴重なヒントになっている。以下、大彦の息子・武渟川別も四道将軍の一人として東海道に派遣されたと書紀にあることを念頭に両者の墓所について考察する。

三輪山西方一帯には崇神《すじん》前後の皇族が眠る巨大前方後円墳（２００メートル超）が六基ある。その内の四基（箸墓《はしはか》、西殿塚、行燈山《あんどんやま》、渋谷向山《しぶたにむかいやま》）は三輪山北西に、二基（桜井茶臼山、メスリ山）が南西にあって、北の四基は前方部が先端で開くばち形《がた》、南の二基は前方部がまっすぐ先端まで延びる柄鏡《えかがみ》形である。このような形態や築造場所の違いもあって北方の四基は大王墓、南方の二基は大王と親縁的な関係にあった傍系者と考えられている。

その南方の二基が大彦の後裔、阿倍氏の本拠地で安倍一族の氏寺「安倍文殊院」が建立（６４５年）されている旧阿倍村（現、桜井市阿部から外山《とび》にかけての一帯）の東部（桜井茶臼山古墳）と南部（メスリ山古墳）に造営されていることは注目に値する。加えて、六基の築造時期が以下の順で、考古学者の大半が一致している。

箸墓→西殿塚→桜井茶臼山→メスリ山／行燈山（崇神）→渋谷向山（景行）

ここで箸墓と西殿塚の被葬者は不明ながら行燈山は崇神、渋谷向山は景行と考古学者の大半は比定しており、それが正しいとするとメスリ山は行燈山の崇神とほぼ同世代（４世紀中頃）の武渟川別《たけぬなかわわけ》に該当し、桜井茶臼山はその一世代前（４世紀前半）の大彦と重なるのである。

また、桜井茶臼山古墳は丁寧な竪穴式石室の全体に貴重な水銀朱《すいぎんしゅ》（辰砂《しんしゃ》）が２００kg以上も使用されている上に、副葬品として、鉄刀剣・鉄鏃《ぞく》・銅鏃など多数の武器と共に王権のシンボルともいえる玉杖《ぎょくじょう》が四本分発掘されており、被葬者は武人的性格がイメージされる。これはメスリ山古墳も同様で大量の武器と共に、王権のシンボル・玉杖四本が副葬されており、両古墳の被葬者は武人のトップ「四道将軍」であって不思議はない。

だとすれば、一世代先行している桜井茶臼山古墳が大彦、メスリ山古墳は武渟川別が該当するが、その場合、桜井茶臼山古墳の造営者は東海道に派遣された息子の武渟川別が想定される。なぜなら、桜井茶臼山古墳の北北西約350メートルの地点で、木製土木用具多数と共に、土木現場の飯場的様相が強い東海系のS字状口縁甕《がめ》や近江・山陰系の甕が出土、特に甕は東海系が半数以上を占めており、古墳築造に東海地域の人たちが積極的に加わった痕跡が残っているからである。

以上、稲荷山古墳出土の鉄剣に刻まれた115文字は、崇神紀の一部は単なる創作ではなく、正史たらんとする書紀の痕跡とみてよかろう。

ところで、ここまで本書ではもう一つの歴史書、太安万侶《おおのやすまろ》が元明天皇の勅により撰録して712年に献上したとされる『古事記』についてはほとんどふれてこなかった。以下その理由を二点説明しておく。

①記紀成立頃の歴史を記す『続日本紀《しょくにほんぎ》』(書紀に続く官撰正史)には、書紀成立の次第は記されているが、古事記については全く触れておらず、歴史書として認められていない。

②書紀は完成翌年の721年に早くも宮中で講義が行われ、分かっているだけでも康保《こうほう》二年(965)までに七回行われている。一方、古事記についてそのような勉強会が行われた形跡は全くない。

以上、書紀の八年前の撰録とされる古事記は時の朝廷からは無視されており、歴史書としては認められていない上に、中身も書紀のように編年体の記載にはなっておらず、歴史書として扱える部分は少ない。

さて本章ではここまで、主に神武天皇の母・玉依姫について考察してきたが、次章では視点を父方に移し、まずは書紀に大己貴の父とあるスサノオの原像から探っていくとしよう。

# 3章　出雲で覇権を築いた大己貴の父・スサノオ

## 1節　スサノオにまつわる謎の数々

スサノオ(素戔嗚尊《すさのおのみこと》)は実に謎めいた神である。

書紀神話に登場するスサノオは天界では亡き母の国へ行きたいと泣き叫び、多くの人民を夭折《ようせつ》させたり、青山を枯らした上に、日の神アマテラスを傷つけ天磐戸《あまのいわと》にこもらせたあげく、神々から髪や爪を抜かれて下界に追放される悪神である。

ところが追放されて降り立った出雲では今にもヤマタノオロチに飲み込まれようとしていた娘を救出して、日本初と言われる和歌を歌ったり、救出した娘(稲田姫)との間に、国造りの大神として名高い大己貴をもうけたりと知性と優しさにあふれた神に変身しており、善悪つかみようなくとまどうばかりである。

ここで、一歩書紀の世界を離れて現実の世界に目を向けると、スサノオは歴代の天皇や武将、さらには大衆の心の拠り所として篤《あつ》く崇敬されてきた歴史がある。

たとえば　愛知県津島市の津島神社は全国に三千社程ある津島神社(俗称　天王さま)の総本社でスサノオを祭っているが、弘仁元年(８１０)正月、嵯峨天皇はアマテラスを祭る伊勢神宮をさしおいて、当社に「スサノオは皇国の本主なり」として正一位の神階と「日本総社」の号を下賜《かし》している。正暦《しょうりゃく》年中(９９０～９５)には一条天皇も、当社に「天王社」の号を贈っている。スサノオがなぜ、時の天皇から「皇国の本主」とされたり「天王」とされたかは本書を読み進むにつれて御理解いただけるであろう。

あれだけ仏教徒を迫害した風雲児織田信長も、戦の守り神としてスサノオを尊崇し、福井県越前町の劔《つるぎ》神社や先の津島神社に社領の寄進や造営を行っている。津島神社には豊臣秀吉も社領の寄進や造営を行っている。

スサノオは疫病《えきびょう》や厄難除《やくなんよ》けの神としても大衆の間に広く信仰され続けている。たとえば全国各地の神社で現在も行われている茅《ち》の輪くぐりは、『備後国風土記』逸文にある「蘇民将来《そみんしょうらい》」神話に登場するスサノオの教えが原点であって、我々は知ってか知らずかスサノオに無病息災を祈願しているのである。

さて、これは一体どうしたことか。人々はなぜ、書紀神話のスサノオ像を無視するかのようにスサノオにかほどの尊崇を捧げてきたのだろう。それはきっと民衆や武将、あるいは歴代天皇の心をとりこにしたその一方で、書紀が表沙汰できずにいる、何らかのとてつもなく大きなスサノオの事績があるからに違いない。

本書では書紀が発する一見不可思議なメッセージを一つ一つ紐解きながら、その解を積み重ねて復元したスサノオの原像を、全国各地に眠る神社伝承や風土記、さらには考古史料によって検証しようとするものである。

話を進める前に書紀神話や『出雲国風土記』にひそむスサノオの謎の数々を以下にまとめておこう。

一　スサノオ最大の事績は出雲国でのヤマタノオロチ退治であるが、これは何を意味するのか。また、この物語が『出雲国風土記』（７３３年）にまったく記されていないのはなぜか。

二　神代紀上に記載のアマテラスとスサノオの「ウケイ」メッセージから読み取ったスサノオ＝五男神仮説は成り立つか？　成り立つとすればそこから何が言えるのか。

三　神代紀上、下の系譜を解析する過程でスサノオ（オシホミミ）＝ヒコホホデミの可能性が見つかったが、その可能性はあるのか。あるとすればそれは何を意味するのか。

四　以上三つの謎以外に神代紀上八段の一書にはスサノオ＝朝鮮半島（新羅国）からの渡来人を匂わすような記述があるが、どう考えればよいか。

以上四つの謎を解き明かすことができれば、民衆あるいは武将や歴代天皇の心をとりこにしたスサノオ本来の姿が自ずと浮かび上がってくるであろう。さらには倭国（大）乱における史実の一端も見いだせることになろう。まずは謎一から取り組もう。

## 2節　オロチ退治の本質と『出雲国風土記』――スサノオの謎一の解

### ヤマタノオロチから出現した皇位継承のシンボル草薙剣

ヤマタノオロチ退治については、スサノオが地方豪族のヤマタノオロチを退治した話とみる人もいるし、製鉄事業を成し遂げた比喩と考える人もいる。これについては、かねてより指摘されているスサノオのヤマタノオロチ退治の話が『出雲国風土記』に見えない理由と併せ考証していく必要がある。

考証に当たって忘れてならないのは**スサノオがヤマタノオロチを退治した際に出現した草薙剣《くさなぎのつるぎ》を天神《あまつかみ》に献上したとする書紀神話**だ。なぜなら、これこそ神話と史実とを結びつけるキーワードであるからだ。オロチ退治がたとえ神話としても、草薙剣といえば、皇位継承のシンボル・三種の神器《じんぎ》の一つで、現在も名古屋の熱田神宮に安置されており、皇室とは切っても切れないゆかりの神宝であることはよく知られている。

**そんな貴重な神宝の始原がよりによって天上界から追放されたはずのスサノオに由来するというのはただごとではない。**ここにこそヤマタノオロチ退治の深い意味があるはず。

このことを念頭に置いて、ヤマタノオロチ退治を無視している『出雲国風土記』の分析から始めよう。

## 『出雲国風土記』の編纂事情

まず、『出雲国風土記』を分析するにあたって注意すべきは、その編纂の時期である。風土記はそもそも書紀編纂中の和銅六年（７１３）、各地に風土・史籍を言上せよとの勅令により編纂された地誌（郷土誌）で、書紀の素材の一部として活用する目的もあったと思われる。現存するのは五国（播磨［兵庫県］、常陸《ひたち》［茨城県］、肥前《ひぜん》［佐賀県・長崎県］、豊後《ぶんご》［大分県］、出雲［島根県］）の風土記の写本と、その他の国々の一部が後世の書物に逸文として引用されたもののみである。五国の内、『播磨国風土記』、『常陸国風土記』は書紀撰上の養老四年（７２０）以前の撰進と考えられており和銅風土記と呼ばれることもある。特に『播磨国風土記』の撰進年度については和銅六年（７１３）から霊亀《れいき》元年（７１５）の間に絞り込まれているが、それは地方行政区画が霊亀元年に国郡**郷**制に改められる以前の国郡**里**制によって筆録されているからだ。そんな『播磨国風土記』が書紀の素材として利用されたらしきことは追々みていくが、事情は『常陸国風土記』も同様だ。

肥前国と豊後国の風土記についても撰進の時期は明確ではないが、五国中唯一完本が残っている『出雲国風土記』（他は一部欠損）の撰進は編纂勅令から二十年を経た天平五年（７３３）のことで天平風土記とも称されている。なぜ、出雲の風土記撰進はこれほど遅れたのか。一つ考えられるのはその頃編纂中であった書紀との関係だ。

当時、風土記編集総裁の任は中央から派遣された国司長官たる国守《こくしゅ》が負っていたが、出雲国だけは土着豪族の国造《こくぞう》（クニノミヤツコとも）果安《はたやす》が負った。その果安は「出雲国造神賀詞《いずものくにのみやつこのかんよごと》（書紀撰上前の７１６年から平安時代にかけて出雲国造が新任毎《ごと》、朝廷に参向し天皇に奏上した御世《みよ》寿《ことほ》ぎの詞《うた》）」の奏上（７１６年）も含め三度に渡って上京しているが、その際、参上したであろう風土記とすでに成立済みの古事記や編纂《へんさん》中の書紀との齟齬《そご》を調整すべく書き直しが命じられたものと思われる。その後、国造職を継いだ広嶋も計三度の上京を重ね（以上、上京回数は島根県神社誌『神国島根』）、実に発令後二十年、書紀撰上に遅れること十三年を経てやっとのことで、署名、撰進《せんしん》が許されたのである。

さて、それでは本来の『出雲国風土記』とはどのようなものであったのか。以下、数々の貴重な伝承を今に伝える島根県神社庁発行の神社誌『神国島根』（千百七十二社の神社伝承を記す）や『全国神社名鑑』（全国約六千社の神社伝承を記す。内、島根県分は百八十五社）を参考に、本来の『出雲国風土記』を復元してみたい。

## 出雲国に残るスサノオの足跡の概観

神社伝承の検討に入る前に、『出雲国風土記』のスサノオ伝承を確認しておこう。それは出雲国の四方四箇所（次頁図のA〜D）の郷名や山名の由来譚《たん》に登場するが、真実味のないとってつけたような話ばかりであることはすぐに気付く。例えば安来郷《やすぎ》（A）の郷名は「スサノオがここに来て詔《みことのり》して、『私の心は安けくなった（おちついた）』と仰せられた。だから（ここを）安来という」ような具合で、他の三件も、似たり寄ったりだ。一方でスサノオの子は七人（神）が八箇所にわたって記載されており、どうやらスサノオ当人だけが大幅に省略されている気配が濃厚である。

それを裏付けるかのように、島根県の神社伝承からスサノオの足跡を追っていくと、計二十三箇所、すなわち『出雲国風土記』に記載ある四箇所の約六倍にも達しており、それを地域別にまとめると次のようになる。

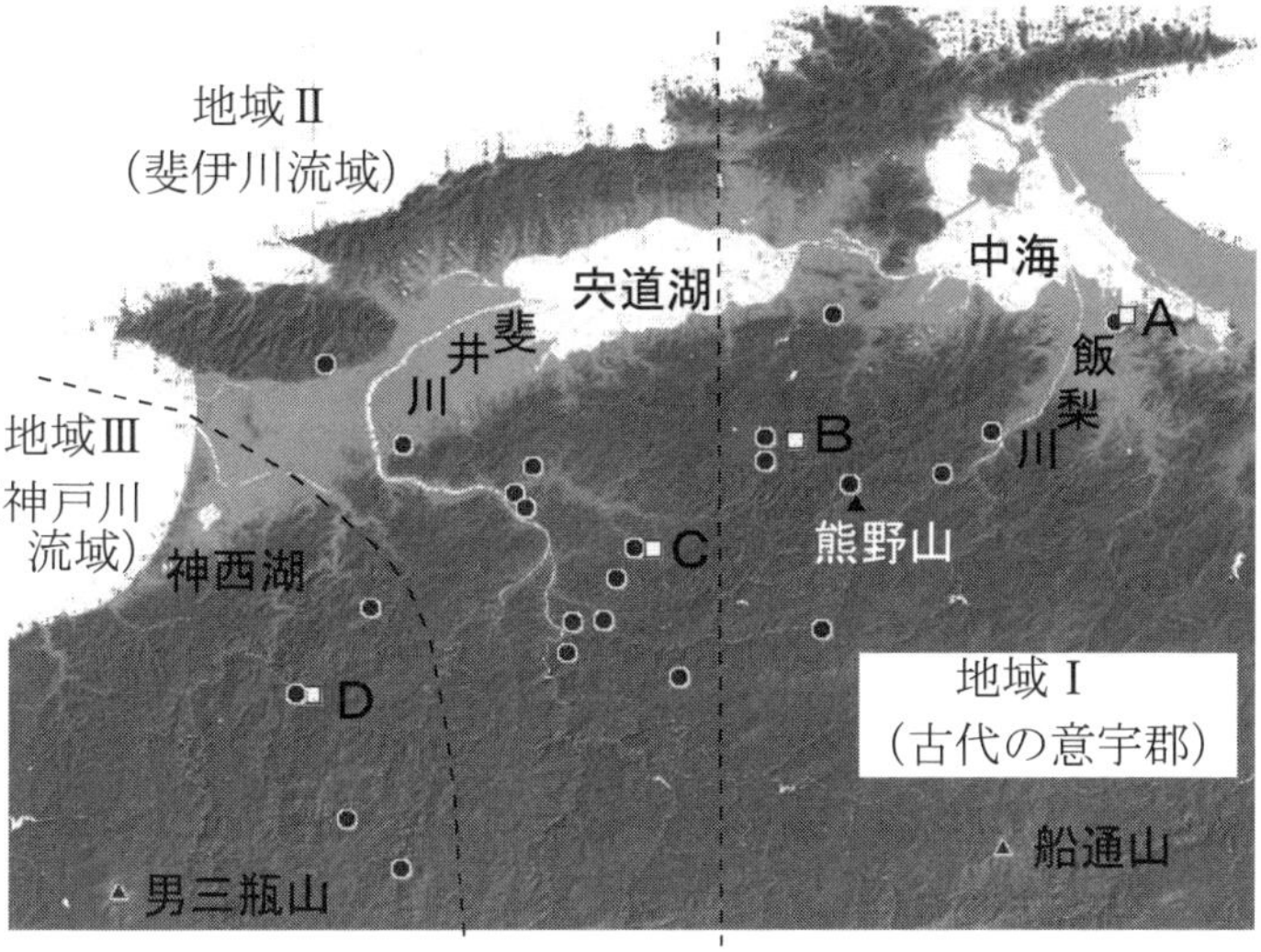


**スサノオの神社伝承(●)と風土記伝承(□)の比較**

注：本書地図は以下共にカシミール３Ｄにより作成したものである

①地域Ⅰ　島根県東部。古代の意宇《おう》郡にある熊野山(天狗山)を中心とした周囲、計八箇所。

②地域Ⅱ　同中央部。斐伊《ひい》川(簸《ひ》川)上中流から下流域にかけて十一箇所に足跡があり、大半が**オロチ伝承**に関係している。

③地域Ⅲ　同西部。神戸川《かんどがわ》の上中流域に四箇所。

これから詳述していくように、これらの神社伝承は風土記からは想像できないほどに具体的、かつ、その中心は『出雲国風土記』には影も形もないオロチ伝承(詳細後述)であって、二十三件中十五件(65%)にも達しており、それがいかに地元に根付いたものであったかが窺われる。地元にかほど根付いているオロチ伝承とは一体どんなものであるのか。

そこでまずはオロチ伝承の正体を探るために、地域Ⅱの伝承から見ていこう。

## 斐伊川流域（地域Ⅱ）に残るオロチ退治の正体

最初に出雲国の中央部を奥出雲から南北へ蛇行しながら、宍道湖《しんじこ》西側に注いでいる斐伊《ひい》川流域に残るスサノオの神社伝承から解析していく。

スサノオ伝承はこの斐伊川流域に沿って十一箇所に残っている（次頁図）。この内、斐伊川本流からやや離れた佐世神社（6）を除く十箇所にオロチ退治関連の伝承がある。その内二箇所（1、2）はスサノオのオロチ退治前のスサノオ降臨伝承と退治後の宮作り伝承であるので、ここでは省略し、残る八箇所についてみていきたい。それは、斐伊川の中流域に三箇所と上流域に五箇所ある。

まず、上流域からみていくと、奥出雲町佐白《さじろ》の伊賀武《いがたけ》神社（11）の由緒には、「境内《けいだい》の八重垣神社は、元来スサノオの大蛇退治に縁深い佐白地内の『八頭《やと》』に鎮座し、その周辺には、脚摩乳《あしなづち》、手摩乳《てなづち》の『長者邸』という屋敷跡、二神の遊興の場『茶屋場』などの旧跡地があり、往古をしのばせている」とある。これによると脚摩乳、手摩乳は書紀から受ける貧農というイメージとは違って製鉄の交易によって富をなした在地の豪族という姿が浮かんでくる。なぜ製鉄かというと、1999年にこの地からわずか5キロほど南西の木次町《きすきちょう》平田《ひらた》の平田遺跡（d）から、弥生時代終末期から古墳時代初頭にかけての、矢じりや斧《おの》などの鉄器を作った工房跡が発掘され、鉱石系の鉄素材を含む三十六点が発見されているからだ。同年8月28日（土）付けの山陰中央新報によれば「同時代の鉄器工房跡が、山陰地方で確認されたのは初めてで最古。工房跡の建物は、山陰地方で最大級の規模を持ち、鉄器製作の一連の工程を具体的に物語る遺物がまとまって出土した。古代出雲の鉄器作りの技術や、鉄の流通などを知る上で画期的な資料となりそうだ」とある。恐らくこの周辺にはまだまだ未発見の製鉄遺跡が眠り続けているものと思われる。ちなみに伊賀武神社を扇の要《かなめ》として左下方、南西約15キロの雲南市吉田町にはたたら製鉄（鉄原料の砂鉄や褐鉄鉱を木炭の燃焼熱により還元し、鉄を得る

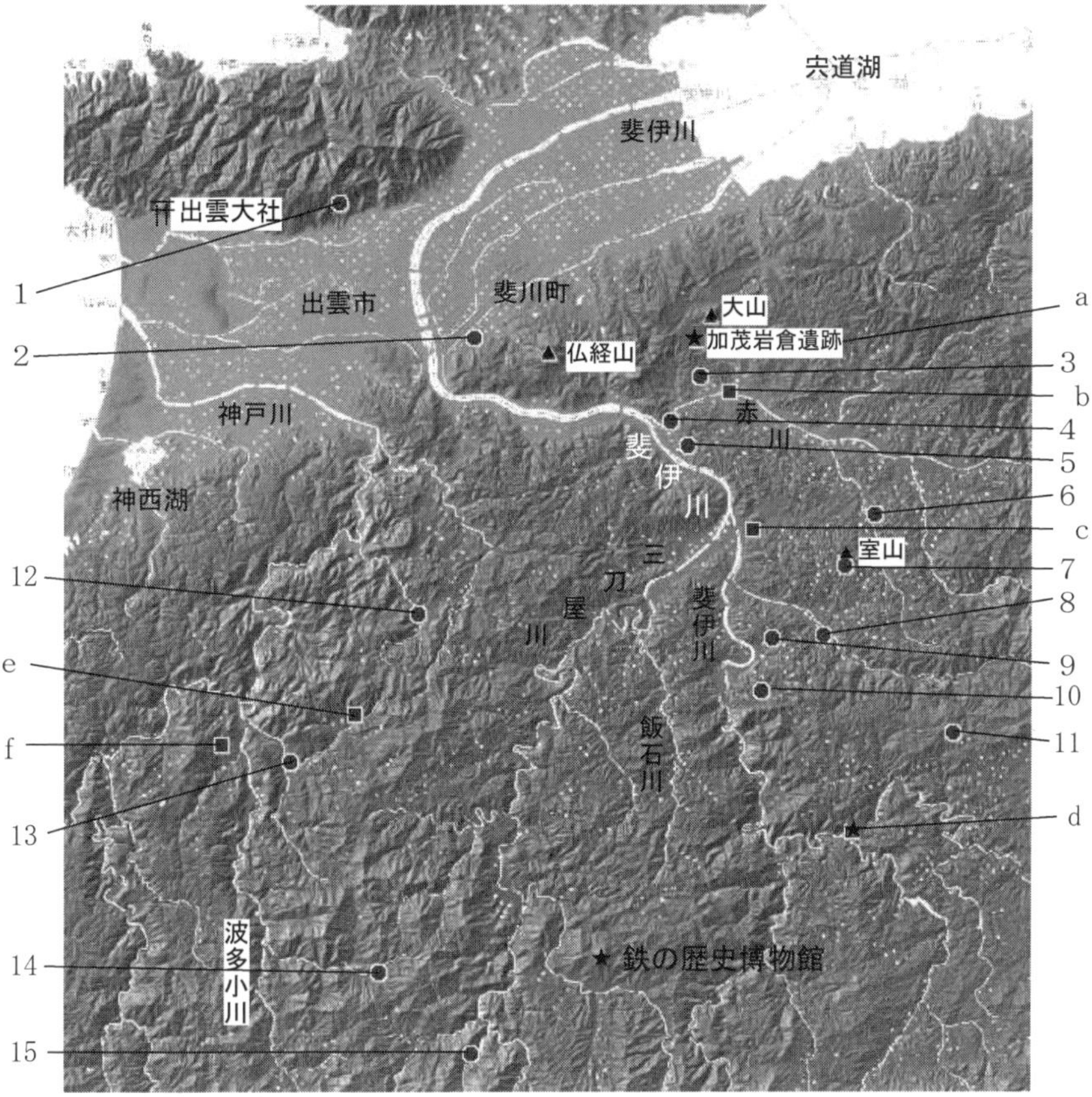


**斐伊川・神戸川流域におけるスサノオ伝承（● 足跡伝承、■ 関連伝承）**

斐伊川流域
1　来阪神社（出雲市矢尾町）
2　久武神社（出雲市斐川町）
3　布須神社（雲南市加茂町）
4　八口神社（同上）
5　御代神社（同上）
6　佐世神社（雲南市大東町）
7　布須神社（雲南市木次町）
8　大森神社（同上）
9　三社神社（同上）
10　八口神社（同上）
11　伊賀武神社（仁多郡奥出雲町）

神戸川流域
12　御崎神社（出雲市見々久町）
13　須佐神社（出雲市佐田町）
14　穴見神社（雲南市掛谷町）
15　八重山神社（同上）

関連伝承（■）・遺跡（★）
a　加茂岩倉遺跡（雲南市加茂町）
b　神原神社（同上）
c　斐伊神社（雲南市木次町）
d　平田遺跡（同上）
e　宝坂神社（出雲市佐田町）
f　多倍神社（同上）

方法）の歴史や技術・道具を展示する鉄の歴史博物館（前頁図下方★）があり、右下方、南東約15キロの奥出雲町横田には日本で唯一たたら製鉄による日本刀の材料を現在も製造している「奥出雲たたらと刀剣館」（当地は地図から1センチほど右にはみ出した箇所）がある。蛇足ながら、『出雲国風土記』（733年）の仁多《にた》郡横田郷（現奥出雲町横田）の条の最後に「以上諸郷（横田郷を含め四郷）より**出す所の鉄**、堅くしてもっとも雑具を造るに堪う」とあり、奈良時代初頭には仁多郡（現奥出雲町《おくいずもちょう》）ですでに製鉄および鍛冶が行われていたことは間違いない。なぜなら、**出す所の鉄**というのは製鉄されたものでなければ、雑具が造れないからだ。

上流域で気になるもう一箇所は大原郡木次町（現雲南《うんなん》市木次町《きすきちょう》）にある布須《ふす》神社（7）の由緒で、「スサノオがヤマタノオロチをご退治になったときの『八塩折《やしおおり》の酒』を造られるための御室《みむろ》をもうけられ宿られた地」とある。一見他愛もないつくり話のように思われるかもしれないが、そんなことはない。オロチと酒とは切っても切れない深い縁《えにし》があることはこの先、オロチ伝承の正体を追っていく中で明らかになる。

さて、上流域の残り三箇所はオロチを退治した所（10）、退治後祝賀の舞をした所（9）、あるいは退治後、稲田姫を連れて須賀へ行く途中しばし宿られた所（8）などの伝承地であるが、これらからはオロチ退治の本質は抽出できず、伝承の確認だけにとどめておきたい。

次に中流域に目を向けるとオロチ退治をした所という八口《やぐち》神社（4）を挟んで南北二箇所にオロチ退治の本質を理解する上において極めて重要な伝承が語りつがれている。このあたりはかの有名な景初《けいしょ》三年（239）という魏《ぎ》の紀年銘がある三角縁神獣鏡《さんかくぶちしんじゅうきょう》が発掘された神原《かんばら》神社（b）から2、3キロ圏内にあって、斐伊《ひい》川とその一支流《いちしりゅう》赤川とが合流して形成された三角州のような地点であるが、まず斐伊川右岸（東側）の大原郡加茂町（現雲南市加茂町《うんなんしかもちょう》）三代《みじろ》の地にある御代《みしろ》神社（5）の由緒に注目したい。

それは、「当社御鎮座の起源は大蛇退治の神蹟に起因し、命《みこと》の神格によってこの地方の拓殖《たくしょく》（未開の荒地を切り開いて、そこに住みつくこと)をとげられた記念の古社である。当社地にてスサノオが大蛇の尾を切った時に、三種の神器の一たる宝剣十握剣《とつかのつるぎ》が出現した」というものだ。ここに、スサノオの事績の追求にあたって見逃せない重要な二点のキーワード、「地方の拓殖」と、「宝剣十握剣」がひそんでいる。

一見この二点は無関係に思えるが、根元では深く結びついている。まず、「宝剣十握剣」を見てみると、より具体的な伝承が2キロ強北の雲南市加茂町延野《のぶの》にある布須神社(3)に残っている。それは「(当社の社名は)スサノオがオロチ退治後(中略)、**当地で神宝を作り**臥《ふ》し給いしにより起こった名」とあって、御代神社の**宝剣十握剣は大蛇の尾からの出現ではなく、スサノオが自らここで作った剣**とされているのだ。書紀には大蛇の尾から出現したのは草薙剣《くさなぎのつるぎ》とあるが、そもそも大蛇の尾から剣が出現しようはずもないのでそれは書紀の脚色であることは明らかだ。さらに、当地のすぐ南を流れる赤川の赤はこの宝剣十握剣の素材が鉄であったことを強く暗示している。恐らくスサノオは鉄を加工し、剣のみでなく、鋤《すき》や鍬《くわ》など農耕具も製作したのであろう。弥生終末期にもたらされた鉄製の農耕具や治水工事用の工具はそれまでの木製あるいは石製の農耕具・工具に比べ飛躍的に耕地や食料の増大をもたらしたとされているが、それこそがスサノオ最大の事績「地方の拓殖」であったに違いない。なお、鉄器時代の幕開けと共に青銅器時代の終焉を告げるかの如くこの布須神社わずか1キロ北方に、史上最多39口の銅鐸が埋納されていた加《か》茂《も》岩倉《いわくら》遺跡(a)がある。

ここに先ほどの二つのキーワード「地方の拓殖」と「宝剣十握剣」との深い結びつきがよく理解でき、さればこそ、後述するようにスサノオが出雲国一之宮熊野大社(和歌山県の熊野本宮大社は熊野三山の中心として有名でスサノオも名を変えて祀られてはいるが、出雲に存在するようなスサノオの直接的な足跡伝承はない)に熊野大神《くまののおおかみ》櫛《くし》御《み》気《け》野《の》命《みこと》(注「野」を「ぬ」と読み「クシミケヌノミコト」とする書が多いが、「の」でよいと考える。「野」を「ぬ」と読んだのは江戸以降のことで、江戸の国学者の誤解とする『大辞林』に従う)として祭られていることもまた納得できるのである。神名中の御気が御食《みけ》を意味するからだ。

さてここまでたどってくると、斐伊《ひい》川流域に生き生きと根付いているオロチ退治の意味するものがみえてくるが、ここで、わが手引書・書紀を改めてみて驚いた。なんとそこにはオロチが、「その背上には松や柏が生えていて、大きさは八丘《やおか》、八谷《やたに》の間をはいわたれり」と、まさしく、松や柏の木々で覆われた山々(八丘)とその渓谷(八谷)の間を蛇行しながら大河となって日本海にそそぐ斐伊川の景観そのものとして描かれているではないか。「眼は赤酸醤《あかかがち》のごとし」とあるのは川から採集された砂鉄あるいは褐鉄鉱を原料とした原始たたらが行われていた可能性を強く暗示している。なぜなら、たたら製鉄では家庭用バスタブの側面や底面を二、三倍高く、かつ長くしたような土製の炉の中で木炭と砂鉄を交互に挿入しながら三昼夜赤々と燃やし続ける製法であるからだ。

この地が古代から鉄を産出していたことは『出雲国風土記』の仁多《にた》郡横田郷の条で述べたが、それ以外にも飯石《いいし》郡の波多《はた》小川や飯石小川の条にも鉄があるとあって、少なくとも原始たたら製鉄に必要な原料が豊富にあったことは間違いない。現在、日本におけるたたら製鉄の開始はどんなに早くても古墳時代中期(5世紀)以降とされているが、弥生時代における褐鉄鉱を利用しての原始たたらの存在は、早くから真弓常忠(1923~2019)が『古代の鉄と神々』(学生社、1985年)で指摘し、最近では菊池秀夫氏が『邪馬台国《やまたいこく》と狗奴国《くな》と鉄』(彩流社、2010年)でその実例を紹介するなど、否定する方が難しい状況になっている。

ところで、たたら製鉄には膨大な木材が必要だ。そのために大量の木材が伐採され、斐伊川・上中流域の山々の一部が禿山と化せば、ひとたび豪雨に見舞われるとそこからは大量の土砂が下流に流れ込み、山間部の狭い平地や下流の出雲平野部の稲田はひとたまりもなく呑みこまれてしまったことだろう。

ここで再び書紀に戻ると、ヤマタノオロチは毎年少女を呑みこんでは、今年もまた稲田姫を呑みこもうとしていたとあるが、恐らくオロチによって毎年呑みこまれていたのは、稲田姫ならぬ稲田であったに違いない。さて、ではここに降臨してきたスサノオがオロチを退治したとはどういうことか。さらにオロチを退治するために酒を醸《かも》してオロチを眠らせたとは何を意味しているのか。

　オロチの正体が氾濫する斐伊川の姿であったならば、当然、それを退治したというのは斐伊川の治水工事を成し遂げたということであったはず。その際、スサノオがとるべき行動は次の二つ。一つは治水工事用の工具、具体的には鉄製の鋤《すき》や鍬《くわ》という農耕具も兼ねた工具の量産に道筋をつけること。もう一つは山々への植林だ。植林といってもそれはただ単に木を切ったから植えるというような単純な話ではなかろう。神が人心に深く宿っていた当時、木々は神の依代《よりしろ》として傷をつけてはならない大切なものであったからだ。だから**スサノオが酒を醸してヤマタノオロチを眠らせたというのは、恐らく製鉄に必要な木々を伐採する前に、山の神にお酒をささげ、豊かな森を育んでくださっている神々への感謝と共に伐採のお許しを請う神聖な祈りを行った**ということだったに違いない。

　このようにオロチ退治の中身が分かってみると、斐伊川上流域の佐白《さじろ》における伝承は鉄の生産（製鉄）を、中流域の加茂町の伝承は鉄の加工（鍛冶）にからんだ伝承であったような気がしてならない。

　ちなみに、当地域Ⅱ（斐伊川流域）の西側、すなわち、地域Ⅲ（神戸川流域）はスサノオが右記オロチ退治後、あるいは退治中、製鉄に適した土地を物色して回ったところではなかったかと思われる。それを示唆する伝承が若干残っているが本書では省略させていただく。

　さて、ここまでの地域Ⅱ、Ⅲの伝承をまとめると、スサノオの謎一の前半（書紀におけるスサノオのオロチ退治は一体何を意味するのか）については、「斐伊川流域の豊富な鉄資源を活用した製鉄、鍛冶、植林事業によってもたらされた農耕具や工事用工具の飛躍的な改良、およびそれを活用しての地域の拓殖（開拓）」ということであったに違いない。残るは、謎一の後半、『出雲国風土記』にはオロチ退治の物語はまったく記されていないのはなぜか、である。以下、その理由を考察する。

## 『出雲国風土記』がオロチ退治を記さなかった理由

『出雲国風土記』の初稿には恐らく前述の出雲各地に残るオロチ退治の実態がありのまま記載されていたものと思う。が、それは完成間近であった書紀のオロチ退治(大蛇退治)のストーリーとはかけ離れたものであった。あくまで中国向けの歴史書を編纂中の書紀編者にとっては苦心惨憺して考えたオロチ退治のストーリーと全く異なる右記内容が『出雲国風土記』として撰進された折には、いつどこであちらの人に書紀ストーリーの虚構が暴かれないとも限らない。が、それだけは絶対に避けねばならない。そんなことで書紀編纂局は風土記編者に対して書紀のストーリーと齟齬《そご》をきたさないように記載内容の変更を執拗に求めたものと思われる。そんな理不尽な要求に対して風土記編者側も多少抵抗を試みたであろうが、最終的にはスサノオの事績をオロチ(大蛇)退治に換えるぐらいであれば、それに関連する伝承の全てを抜きさるという決断をしたということではなかったか。そんな両者の綱引きが、『出雲国風土記』の撰進が発令後二十年、書紀撰上から十三年も要した理由、かつ、『出雲国風土記』にスサノオのオロチ退治の物語が一切記されていない理由であったに違いない。その一方で、御子神の話や地名起源説話に登場することは前述(64頁)の通りだ。

さて、書紀編者が知恵を絞って編み出した「オロチ退治の際に、スサノオは十握剣《とつかのつるぎ》によってオロチを寸断し、その尾から得た草薙剣《くさなぎのつるぎ》を天神に献上した」とするストーリーは、**草薙剣が現在なお、皇位継承の三種の神器《じんぎ》の一つであってみれば、スサノオこそが皇祖神の出発点である**ことを暗示する絶妙のメッセージであったことは誰しも認めねばなるまい。細かいことを言えば前述の御代《みしろ》神社や布須神社ではオロチの尾から出てきたのは草薙剣ではなく神宝十握剣で、それを自ら造ったのがスサノオであるとする。これをベースに**スサノオと天孫と皇室とを結ぶ書紀神話を考案**した書紀編者の知恵には舌を巻かざるをえない。

## 3節　スサノオ＝五男神仮説の検証──スサノオの謎二の解

さて、ここまでの斐伊川および神戸川流域におけるスサノオ伝承の解析からオロチ退治の正体を知ることができた。出雲国におけるスサノオ伝承はこれ以外にも、その東部すなわち熊野山周辺（古代の意宇《おう》郡）にも濃厚に残っており、それらの解析によって、スサノオにまつわる二つ目の謎（スサノオ＝五男神仮説は成り立つのか？　成り立つとすればそこから何が言えるのか）の解に迫ることができそうなのだ。なぜなら、この古代の意宇郡周辺にはスサノオ＝五男神（オシホミミ、天穂日《あまのほひ》、天津彦根《あまつひこね》、活津彦根《いくつひこね》、熊野櫲樟日《くすひ》）仮説の一角をなす天穂日の伝承がスサノオ伝承に紛《まぎ》れてわずかながら残っているからだ　そんなわけで、まずは出雲国東部に残るスサノオ伝承の概観から始めよう。

### スサノオ＝天穂日の検証

### ［その一］　熊野山周辺に残るスサノオ伝承＝天穂日の痕跡

まず、当地に残るスサノオの足跡を確認しながら、スサノオ伝承を概観しておこう。スサノオが神祖熊野《かぶろぎくまのの》大神櫛御気野命《おおかみくしみけのみこと》として祭られる松江市八雲町熊野にある出雲国一之宮熊野大社（次頁図の4）の西側南北にかけて、須我神社（3）、坂本神社（2）、八重垣神社（1）の三社を結ぶ線はスサノオがオロチ退治（製鉄事業他）後に、稲田姫を伴《ともな》って住居を求めながら進んだ伝承経路である。

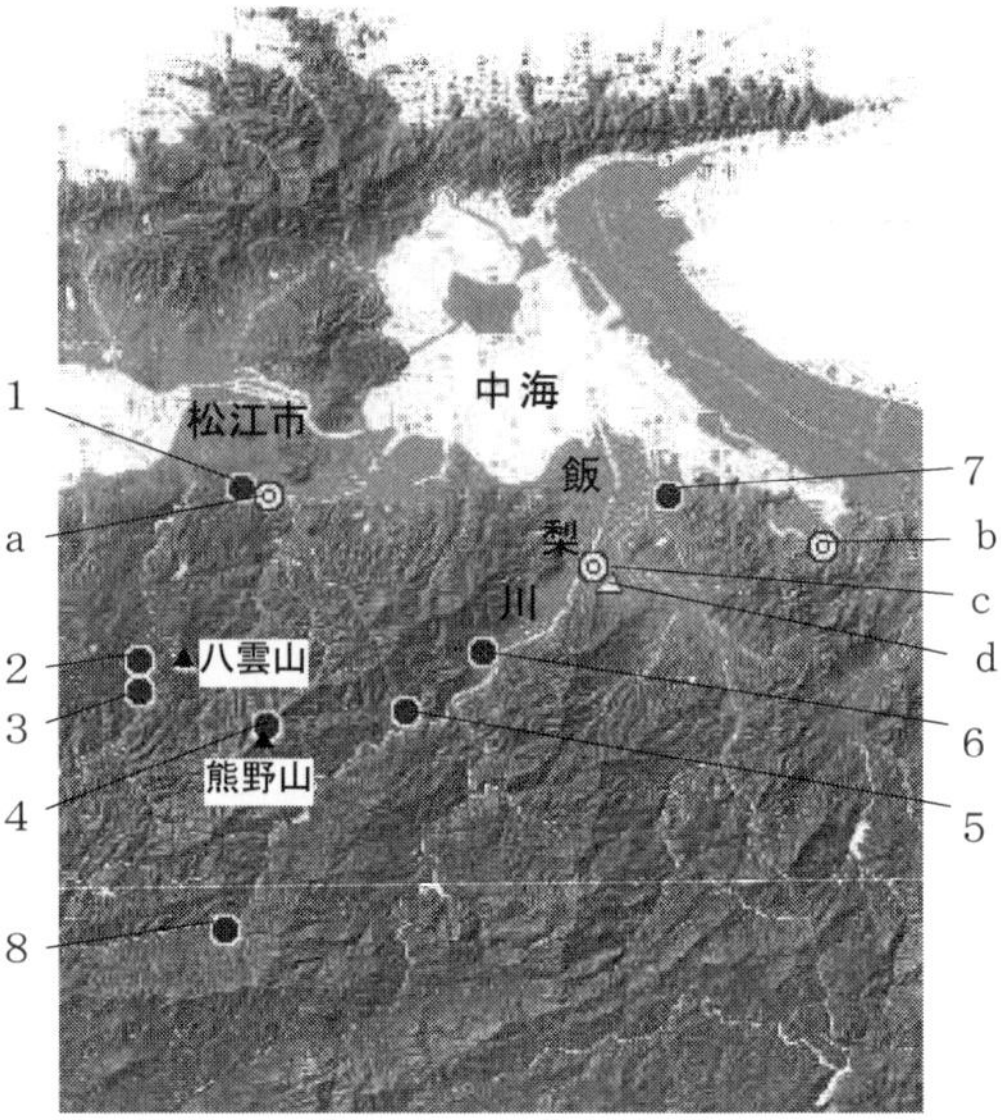


**熊野山周辺におけるスサノオ伝承（●）と天穂日伝承（◎）**

スサノオ関連伝承
1　八重垣神社（松江市佐草町）
2　坂本神社（雲南市大東町）
3　須我神社（同上）
4　熊野大社元宮（熊野山）
5　山狭神社（安来市広瀬町）
6　都辨志呂神社（同上）
7　安来神社（安来市安来町）
8　嶽神社（雲南市大東町）

天穂日関連伝承
a　神魂神社（松江市大庭町）
b　支布佐神社（安来市吉佐町）
c　能義神社（安来市能義町）

その他
d　意多伎神社（安来市飯生町）

その最北端にあたる同市佐草町の八重垣神社（1）は「八（や）雲（くも）立（た）つ、出雲（いずも）八（や）重（え）垣（がき）妻（つま）込（ご）みに…」とスサノオが歌った和歌発祥の地とされる由緒ある社であるが、当社の東南わずか1キロほどのところに神魂《かもす》神社（a）があって、「**天穂日**がイザナミを創祀された」と記録されている。ここに天穂日とスサノオとのほのかな結びつきが感じられるのは私だけではなかろう。

スサノオについての書紀神話のシナリオを思い起こせば、そこには火の神カグツチを出産したイザナミがその火に焼かれてこの世を去ったとき、泣き叫んでいたスサノオがイザナギからその理由を問われ「私は母（イザナミ）を追って母の国に行きたいと思ってただ泣くのです」（五段一書⑥）とあった。このシナリオに従えば、地上に降臨したスサノオが最初にやるべきことはイザナミの亡骸を探して、それを弔《とむら》い祭ることであったはず。それを神魂神社では**スサノオ**ではなく、**天穂日**がイザナミを創祀されたとあるのはどうしたことか。天穂日の本来の降臨目的は、大己貴に対し国譲りをうながす使者の役目であって（書紀神話下九段本文）、決してイザナミを祀《まつ》ることではなかったはず。

ここに、天穂日がスサノオの異名同体であれば、この天穂日がとった行為はなんの違和感もなく首肯《しゅこう》できる。さらに念を押すならば、この神魂神社は本来、「熊野大神《くまののおおかみ》（スサノオ）を遥拝《ようはい》（はるか遠くから拝むこと）する神の「祠《ほこら》」であったと天穂日の後裔《こうえい》千家《せんげ》尊統《たかむね》が『出雲大社』で述べておられる。なんのことはない、天穂日の後裔が、この場所からスサノオを遥拝していたのだ。それのみか、同書にはこの神魂神社というのは、「出雲国造《こくぞう》の館《やかた》が現在の出雲大社に移る以前の往古、この地にあって、いわば出雲国造の邸内社《ていないしゃ》（邸内に設けた神社）としてはじまった」とも記されている。

なぜ、天穂日の後裔が自分の邸内に設けた神魂神社から、その真南10キロほどの熊野山山頂にあった熊野大社（現在はその北北西約3キロに移動している）を遥拝していたかというと、次項で示す山狭《やまさ》神社（5）の由緒にあるように、かつてスサノオが熊野山南部の東西を往来していたゆかりの地であったからに違いない。

以上が、わがスサノオ＝天穂日仮説の傍証の一である。

**【豆知識】②熊野大社の所在地**

熊野大社と言えば、和歌山県の熊野本宮大社を思い浮かべる人も多いが、和歌山県のその神社名は明治維新の神仏分離令以降で、それ以前は熊野坐神社《くまのにいますじんじゃ》、あるいは熊野権現であった。そんなことで、**本書で熊野大社と言えばスサノオの確かな足跡伝承が残る出雲国一之宮熊野大社である**ことは忘れないで欲しい。出雲の熊野大社に残る言い伝えでは、近くの村の炭焼き職人が紀伊国に移住の際、熊野大社の神主《かんぬし》が熊野大社のご分霊を持って一緒に行き、それを祀ったのが現在の和歌山県の熊野本宮大社とされており、その伝承は和歌山県**御坊市熊野《いや》の熊野《いや》神社**にも「往古出雲民族が紀伊に植民する際にその祖神の分霊を出雲の熊野より紀伊の新熊野に勧請する途中、当地に熊野神が一時とどまりませるということが当神社由緒の発端になっている」と明記されている（『和歌山県神社誌』）。何よりも和歌山県にはスサノオの明確な足跡は存在しない。

**［その二］飯梨川流域に残る痕跡**（以下、神社に示す番号は74頁図に対応）

さて、スサノオはこの八重垣神社（1）あるいは須我神社（3）あたりを拠点に熊野山（別名天狗山［4］）を経由して飯梨川《いいなしがわ》の流域を往来していたことが熊野山の東方6キロほどにある山狭《やまさ》神社（5）の由緒に明示されている。そこには、「是（当社）より西に天来山《てんぐ》（熊野山）といふあり。これは能義郡《のぎぐん》山佐村と意宇郡《おうぐん》熊野村との間、この大神の通わせ給うところなりき。今は亀山鶴山という御通路（の）山に斎き奉る山狭社と申すは、熊《くま》野大神《ののおおかみ》なり、スサノオのまたの名は熊野加牟呂伎久志美気濃尊《くまののかむろぎくしみけのみこと》なり」とあって、スサノオの足跡伝承と共に、スサノオが熊野大神であることも明記されている。

その北東4キロほどにある安来市《やすぎし》広瀬町の都辨志呂《つべしろ》神社（6）の由緒にも「上古《じょうこ》スサノオが出雲地方巡幸の際、現在の広瀬町広瀬字《あざ》中町札場のあたりに休憩し給い、云々」とあって、足跡が残っているし、飯梨川流域には上記の二社を挟むようにして上流の嶽《たけ》神社（8）と下流の安来《やすぎ》神社（7）がスサノオ伝承を伝えている。

以上のように熊野山周辺（古代の意宇郡）には、斐伊川流域に勝るとも劣らないスサノオの足跡伝承が存在するが、その径路途中に能義《のき》神社があって、天穂日が能義大神《のきのおおかみ》（野城大神）という名で祭られている。

ここで我々はこの神社の前後にあるスサノオの伝承地を地図で確認するにつけ、天穂日とスサノオとの強い絆を感じざるをえない。そしてその予感は当社の由緒「延喜式に野城神社、同社にます大己貴神社、同社にます大己貴御子神社とあり、中古より能義宮と称え云々」からも裏付けられる。

書紀によれば天穂日は葦原中国《あしはらのなかつくに》を天孫に譲るよう天上界から大己貴を説得に来たが大己貴に媚《こ》びて三年たっても復命しなかったとされている。すなわち大己貴が主で天穂日が従だ。ところが、能義神社の祭神の祭られ方はその逆に、使いにだされたはずの天穂日が主で、大己貴とその御子は従である。ここにわが仮説スサノオ＝天穂日を適用すれば、これはスサノオを中心に、その子大己貴、及び大己貴の御子の親子三代が祭られていることになり、能義神社の祭神の主従がなんの違和感もなくストンと腑に落ちるのである。これが天穂日とスサノオが別人であれば、ここに大己貴や、ましてやその御子までもがなぜ配されているのか、いつまでたっても謎が解けないことになってしまう。これが傍証の二つ目だ。

【その三】

傍証の三つ目はスサノオを祭る熊野大社の方から二人の関係を考察する中で顕現してくる。まず、出雲の一の宮であった熊野大社の祭神・神祖熊野大神櫛《かぶろぎくまののおおかみくし》御《み》気《け》野《の》命《みこと》がスサノオであることは、前述の山狭神社の由緒に明示されていたし、神社伝承学の父・原田常治《つねじ》の『古代日本正史』やその後継者小椋一葉《おぐらかずは》氏の『消された覇王』などによって存分に検証されているのでここで改めて述べることはしない。

注目すべきはスサノオすなわち熊野大神が櫛御気の神として祭られていることだ。ここで、櫛は美称、御気《みけ》とは御食《みけ》のことだから、スサノオが農耕の神であることを意味する。それにしても、書紀神話では神田の畔《あぜ》を壊したり、馬を放して荒らしたりと農耕の邪魔をして、アマテラスの怒りをかったはずのスサノオがなぜ農耕の神であるのか。その理由は前述のようにスサノオのオロチ退治によって鋭利で堅固な鉄製の農耕具の製造が可能となり、稲作や農産物の収量が一気に増大したからに違いない。一方、能義大神とされる天穂日はいうまでもなくその名の通り稲穂の神、農耕の神であるので、両大神の神徳は完全に重なっている。

以上、両神（熊野大神《くまののおおかみ》［スサノオ］と能義大神《のきのおおかみ》［天穂日］）の神徳の完全な一致及び両神共にスサノオ伝承経路中、及びその延長線上に存在しているという事実はわが仮説スサノオ＝天穂日の三つ目の傍証になりえよう。

**［その四］**

さてここまで、古代の意宇郡に残るスサノオ伝承からスサノオ＝天穂日の傍証をみてきたが、ここで、再び斐伊川流域に戻り、そこにもスサノオ＝天穂日を窺わせる色濃い伝承があることを紹介したい。

それは、前述の赤川と斐伊川との合流点、神原《かんばら》の地にある神原神社（図b［67頁図右上方］）とその南方5キロほどのところにある斐伊《ひい》神社（同図c）に残されている。神原神社は旧社地（現社地から50メートルほど北方）にあった古墳から景初三年銘のある三角縁神獣鏡が発掘されたことでも有名であるが、その由緒に「大原斐伊《ひい》郷にある斐伊社を武蔵国《むさしのくに》に氷川《ひかわ》神社として勧請《かんじょう》するに当たり、当社に伝わる出雲神宝十握剣《とつかのつるぎ》をもってその御神霊の御霊代《みたましろ》に奉献したといわれ、その際に十握剣を模写して再び当社の神宝とした」とある。

さらに斐伊神社の由緒にも「元官幣大社《かんぺいたいしゃ》氷川神社の由緒記によれば、**孝昭《こうしょう》天皇三年**に斐伊神社より御分霊を奉遷したとあり、（当社の）古史伝にもそのことが記載してある」と示されている。ちなみに、氷川神社の氷川の由来は出雲の斐伊川だ。斐伊川は書紀（720年）には簸《ひ》川と記載されており、これが斐伊に変わったのは神亀三年（726）民部省《みんぶしょう》の口宣《くぜん》（訓令）により好字二文字に改めたことによるものである。

武蔵国は西関東の古代の大国であったが、なぜわざわざ出雲の斐伊社を氏神《うじがみ》として勧請したのか。それは、ここ武蔵国には古くから出雲氏族が移り住んでいたからだ。武蔵国の国造は出雲氏族の始祖とされる天穂日の後裔《こうえい》であるし、南部の相武《さがむ》国造（相模《さがみ》東部）さらには千葉県の上海上国《かみつうなかみのくに》や下海上国《しもつうなかみのくに》などの国造も天穂日の後裔であった。

このように関東周辺には天穂日後裔の一支族が移住繁栄していたのであるから、出雲から彼らの氏神を勧請するのは当然のこととして、不思議なのは勧請したのが彼らの始祖とされる**天穂日ではなく、スサノオ、稲田姫、大己貴のスサノオ一家**であることだ。なぜ武蔵国に移住した天穂日の子孫がその始祖をさしおいて、スサノオや、縁もゆかりもないはずの稲田姫や大己貴を祭る必要があったのか。わがスサノオ＝天穂日仮説を当てはめる以外に解はあるまい。これは、わが仮説の四つ目の傍証で、内容的には第一にも匹敵する確固とした傍証である。

この斐伊川流域にはもう一点、書紀や後述の資料に天穂日の子と記載されている武夷鳥《たけひなとり》(天夷鳥《あまのひなとり》とも)が大己貴その人であることを暗示する次の伝承が存在している。

**【その五】**

かつて出雲氏族の後裔が蕃衍《はんえん》していた関東武蔵国の一角、埼玉県入間《いるま》郡毛呂山町《もろやままち》に「出雲伊波比《いわい》の神」を社名にした出雲伊波比神社がある。武蔵国入間郡五座の筆頭であったこの神社の祭神は大己貴と天穂日であるので、出雲伊波比の神は大己貴か天穂日のいずれかということになろう。

ここで出雲国に目を向けると、斐伊川の一支流飯石《いいし》川沿いの三刀屋町《みとやちょう》に飯石神社があって、伊毘志都幣《いひしつべ》という神が祭られており、その由緒に「御祭神**伊毘志都幣は天穂日の御子**にして、又の名を天夷鳥、武夷鳥、……、武日照《たけひなてる》、又出雲国造家の祖にして出雲大社の祭主となられ、その御文徳により**出雲伊波比の神**とも称《たた》え奉《たてまつ》る」とあって、**ここに祭神伊毘志都幣が出雲伊波比の神として祀られており、由緒冒頭に天穂日の御子と明記されている**ので、前述の武蔵国出雲伊波比神社の祭神は天穂日ではなく、その子大己貴と分かる。

さらに、飯石神社の由緒から、大己貴の又の名、天夷鳥《あまのひなとり》、武夷鳥《たけひなとり》、**武日照**《たけひなてる》などが分かってみると、書紀の次の一文はそれを示す重要なメッセージであることに思い至る。

［崇神紀六十年七月十四日条］

（崇神天皇は）群臣に詔《みことのり》して「**武日照（一に云う、武夷鳥、また云う、天夷鳥）の天から持ってこられた神宝**を、出雲大神の宮に収めてある。これをみたい」といわれた。

ここに明確に**天夷鳥の神宝**とあるが、それは大己貴の神宝であることが『出雲国風土記』の大原郡神原郷《かんばら》の条に記されている。すなわち、神原郷の郷名は、「天の下をお造りなされた**大神（大己貴）の神御財**《かむみたから》**（神宝）**を積んで置きたもうた場所ゆえに神財《かむたから》の郷というべきを、今の人は誤って神原の郷といっている」とあって、書紀と『出雲国風土記』とを対比すれば天夷鳥＝大己貴は自ずと導かれる。

以上がわが仮説の五つ目の傍証だ。ここまで証拠がそろえば、出雲氏族後裔《こうえい》とは、スサノオ・大己貴親子の後裔と認めるしかなかろう。もちろんそれは、中央が神話用に創作した名を使えば、天穂日・天夷鳥親子の後裔ということになる。それを証するごとく、出雲には神話用の名称（天穂日や天夷鳥）を祭神とする神社は特定の場所（東の能義《のき》社、西の飯石《いいし》神社など）にしかなく、かつ、具体的な足跡伝承はまず見当たらない。

一方、スサノオや大己貴を祭神とする神社や二人の足跡伝承は本書に示すように数多く存在する。

さて、スサノオ＝五男神仮説の一角をなすスサノオ＝天穂日の等号証明はほぼやり尽くした。残るは他の四男神との等号検証であるが、長男オシホミミについては5章で行うとして、残る三男神については明確な足跡伝承が見受けられないので、書紀の創作名称と推定しておきたい。

## スサノオ＝五男神仮説が成立すれば何が言えるか

スサノオ＝五男神仮説が成り立てばスサノオとオシホミミとは異名同体ということになる。だとすれば、2章4節に示した神代紀下の木に竹を繋いだようななんとも不自然な系譜図は結局、スサノオ－大己貴－ヒコホホデミという本来の系譜を創造上の天孫系譜に仮託したものであったという先の主張（47頁図）が証明されたということになろう。

なぜならここで、ニニギ＝大己貴は2章4節（43～45頁）で判明しているので、あとはヒコホホデミ＝神武を証明するのみであるが、それは書紀自体が神代紀上下と神武紀中であわせて六度も叫んでいた（41～42頁）ところであったからだ。これこそ「正史たらんとする書紀の叫び」でなくてなんであろう。

蛇足ながら、スサノオ＝五男神仮説の一角をなすスサノオ＝天穂日が成立すれば明確になるもう一つの謎がある。それは、書紀成立以来、誰も答えを見いだせなかった出雲大社の祭主の謎だ。

周知のように、大己貴を祀る出雲大社祭主は天穂日後裔《こうえい》の出雲国造家が古代より令和の現在（第八十四代国造千家尊祐《たかまさ》）においてなお連綿と勤めあげている。書紀はそのなりそめを天穂日が最高神タカミムスヒによってニニギの天孫降臨に先立ち、大己貴に国譲りを申し込む使者として出雲国に派遣された際、大己貴におもねって役目を果たせず、最終的には大己貴を祀る天日隅宮《あめのひすみのみや》（今の出雲大社）の祭主に任じられたからとするが、だとすれば、ご先祖様（天穂日）がはるか昔、タカミムスヒから課せられた強制的な要求にその子々孫々が八十代を越えてなお応えているということになり、理解しがたいことである。

が、わが仮説スサノオ＝五男神によれば、天穂日とスサノオは**異名同体**であるので、天穂日の子である大己貴を天穂日の子孫（出雲氏族）が出雲大社の祭主として千有余年の風雪を経て連綿と勤め続けているということになって、祖先を敬う日本人の慣習とも合致しており、先の不可思議は解消されるのである。

# 4章　国造りの大神・大己貴の原像

## 1節　大己貴の両親と幼名

大己貴は神代紀上下二巻の書紀神話中、上巻の終盤近くにおいて、スサノオと稲田姫との子として登場する。これは一書《あるふみ》としてではなく、本文に堂々と記載されている。

そんな大己貴がスサノオの嫡男である数点の証拠は追々見ていくとして、大己貴は右記本文に続く一書の方に、国造りの大神として称えられると同時に、大国主、大物主、国作《くにつくりの》大己貴、葦原醜男《あしはらのしこお》、八千戈神《やちほこのかみ》、大国玉、顕国玉神《うつしくにたまのかみ》など七つの異名を持つことが紹介される。

続いて、彼は正体不明の少彦名《すくなひこな》という神と力を合わせ心を一つにして、天下を経営し、少彦名亡き後は独りよく国を巡り造ったことが明かされる。そんな国造りの最後に大己貴は出雲国に到り、自分は葦原中国《あしはらのなかつくに》（当時の日本）を和順（服従）させたと宣言する。が、なぜかその宣言後、突然自身の魂（幸魂奇魂《さきみたまくしみたま》）が出現し、三諸山《みもろのやま》（ヤマトの三輪山）に住みたいと言いだし、そこに宮を造って移り住んだのが自分自身で、それが大三輪の神である、と自問自答する。続いて大三輪の神の子らが紹介されるが、その中の一人が初代天皇神武の后、ヒメタタライスズ姫である。

以上、書紀神話に登場する大己貴は国造りの神とされてはいるが、その国造りの具体像は全く描かれていない。そんなことで、書紀から大己貴の原像を復元することは全く不可能というしかない。が、神社伝承や風土記などの地域誌を根気強くかき集めていくと、ある程度の大己貴の原像が浮かび上がってくる。以下、それらの資料を紐解きながら大己貴の生涯を復元していくことにしよう。

### 大己貴の幼名

まず大己貴の名であるが、大穴持とか大名持とも表記され、「大きい土地の持ち主」とか「たくさんの名の持ち主」ぐらいの意味だから、少なくとも大己貴は幼少時の名ではないはず。それは大己貴の異称大国主や大物主にしても同様で、いずれも功成り名遂げて以降の呼称であることは間違いあるまい。

では、大己貴の幼少時の名は何であったのか。その手がかりが、旧事本紀《くじほんぎ》(詳細後述)の巻四「地祇本紀《ちぎほんぎ》」にある。それは大己貴の別称として示されている清《すが》ノ湯山主《ゆやまぬし》三名《みな》狭漏彦《さるひこ》八嶋篠《やしましの》だ。この名は三つからなり、冒頭の「清ノ湯山主」は生誕地の地名、脚の「八嶋篠」は八嶋(日本列島)のシ(神聖な)ノ(頭首)で、成人後の大国主を表している。で、胴部の「三名狭漏彦」こそが、幼名の御名《みな》ではなかろうか。かように狭漏彦が大己貴の幼名であったならば、後年大己貴が「猿田彦《さるたひこ》」と呼ばれた可能性は限りなく高いといってよかろう。このあたりは7章10節でも再考するが、それがいかなる名であったにせよ、その幼名は彼の成長と共に実態に即した大国主や大己貴(大名持ち)へと変化していったものと思われる。

以下、出雲国における大己貴の覇権拡大の様子を『出雲国風土記』と神社伝承(ここでも神社伝承は島根県神社庁発行の神社誌『神国島根』を中心に活用)によって描いていこう。

## 2節　出雲国を開拓・支配した大己貴

### なぜか大己貴伝承に多弁な『出雲国風土記』

『出雲国風土記』は書紀撰上(７２０年)の13年後に撰進された風土記であるが、そこには書紀神話に登載されているスサノオのオロチ退治はいっさい記載なく、スサノオの事跡も神社伝承二十三箇所に対し、わずか四箇所（17％）の採用に留まっていたのは前述（3章2節65頁）のとおりだ。

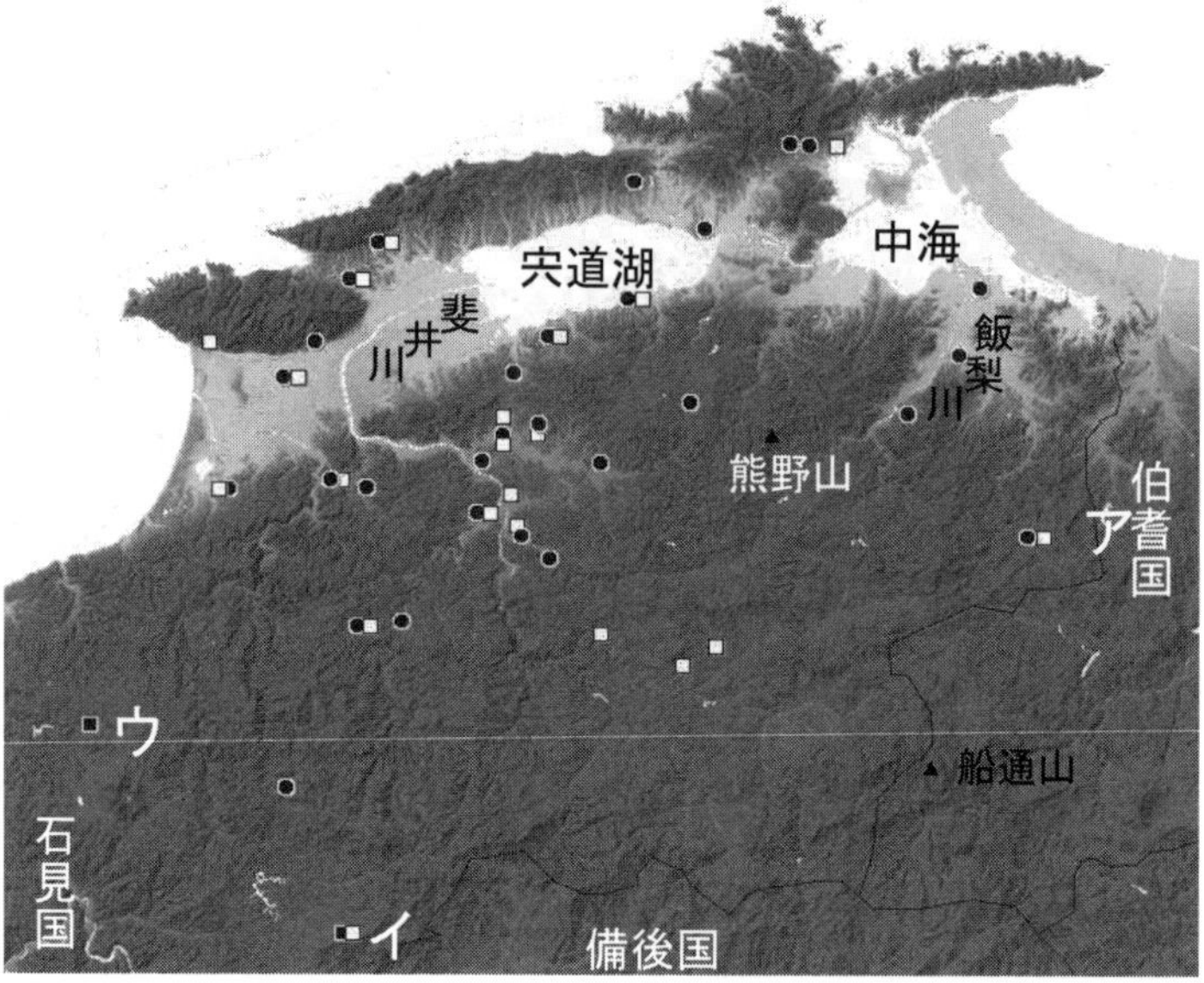


**大己貴の神社伝承（●）と風土記伝承（□）の比較**

注：■は関連伝承。イは大己貴の琴があるとする琴弾山神社の伝承で、足跡伝承ではない。ウは大己貴が当地を開墾とする佐比売山神社の足跡伝承ながら、石見国に分類される。

それに引き換え風土記における大己貴の足跡は二十一箇所が採用されており、これは、すぐ後でその詳細を示す神社伝承の二十九箇所（●）の実に72％に及んでいる（図）。

思えば、書紀神話において大己貴は葦原中国《あしはらのなかつくに》の主《ぬし》である一方、最終的には天孫族によって征服されたことになっている。ならば、大己貴の力が強ければ強いほど、それを征服した天孫族の力は相対的に強調されることになるので、中央の書紀編者は風土記編者に対し、スサノオの記載制限とは裏腹に大己貴の偉大さを思う存分記載すべしとの勧告があったとしてもおかしくはない。

だからであろう、『出雲国風土記』にはあちこちに大己貴の具体的な事跡が描かれている。そうはいっても、その内容は神社伝承にはとても及ばない。以下、スサノオ同様、神社伝承を主体に『出雲国風土記』も一部引用しつつ、大己貴の本来の姿を復元していくことにする。

大己貴の神社伝承分布図を、スサノオのそれ（65頁）と比較すると以下の諸点に気付く。

①スサノオの伝承は宍道湖《しんじこ》や中海《なかうみ》の南部が中心であったが、大己貴の伝承はその北部にも拡大している。

②伝承範囲が他国との国境へと広がっている。例えば、伯耆国《ほうきのくに》との国境（図のア）、備後国との国境（イ）、石見国《いわみこく》との国境（ウ）と、出雲国隣接三国全てに足跡があり、大己貴の国造りは出雲全域に及んでいる。

③伝承の中心はスサノオ伝承と同じく斐伊川流域が主体となっている反面、熊野山を中心とした東出雲での伝承密度はスサノオに比べ幾分薄くなっている。

およそ以上のようなことが図から分かるが、まず、最も伝承密度の濃い斐伊川流域からみていこう。

## 斐伊川流域における大己貴伝承（十二件）

斐伊川には大きな支流が二つある。一つは赤川でスサノオと稲田姫が住居を求めてやってきたとの伝承があった八雲山（次頁図右端上10近辺）の西麓あたりに源を発し、そこから西流、雲南市加茂町《かもちょう》（図の中央やや上）で斐伊川と合流している。その合流点の東側にあたる神原《かんばら》周辺にはスサノオの宝剣十握剣《とつかのつるぎ》にからんだ色濃い伝承があった（図の4〜6周辺）。

一方、神原南方約5キロ地点には斐伊川一の大支流三刀屋《みとや》川が南西から流れ込んでおり、その合流点近くの飯石《いいし》郡三刀屋町（現雲南市三刀屋町《みとやちょう》）給下《きゅうした》には大己貴の伝承が色濃く残っている。その地の通称一の宮三屋《みとや》神社（1）の由緒に、「延喜式内社。『出雲国風土記』には御門屋社《みとやのやしろ》、神名帳には三屋神社と記され、郡内の筆頭におかれてきた。社号の由来は、所造天下（＝天下《あめのした》をお造りなされた）大神大己貴が八十神《やそがみ》を出雲青垣山の内に置かじと詔《みことのり》して追い払いたまいてより、**ここに宮居を定め国土経営の端緒をお開きになった**」

とあって、ここが大己貴の宮の中心地であったことが窺《うかが》われる。さらに、当社所蔵の延喜《えんぎ》二年（９０２）の棟札の裏書に『**誠 忝**《まことにもったいなくも》　**当社者**《は》**素戔嗚尊**《すさのおのみこと》**之**《の》**御子大己貴命**《みこと》**天下惣廟**《そうびょう》**神明也**』とあり、ここに、古事記や書紀の一書に惑わされず、９００年代の初頭という古《いにしえ》に書紀の本文通り大己貴がスサノオの御子とされている事実は重い。これをもって、大己貴がスサノオの子である徴証の一とする。

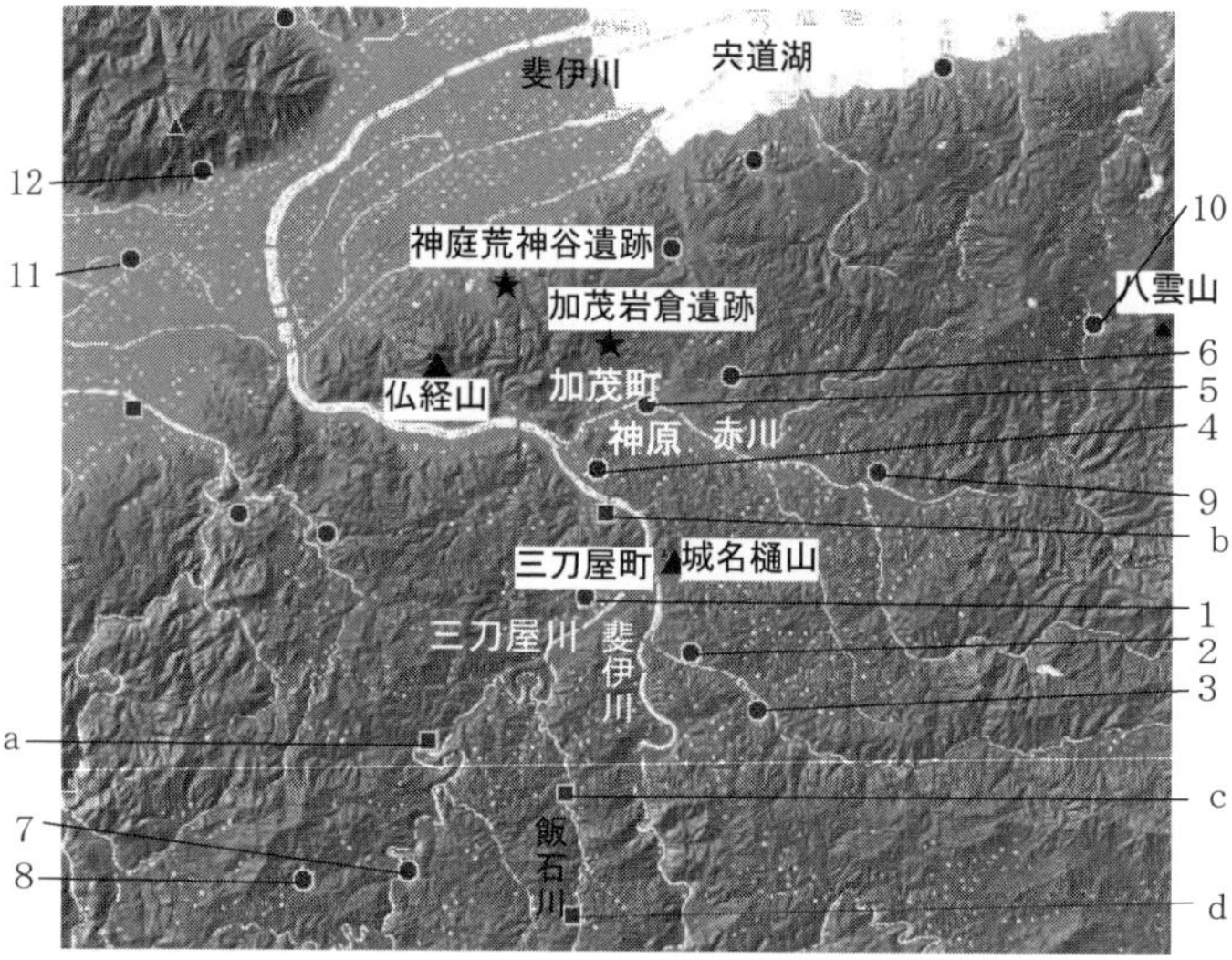


**斐伊川流域における大己貴伝承（● 足跡伝承、■ 関連伝承）**

足跡伝承
1　三屋神社（雲南市三刀屋町）
2　来次神社（同市木次町）
3　大森神社（同上）
4　御代神社（雲南市加茂町）
5　神原神社（同上）
6　比和神社（同上）
7　星原神社（同市掛合町）
8　多根神社（同上）
9　加多神社（同市大東町）
10　坂本神社（雲南市大東町）
11　八野神社（出雲市矢野町）
12　久佐加神社（同市日下町）

関連伝承
a　大年神社（雲南市三刀屋町）
b　井草神社（同町伊萱）
c　飯石神社（同町多久和）
d　飯石神社（同町六重）

加えて、この三屋《みとや》神社あたりが大己貴の宮の中心地であったことは、この地の１キロほど東の熊谷《くまたに》という地点が、『出雲国風土記』の末尾に示されている出雲三軍団の一つに記載されていることからも察しがつく。三軍団は、東から意宇《おう》、熊谷、神門《かんど》各軍団であるが、中間の熊谷軍団が大己貴の宮のほぼ真東１キロに存在していたのである。熊谷の地名は現在でも南北にわかれて残っているが、このうち北側の下熊谷《しもくまたに》のさらに約1キロ北にある小山が、『出雲国風土記』大原郡の条にある城名樋山《きなひやま》（図の真ん中あたり）で、「天の下をお造りなされた大神大穴持《おおなもち》が八十神《やそがみ》を伐とうとして城《き》をお造りになった。それゆえに城名樋という」と記されている。さらに風土記にはこの城名樋山が郡家（郡役所）の真北一里一百歩（諸説あるが約700メートル）とあって、大原郡の郡家がこの下熊谷あたりに存在したことが推察される。

大己貴がこの三屋神社周辺を拠点にしていたことは、以下の近辺五社の伝承からも窺える。一社は、東隣の大原郡木次町（現雲南市《うんなんし》木次町《きすきちょう》）にある来次《きすき》神社（2）で、その由緒には「大己貴が国土経営にあたらせられたみぎり『八十神は青垣山のうちに置かじ』とおおせになって追い払われた、云々」とある。この社は『出雲国風土記』の大原郡所載で、由緒の方も同郡来次郷の郷名由来譚に採録されている。

次は、ここより東南約3キロの木次町東日登《ひがしひのぼり》の大森神社（3）で、そこには「スサノオが……この大森の地にしばし宿られたところであるという。その後裔《こうえい》大己貴、その遺業を継承して大いに繁殖の道を講じ、国人に遺したまえりという。当地はスサノオの由緒の最も深く、かつ大己貴が八十神を追窮し国土を開発したまえる当初の地である」として残っている。

三社目は雲南市加茂町《かもちょう》三代《みじろ》にある御代《みしろ》神社（4）で、ここにスサノオの伝承があったことはすでに述べたが、そこには続いて「大己貴この地にて柴を立て、射たもうところであるゆえ矢代という。神亀《じんき》三年（726）字を屋代《やしろ》と改め、後に三代と改称。この際、祭神（大己貴）を大山咋《おおやまくい》と改めた」とあって、この傍線部分は『出雲国風土記』にも屋代郷の地名説話として採用されている。

四社目は同町神原《かんばら》にある神原神社（5）で「延喜式内社。天下《あめのした》造らしし大神の御宝を積み置き給う処であり、神宝《かんだから》郷と云うべきを誤って神原郷と云うと、即ち大国主を祭る所以である」と伝承されている。傍線部分は『出雲国風土記』にも神原郷の地名説話として採用されている。この神原神社の旧社地にあった古墳から「景初三年《けいしょ》」の銘を有する三角縁神獣鏡が出土したことは考古学に興味のある方には周知の事実である。最後の五社目は同町砂子原《すなごはら》の比和神社(6)で「大己貴、猪《いのしし》を追い打ち給いて、国造り給いし」と伝わっている。

さて、このように、この三刀屋町《みとやちょう》から木次町《きすきちょう》や加茂町にかけて、大己貴は矢をたずさえ、八十神《やそがみ》(多くの神)を追い払って、この地に宮を構え宝庫を設置し、この地を拠点として、国造りを始めたと伝承は主張している。ただ、ここまでの伝承ではその国なるものがどの程度の広がりを持つものかまでは分からない。それについては追々考察していくとして、まずは大己貴がこの地で対峙したという八十神について、ある程度推測しておきたい。

恐らく九州の豊《とよ》の国方面からやってきたスサノオと在地の娘との間にできたであろう大己貴は、出雲人《びと》からすれば、いわゆるよそ者スサノオの二世で、最初は白い眼で見られていたとしておかしくない。というのも、スサノオが突然この地にやってきて、製造に成功した鉄製の農耕具や工具により治水事業を見事にやりとげたことで、やっかみやある種のおそれをいだかれていたことは想像に難くないからだ。その息子が三屋《みとや》を中心に領土を四方八方に広げてきたからには敵対する部族も出現したことだろう。しかし当時としては良質の鉄の鏃《やじり》や剣を所有する大己貴軍団にはなすすべもなく、敗れ去ったものと思われる。

以上で大己貴の斐伊川流域における八十神との戦い、すなわち戦闘伝承はこのぐらいにして、次に多い農耕拓殖の伝承解析に移ろう。

三刀屋川上流の雲南市掛合町多根《かけやちょうたね》にある星原《ほしはら》神社(7)には「当地は上古、大己貴、少彦名《すくなひこな》二柱の神、この地を堀り田を拓《ひら》かれたので……堀田原がなまりて星原と称した」と伝承されている。近くの多根神社(8)も『天下所造大神大己貴、**少彦名**天下巡行のとき、御所持の稲種をここにおとし給いしにより種という』とする風土記の記事を引用しつつ、「そもそも多倍《たべ》神社とは二柱の大神、御田を作らししにより多倍神社と奉称、(中略)また天倉の地名あり。大神の作らしし五穀を貯え給いし地なり」と、このあたりを大己貴と少彦名両神が稲を栽培したことを伝えている。のみならず、五穀を貯えていた倉まであったというのだ。

さて、大己貴の農耕拓殖の伝承は赤川流域の雲南市大東町にある加多神社(9)の方にも「主祭神少彦名、配祀大己貴が神代において農耕拓殖のご神蹟に奉斎したもの」として残っている。さらに赤川を遡った同町の坂本神社(10)にも、「スサノオ、正妃稲田姫との間に生まれませし大国玉(大己貴)は父神の御遺業を継ぎてこの地方開発をも大成せられし也」としっかり伝えられている。

以上の他に斐伊川中流域には、「大己貴大神の祭りを行うときに、潔斎《けっさい》をした場所」(井草《いかや》神社［b］)という伝承が、さらに下流の出雲平野まで下ると、「大己貴がスサノオの御子若姫を娶《めと》ろうとして御屋を造らせた地」(八野神社［前図左側上11］)とか「当地は大己貴大神の領地」(久佐加神社［12］)とする伝承が残っている。領地というからにはここでもかつて八十神との戦闘があったということだろう。

このように、斐伊川流域には大己貴の足跡伝承が十二件、その他の間接的な伝承が四件残っているが、その内の三件は大己貴という名ではなく、一件は大年《おおとし》(伝承は省略、場所は86頁図a)、他の二件は前述(79頁)の伊毘志都幣《いひしつべ》という名で残っている。

かように斐伊川流域には大己貴としての十二件の伝承以外に、別名(大年や伊毘志都幣)に託された伝承が三件、都合十五件の大己貴伝承が存在している。

次いで斐伊川の西隣を南北に流れる神戸川流域に目を移すが、以下の伝承解析においては、詳細は省略し、伝承の種別とその場所のおおまかな確認に主眼をおいてみていきたい。

## 神戸川流域における大己貴伝承

神戸川《かんどがわ》流域における大己貴伝承は神西湖《じんざいこ》のほぼ東に三箇所、および神西湖の南約20㌔に一箇所、計四箇所に残っている。

このうち、神西湖東の三箇所の伝承はすべて、妻問い伝承であり、恐らく、三刀屋町給下《みとやちょうきゅうした》で宮を固めて以降の伝承と思われる。残る一箇所、雲南市掛合町《かけやちょう》にある波多神社の伝承は、これまでの分類に属さない伝承であるので、少し説明しておきたい。

当社は志許斐山《しこひ》(現野田山)の麓にあって、その社伝に「志許斐とは大己貴、国巡りし給《たま》うときこの峯にて天《あめ》の広矛《ひろほこ》を振り志許《しこ》を踏み給い、志許斐山と号《ごう》す」とある。ここで志許、すなわち四股は、古代から大地を踏んで地の邪気を祓う神事として知られている。このように、大己貴は、妻問いの一方で、そのような神事を行いながら、国を巡っていたことが想定されるのである。

## 宍道湖周辺の大己貴伝承(七件)

次に宍道湖《しんじこ》周辺に点在している七件の大己貴伝承を概略しよう。

その内、北方には四件あって、西から時計回りにみていくと、出雲市口宇賀町《くちうがちょう》の宇賀神社(次図の1)の由緒は妻問い伝承で、次の出雲市久多見町《くたみちょう》の玖潭《くたみ》神社(2)は「(大己貴が)天《あめ》の御飯田《ごはんでん》の御倉《みくら》造り給わんところを巡行たまいき」と巡幸伝承を伝えている。

やや飛んで、松江市荘成町《しょうじょうちょう》にある彌多仁《みたに》神社(3)の祭神は大己貴、スサノオ、稲田姫の親子で、「早くから人民の安住を得たのは当社祭神の恩頼《おんらい》(恩恵)に依るところと感謝して当地鎮護の神として祭ったものである」と記録されている。由緒の内容からして、これは農耕開拓・国土開発伝承ということになろう。

次に松江市外中原町《そとなかばらちょう》にある阿羅波比《あらわい》神社(4)には、「この辺荒隈《あらわい》と云うは、大己貴、**少彦名**と力を合わせ

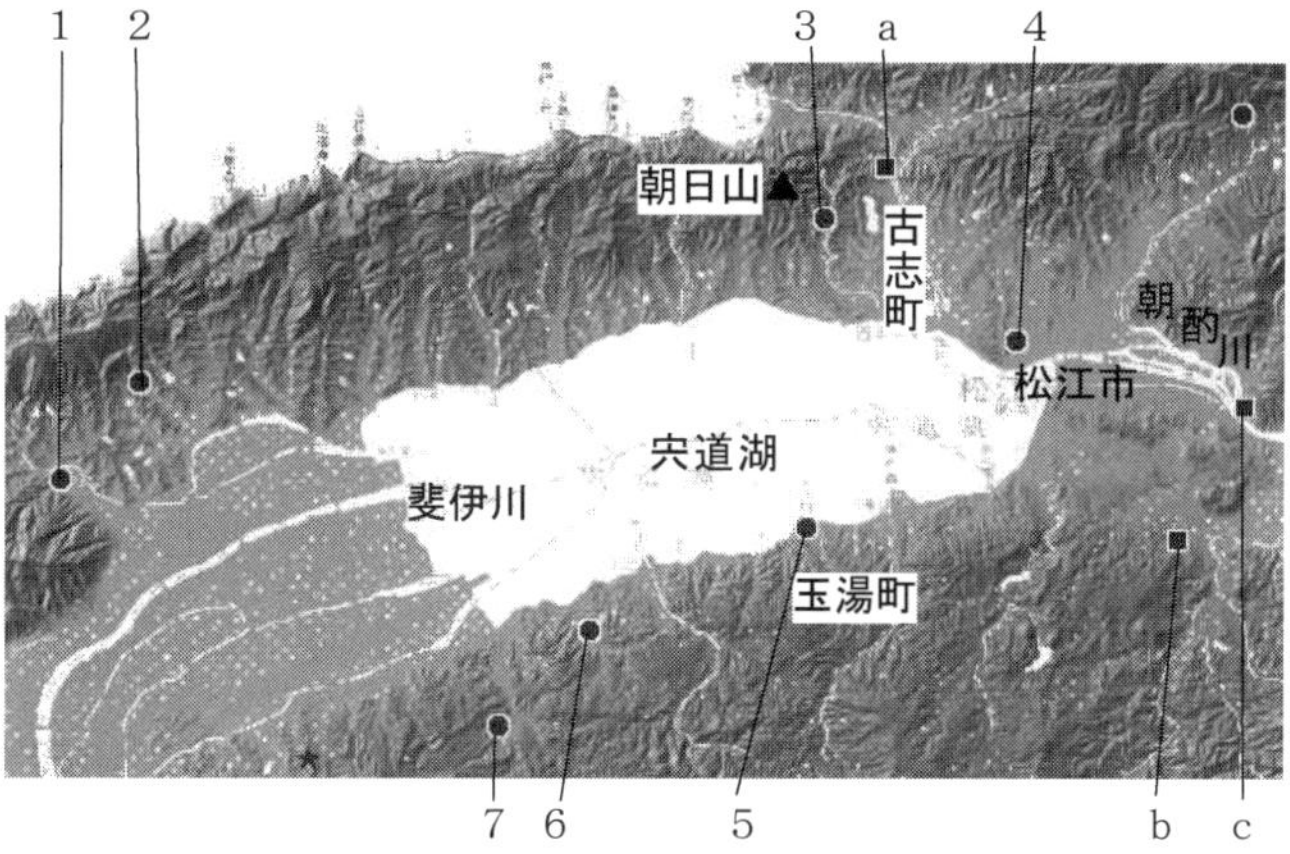


宍道湖周辺における大己貴伝承（●足跡伝承、■関連伝承）

足跡伝承
1 宇賀神社（出雲市口宇賀町）
2 玖潭神社（同市久多見町）
3 彌多仁神社（松江市荘成町）
4 阿羅波比神社(同市外中原町)
5 布宇神社（同市玉湯町林村）
6 石宮神社（同市宍道町白石）
7 宇賀神社（松江市宍道町）

関連伝承
a 佐太神社（松江市鹿島町）
b 神魂神社（同市大庭町）
c 多賀神社（同市朝酌町）

心を一《ひとつ》にし天下を経営し遂に出雲国に到り……天津葦原中津国《あまつあしはらなかつくに》は本《もと》より荒びたりと宣《のたま》いしによる……その少彦名の舟の着きし所を荒隈の船里という」とあって、当地にて神事の一種である言挙《ことあ》げをしたというのであるから、これは巡行・神事伝承ということになろう。ここで、伝承の主体は大己貴と少彦名であるが、ここまで、そしてこれからもスサノオ・大己貴親子の伝承を追っていくにつれ私の脳裏には少彦名とスサノオの姿がどうしても重なってしまう。が、少彦名とスサノオとの関係の憶測は今は保留し7章で述べるとしよう。

さて、次に宍道湖の南方にある三つの伝承に移る。松江市玉湯町《たまゆちょう》にある布宇《ふう》神社(5)は、「大己貴が越《こし》の国に向かわんとしての途次、この郷の樹木の繁茂しているのをご覧になって、云々」と、巡行伝承を伝えている。どうやら当地は、大己貴が三刀屋《みとや》の宮から越の国に向かう経由地であったらしい。見逃せないのはこの地が主に碧玉《へきぎょく》を材料とした玉造りで有名な玉湯町であることだ。恐らく大己貴は

ここで碧玉《へきぎょく》から造った管玉《くだたま》を多数持って、翡翠《ひすい》(勾玉《まがたま》の材料)で有名な越《こし》へ交易にでかけたのではなかろうか。決して、戦《いくさ》のみで行ったわけではなかろう。そう考えるのは、後述のように越国には大己貴が越後国一の宮居多《こた》神社、及び越中国一の宮気多《けた》神社、さらには能登国一の宮気多大社の祭神として地元の人々から厚く祀られ続けているからだ。越国から一方的に翡翠を略奪しただけであれば、大己貴がこれほどに越《こし》の国人に慕われている理由を見つけるのは困難と思う。それに大己貴は少彦名《すくなひこな》と共に医薬の道を広めて人々の病苦を救った神としても有名だが、間壁葭子《まかべよしこ》著『古代出雲の医薬と鳥人』によれば、『出雲国風土記』には**六十一種もの薬草名**が記されており、それは『播磨国風土記』の七種、『常陸国風土記』の二種に比べ突出しているとある。この事実は、**大己貴一行の全国行脚は医薬を広めることを兼ねた道でもあった**ことを推察させる。

残る二社は宍道湖の南西部、松江市宍道町《しんじちょう》にある石宮《いしみや》神社(6)と宇賀神社(7)であるが、いずれも狩猟伝承を伝えている。伝承自体は土地で狩りをしたとか猪を追ったとかあるが、いずれも在地住民との戦闘の比喩とみなせばこれは戦闘伝承とみてよかろう。

## 中海周辺から飯梨川流域における大己貴伝承(六件)

さて、残りは中海《なかうみ》の北西部二件と、南方から中海にそそぐ飯梨川流域の三件、及び伯耆国《ほうきのくに》との国境にある一件の計六件だ。

まず、北西部二件のうち、松江市福原町の虫野神社(1)には、「大己貴、当地に久しくとどまり、田畑を害する悪虫を除き給うご功績、ご神徳を尊びここに奉斎」と、一見、農耕開拓らしき伝承がある。が、農薬

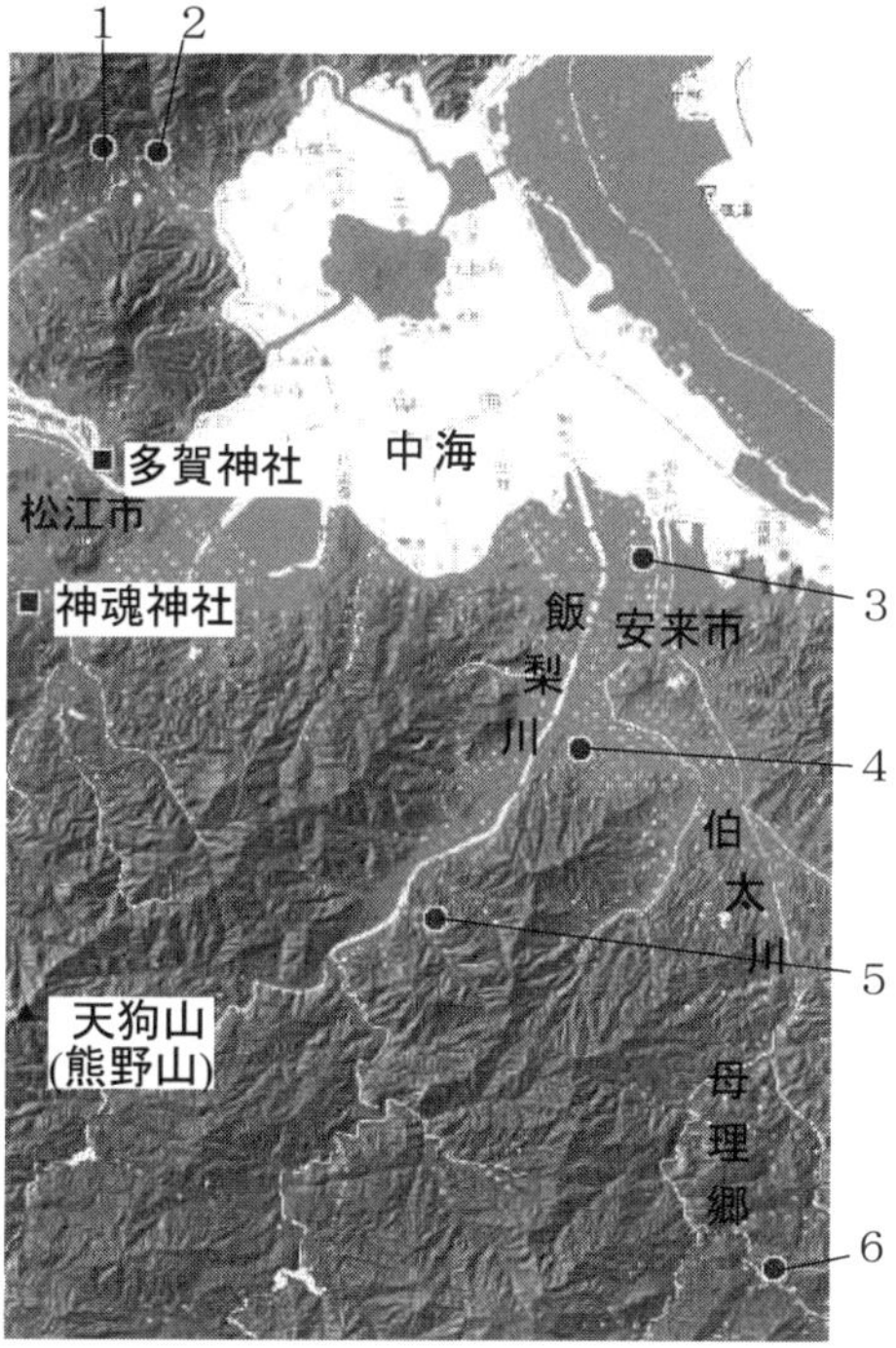


中海周辺～飯梨川流域における大己貴伝承

足跡伝承
1 虫野神社（松江市福原町）
2 川上神社（同市上本庄町）
3 羽島神社（安来市飯島町）
4 意多伎神社（同市飯生町）
5 勝日高守神社（同市広瀬町）
6 玉神社（同市伯太町）

がなかったであろう当時、「悪虫を除き」とあるのは大己貴軍団に敵対する在住民との戦闘の比喩とみなせる。というのもすぐ東隣の川上神社(2)には「大己貴国土経営の折、千酌《ちくみ》地方に不逞《ふてい》の徒ありて、鎮撫せんとしてこの川辺を通過の際、云々」とあって、恐らく大己貴が拠点としていた三刀屋《みとや》の宮から越の国に向かう経路途中のこのあたりで、大己貴軍団の進軍を快く思わない在住民との間でちょっとした争いが発生したものと思われる。

次に、南方から中海にそそぐ飯梨川流域の四件を見てみよう。いずれも安来《やすぎ》市にあって中海に最も近い羽島《はしま》神社(3)と、そこから最も離れた玉神社(6)には巡行伝承が伝わっている。そのうち、羽島神社には「神代に大己貴、少彦名の二神この島に来たりまして不時に飯を食い給う。故に飯島《はしま》という」と少彦名との巡行伝承が、一方、伯耆国(現鳥取県中西部)との国境にある玉神社には、「大穴持《おおなもち》、越の八口《やぐち》を平らげ給いて帰りし坐《いま》すとき、長江山に来たりましてのたまわく、(中略)青い山を垣として廻らして玉《たま》珍をおいてお守りしよう」という風土記の母理《もり》郷名由来記事が引用されている。これは巡行伝承と神事伝承が合わさったものであるが、かつて、玉神社は伯耆《ほうき》及び備後《びんご》地方に通ずる道路に接していたので、当地を通行時、大己貴は無病息災や戦闘勝利祈願の神事を行ったのであろう。

残る二件の伝承はいずれも国土経営の伝承で、まず、飯梨川の中下流域の意多伎《おたき》神社（4）は「大国主大神（大己貴）が当地方で公民に産業を教えられた」と伝える。同じく飯梨川の中流域にある勝日高守《かつひだかもり》神社（5）には、「大己貴国土経営に当たり幸魂《さきたま》の神助を受け給いし地」と伝わる。

以上、中海周辺には戦闘、巡行、国土経営伝承がそれぞれ二社ずつ、計六社が存在していたことになる。

これを前述の二十六社に加えた計三十二社を見てみると、戦闘伝承が多かった斐伊川流域から離れるに従って妻問いや巡行・神事と国造りの内容や範囲が広がっているのが分かる。

## 出雲における大己貴の覇権拡大

右記に加えて、出雲国・石見国堺の石見国側にある佐比売山《さひめやま》神社（次図左下方）にも、「**大国主**（大己貴）国土経営の時に、佐比売山山麓に池をうがち、田畑を開き農業を起こし民《たみ》に鋤鍬《すきくわ》の道を教え授けられた」とある。

これも右記に加えた計三十三社の分布を図に示すが、今、大己貴の宮があった三屋《みとや》神社にコンパスの中心をおけば、半径10キロ圏内に十四社が、20キロ圏内には九社が加わり、さらにその外側に十社と、大己貴の覇権拡大の様子が見て取れる。

以上のように、大己貴はその覇権を出雲国内で徐々に拡大していきながら、父スサノオと共に播磨や讃岐《さぬき》、あるいは伊予、さらには越《こし》の国へと遠征し、遂《つい》にはヤマト入りし、天下《あめのした》を経営したらしき痕跡が各地に残っているのであるが、それは倭国大乱を意味すると思われるので7章でじっくり検討していくとして、大己

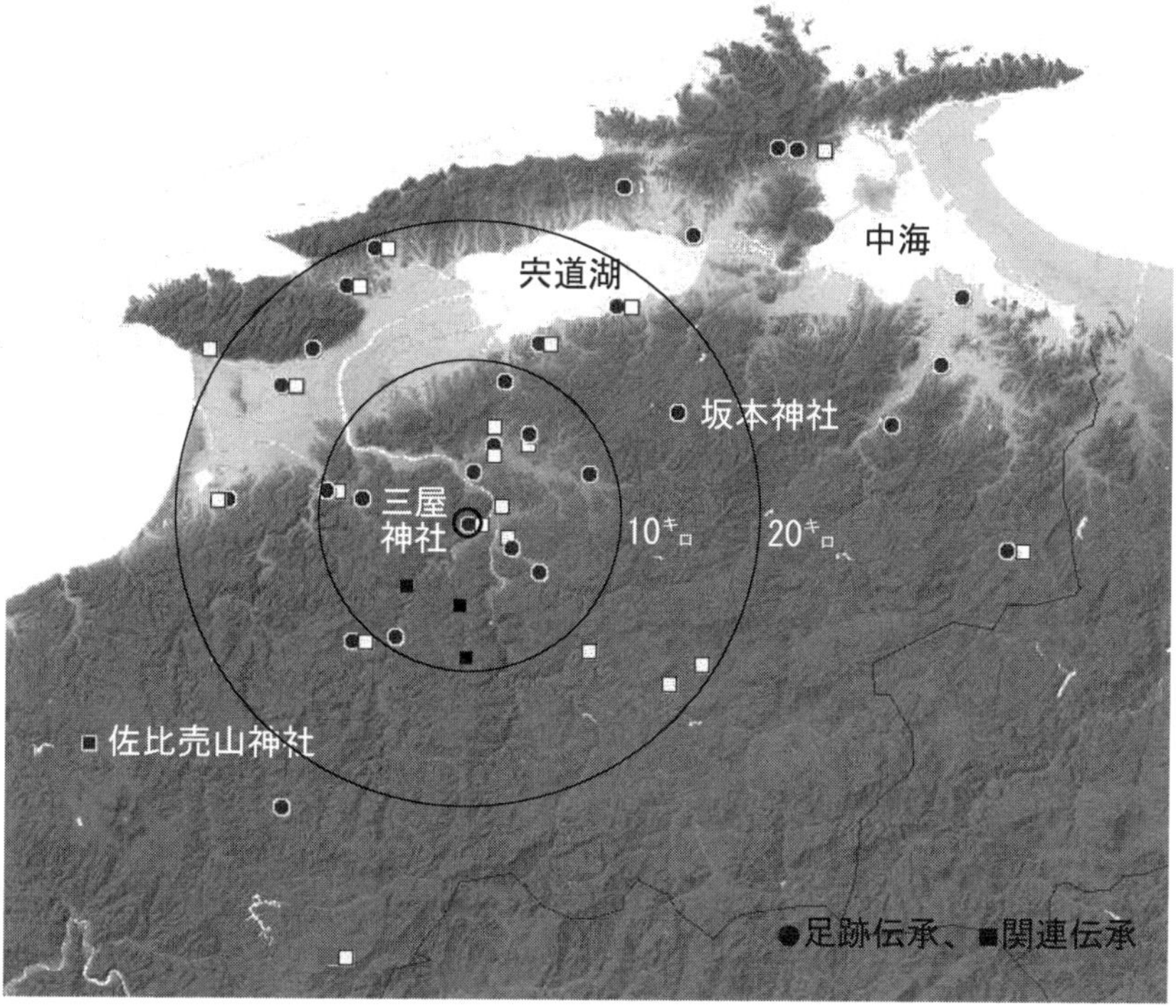


三屋神社から広がる大己貴の神社伝承（●、■）や風土記伝承（□）

貴の本質にかかわる「大国玉」という異称について以下、発音が同じ「大国魂《おおくにたま》」との違いについて少々論じておきたい。なぜなら、「玉」は大己貴の本質と言えるものであり、大己貴の異称の検討においても重要なキーワードになっているからである。

## 古代は明確であった大国玉と大国魂の区別

まず、大国玉が大己貴の別名であることは神代紀上八段最後の一書に、大己貴の数数の異名の一つとして大国主や大物主《おおものぬし》あるいは八千《やち》戈神《ほこのかみ》らと共に紹介されており、誰しもが認めるところであろう。問題は、この大国玉と崇神《すじん》紀に登場する倭《やまとの》大国魂《おおくにたま》との違いである。一般には、両神を区別せず、どちらも大己貴と考える人が多い。が、大国魂と大己貴とは別神とみなすべき傍証が二点ある。

一つは倭大国魂を祭る大和《おおやまと》神社の祭神

だ。中殿に日本《やまと》大国魂大神、左殿に八千戈《やちほこの》大神、右殿に御年《みとし》大神が祭られており、日本大国魂大神とはもちろん倭大国魂《やまとのおおくにたま》のことで、名の如く当社中央にあってしかるべき神だ。問題は左殿の八千戈大神で、この神は前述のように大己貴の異名であるので、大国魂が大己貴であるとすれば、同神を二柱祭っていることになる。近くにあった神社が廃《すた》れたので、当社に遷移合祀したというなら分かるが、そんな伝承はなさそうだ。ならば、大国魂は大己貴ではないとして、一体、誰であるのか。大己貴を左殿に控えさせ、かつ日本の国魂とされる神となれば、これはスサノオしかなかろう。

二点目は、次章で詳述するが、対馬において**スサノオが島大国魂《しまおおくにたま》神社の祭神として、一方、大己貴はその島大国魂の御子として延喜式内二社（対馬市上県町《かみあがたまち》の島大国魂御子神社と豊玉町《とよたままち》の島御子神社）に祀られている**ことだ。祭祀の時期は他神社の由緒に「神功皇后新羅《じんぐうこうごうしらぎ》征伐終わらせて凱旋のとき、島大国魂神社（祭神スサノオ）を拝し」とあることから判断して、神功皇后新羅征時期の4世紀後半以前のことと思われる。だとすれば、その神名は書紀撰上（720年）の三百年ほど前から語り継がれていたことになろうから、そんな伝統ある神名をいくら書紀といえどもそう安々とは変更できまい。すなわち、スサノオが大国魂《おおくにたま》であるからには、大己貴を重ねて大国魂とするわけにはいかなかったはず。その一方で、ヤマト朝廷始祖たる大己貴もヤマトのクニタマであることには変わりがない。そこで、彼らが考案したのが大国玉ではなかったか。そんな目で書紀を見回すと、崇神紀に大国魂と大己貴とは別神とするメッセージが秘められているのに気付く。

それは、「国内に疫病が多発して人民の大半が死亡、国内が大混乱、そこで朝廷は朝夕神祇《かみがみ》にお祈りした。これより先、宮中にアマテラスと倭大国魂の二神を並祭していたが、神威が強すぎて共住はよくないと考え、別々に祭ることにした。それでも疫病がおさまらないので占《うらな》うと、大物主が出現して自分を祭らないのが原因」というもので、ここで、大物主（大己貴）＝大国魂とすると、占いで出現した大物主が自分を祭らないのが原因というのは論理矛盾と気付く。なぜなら、大国魂としてすでに祭られていたのだから。だとすれば、これは大国魂と大己貴とは別神であるとする書紀のメッセージとみて間違いあるまい。

ちなみに、大神《おおみわ》神社の主祭神大物主の正式名称は当社やその勧請先の神社では倭大物主櫛瓺玉《やまとのおおものぬしくしみかたま》とされており、大国玉同様、玉が含まれている。当時、大己貴と玉とをむすびつける思想は相当強固であったようだ。

ところで大物主と大己貴は別神であるという説を時折みかけるが、例えば前述の「出雲国造神賀詞《かむよごと》」では、大己貴自身が「己命和魂《おのれみことのにぎみたま》を八咫《やた》の鏡に取り付けて、倭**大物主**櫛瓺玉命《くしみかたまのみこと》と名を称《たた》えて、大御和《おおみわ》の神奈備《かむなび》に坐《ま》せ」と語っており（中山和敬著『大神神社』）、ここに櫛瓺玉を通じて大物主＝大己貴であることが分かる。実は、大己貴の幾多の異名中、玉を含むのは大物主の櫛瓺玉だけではない。事代主や饒速日、さらにはニニギにも「玉」が含まれていることは前述（2章4節後半［53～54頁］）の通りである。

かように大己貴は玉と強く結びついているのであるが、その理由は7章で越後国における大己貴の足跡伝承を追う中で明らかになろう。

### 残念な大国魂と大国玉との混乱

以上長々と大国魂と大国玉を区別すべき根拠を述べたが、いかんせん伝承の過程で現在では多少混乱しており、大国魂を大国玉と同一視したような由緒を少なからず見かけることがあって残念でならない。中でもスサノオ、大己貴親子の後裔《こうえい》としてご先祖様を営々と由緒正しくお守りしているはずの出雲大社自体が参拝者用に配布しているA3一枚の由緒書きに「大国主」の別名として、大国**魂**や顕国**魂**としていること、及び、大神神社発行の由緒書きでも、大己貴の異名大物主の正式名称倭大物主櫛瓺玉の玉を倭大物主櫛瓺**魂**とした由緒書きもあり揺れている。これは恐らく書紀を参考に記入した際に、書紀が正しく伝えている玉を、魂と同一視したか、あるいは、書き違えのうっかりミスと思うが、今一度、過去の記録に立ち帰り、前述の私見が確認された折には、一刻も早く本来の「大国玉神」及び「顕国玉神」（出雲大社）、倭大物主櫛甕玉《やまとおおものぬしくしみかたま》（大神《おおみわ》神社）に戻していただくことを切望する。

ただ一つ、大己貴の玉にからんでよく解せないのが、和歌山県の熊野権現（現社名は熊野本宮大社［75頁］）の祭神名・速玉之男《はやたまのお》だ。速は通常スサノオに用いられる形容詞で、スサノオを速スサノオや建《たけ》速スサノオとして祭っている神社も少なくない。速玉はそのスサノオの速と、大己貴の玉とが合体しており、その正体の判断に迷う神名になっている。そういえば熊野権現のもう一神、事解之男《ことさかのお》（本来は家津美《けつみ》御子とされている）という神名も謎かけ問答を思わせる。これが本当に古代人からの謎かけ問答であるならば、私の答は事解之男と家津美御子とは一対一組で、前者は後者を解するためのヒント名。すなわち事解《ことさか》は言逆で、言葉が逆ということ。それを後者の家津美《けつみ》の御子に適用すれば、家津と美を入れ替えて、美家津《みけつ》の御子となる。これすなわち御食津神《みけつのかみ》ことスサノオの御子を意味し、それは大己貴だ。古代人が大己貴の神名にこれだけ暗号化したのであれば、スサノオの神名を速玉、すなわち速と玉とを合体させて不透明にしたことなど取るに足らないことであったかもしれない。蛇足ながら福井市和布町《めらちょう》の熊野神社は千百年の昔、出雲氏族が天然の船どまり和布浦《めらうら》を発見、定住し、建立したと伝わる神社であるがその由緒に「紀州熊野より奇御家都《くしみけつ》御子大神を勧請したという」とあって、紀州熊野の家津美御子が本来の語順・御家都御子となっており、自説の傍証になっている。

さて、以上が出雲国における大己貴の足跡調査の結果であるが、ここまで追いかけてみると大己貴が『出雲国風土記』のあちこちで、天の下をお造りなされた大神とされていることの実体はそれなりにご理解いただけたのではなかろうか。

かくして大己貴は出雲国において覇権を確立したのであるが、その前後から父スサノオと共に鉄資源や翡翠《ひすい》、さらには黒曜石やサヌカイトなどの入手あるいは交易を求めて全国巡覧を開始したようである。恐らくそれが7章で述べる倭国大乱の幕開けということになろう。

そんな倭国大乱を神社伝承から描く前に、その前夜の出来事であったと推定されるスサノオ・大己貴親子が朝鮮半島へ渡来した伝承が対馬に色濃く残っているのでそれを次章でみておこう。

ちなみに『魏志』倭人伝直前の東夷伝《とういでん》の中に韓伝《かんでん》があり、その弁辰《べんしん》条(この頃、朝鮮半島東南部は馬韓《ばかん》、辰韓《しんかん》、弁辰の三個の連合体に分かれていたが、弁辰は倭国にもっとも近かった)に「国、鉄を出す。漢、濊《わい》、倭は皆従いてこれを取る」とあって、この地は後に加耶《かや》(任那《みまな》)とも呼ばれ朝鮮半島東南部、対島対岸にあり、当時、製鉄地として著名だったようである。そんなことから、スサノオ親子が朝鮮半島に渡来した明確な目的は不明ながら、製鉄の技術取得や改良、あるいは良質な鉄塊を求めてのものであったと推定する。

# 5章　スサノオ・大己貴親子の朝鮮半島往来伝承——スサノオの謎四の解

3章1節に述べたスサノオに対する三つめの謎（スサノオ＝ヒコホホデミの可能性）は説明の都合上、次章に回し、四つめの謎「書紀の神代紀上八段一書④にはスサノオ＝朝鮮半島（新羅国）からの渡来人を匂わすような記述があるが、どう考えればよいか」から見ていきたい。

この問に対する答えは、日本国内で朝鮮半島に最も近い対馬《つしま》に残るスサノオの足跡伝承を解析することにより自ずと分かる。ちなみに、対馬から朝鮮半島までは直線距離で約50キロ、一方、九州本土の博多港へは航路で130キロ前後もある。そんなことで、対馬は古代より朝鮮半島と日本をつなぐ海の街道であったのだ。

## 1節　対馬に残るスサノオ一行の朝鮮半島往来伝承

スサノオは出雲だけでなく、対馬にも確固とした足跡を残しており、その大半が、朝鮮半島への**往来伝承**である。以下、『対馬神社誌』により、詳しくみてみよう。

まず往きの伝承は対馬南部に一社、北部に二社の計三社に伝わっている。

南端に近い対馬市厳原町《いづはらまち》安神《あがみ》にある**木根《このもと》神社（次頁図の下方1）は大己貴を祭神**とし、「大己貴はスサノオの御子なり。上古スサノオ、御子五十猛《いたける》、大己貴を率い**韓地《かんち》に渡り給いしとき**、この地に立ち寄り給いし古跡なればその霊を祭り産土神《うぶすながみ》とす」と伝える。

一方、北端に近い同市上対馬《かみつしま》町《まち》豊《とよ》にある**島大国魂神社《しまおおくにたま》（2）はスサノオを祭神**とし、「上古スサノオ、御子大己貴、五十猛を率《ひき》い韓地ソシモリの処に渡り給いし時の行宮《あんぐう》（仮の宮殿）の古跡たり」と伝える。当社が神《じん》功皇后《ぐうこうごう》(4世紀後半頃の人。応神天皇の母)以前に祭られていたことは、厳原にある八幡宮神社の境内社宇努刀《うのと》神社(a)の次の由緒より分かる。

「神功皇后新羅《しらぎ》征伐終わらせて凱旋のとき、上県郡《かみあがたぐん》豊村《とよむら》(現対馬市上対馬町豊)に到着し、島大国魂神社(2)を拝しそれより佐賀村に着いてこの地に島大国魂神社の神霊をわかちて皇后自ら祭り給う」、さらに「豊村鎮座ある地はスサノオ御子五十猛を率いて韓地に渡られたときの行宮の古跡なり」ともあって、先の島大国魂神社の伝承と一致している。さらにスサノオを祭る島大国魂神社はこれとは別に厳原町南室《なむろ》の乙宮《おとみや》神社(b)境内にも勧請されており、対馬にはスサノオの新羅渡海伝承がしっかりと根付いていることが分かる。

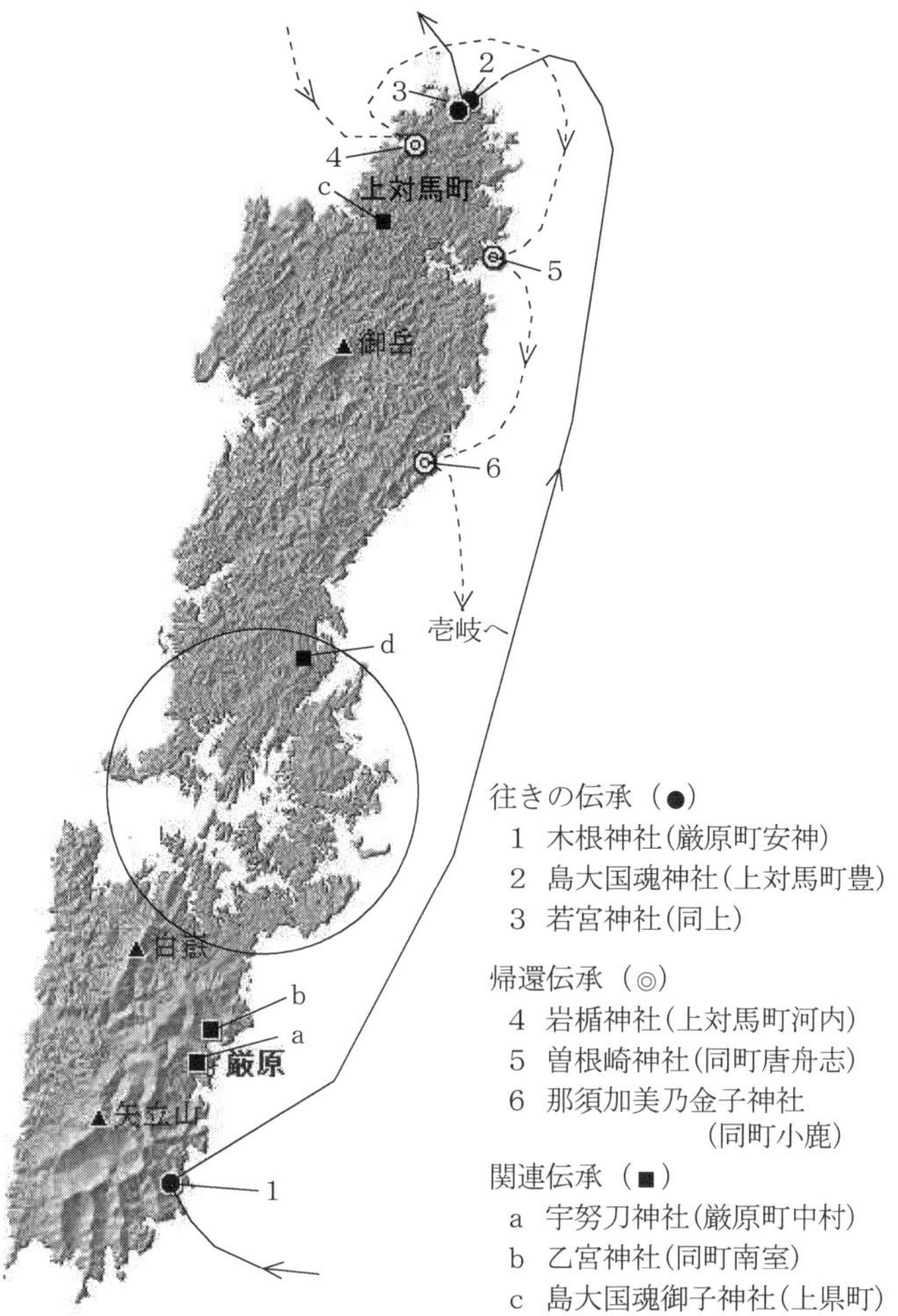

対馬に残るスサノオ一行の朝鮮半島渡来伝承

さて、対馬市上対馬町豊《かみつしままちとよ》に戻ると、五十猛《いたける》を祭神とする若宮神社(3)があって、「五十猛はスサノオの御子にして韓地《かんち》に渡られたとき、この地は行宮の古跡なり」と伝える。このように、朝鮮半島に渡ったとされるスサノオと大己貴、五十猛親子三人は、それぞれが祭神として上記三社に別々に祭られている(注　上対馬町豊の二社[2、3]は、現在は立ち入り禁止区域、さらに陸路での交通至難ということで、豊《とよ》漁港の那祖師《なそし》神社に合祀されている)。

次に朝鮮半島からの帰還伝承に移ると、これもやはり上対馬町の三社に伝わっている。

同町河内の岩楯《いわたて》神社(4)の由緒には「往昔《おうせき》スサノオが韓土《かんど》より帰られたとき、この浦に御船を寄せられたという。よりて後年に至り神徳を仰ぎ祭るところなり」とある。また、同町唐舟志《とうじゅうし》にある曽根崎神社(5)は「スサノオ、御子五十猛を従え韓土へ渡られ帰路この地に立ち寄りたまい、行宮《あんぐう》せられし古跡なれば神祠《しんし》を建てこれを祭る」と伝える。もう一社は同町小鹿《おしか》の那須加美乃金子《なすかみのかなご》神社(6)で、「スサノオ、五十猛を率い八十木種《やそこだね》を持ちて韓地《かんち》ソシモリの所に行き給う。而《しこう》して故ありてその種を植えさせ給わず、尽く持ち帰り帰朝のとき云々」と伝え、神代紀上八段一書④にも類似の記事がある。

以上、対馬におけるスサノオの足跡伝承を追ってみて不思議なのは**対馬のほぼ中央部にあたる対馬市豊玉《とよたま》町《まち》周辺がスサノオ伝承の空白地帯となっている**ことである(図中央付近の○で囲った部分。関連伝承dがあるが、これはスサノオ伝承ではない)。実は、この辺りはヒコホホデミと豊玉姫の海《わたつみ》の宮《みや》伝承が色濃く残っており、私は、この地もスサノオの往復に関わった地域であると見込んでいるが、そのことは次章で詳述する。

それを除いても対馬にはスサノオ親子の朝鮮半島への往復伝承が都合六社にあった。それらをまとめると「**スサノオ一行はわが国のどこかから対馬にやってきて、朝鮮半島に渡海後、再び対馬に戻ってきた**」と言えそうだ。すると、**スサノオを渡来人とみる必要はなさそう**で、それを証するように、彼はここ対馬で島大国魂《しまおおくにたま》御子として祀られていた。一方、**大己貴は三箇所に祀られており、**一社は対馬市上県町《かみあがたまち》佐須《さす》那《な》の島大国魂御子神社（前図上方c）、二社目は対馬市豊玉町の島御子神社（同図中央d）で共に延喜式内《えんぎしきない》の古社だ。もう一社は前述の木根《このもと》神社（1）でそこにも大己貴はスサノオの御子とあった。かようにスサノオと大己貴が親子であった痕跡が対馬に明確に残っており、以上を大己貴がスサノオの子である徴証の二とする。

そのようなことで、スサノオの謎四「書紀にはスサノオが渡来人であるかを匂わすような記述があるが、どう考えればよいか」については、**その可能性は低い**とみてよかろう。一方で、書紀や神社伝承から推察するにスサノオは生粋の出雲人でもなさそうで、むしろ、帰還経路中に異名同体のオシホミミの伝承が数点ある北九州豊前国あるいは日向あたりの出身であった可能性が高いがそのあたりは憶測に過ぎない。

さて、対馬がスサノオ、大己貴親子が朝鮮半島に渡る往来途次の経由地であったとして、ではその出発地、及び対馬往来の経由地はどこであったのだろうか。

以下、まず、出発地から検討していきたい。

## 2節　対馬へ至る往きの伝承

スサノオ一行が、わが国のどこからこの対馬にやってきたかについては、対馬の伝承中にヒントがあった。そこに、スサノオが大己貴あるいは五十猛を同行させていたとあったからには、やはり、出雲からやってきたとみるのが自然であろう。それを証するかのように、出雲の隣国石見国、今の大田《おおだ》市仁摩《にま》町宅野《たくの》港防波堤の目の前にある韓島《からしま》（106頁図［カ］）にスサノオを祭る韓島神社が鎮座しており、「韓島と称するのは神代にスサノオが**韓国へ往来の途次**、この島に船をつなぎ、その風光を愛した縁から」との伝承が残されている（江原護著『出雲の神々に魅せられて』マイブック社）。また、出雲と対馬のほぼ中間の山口県萩市須佐（106頁図［ヱ］）には、「スサノオが**出雲国から朝鮮半島に往来する際**に、須佐に立ち寄り、高山《こうやま》から海路を望んだことにちなんでいる」とする地域伝承が伝わっている。ここで高山は日本海に面した標高533㍍の山で、スサノオが立ち寄ったことから神山《こうやま》と命名されたともされている。いずれの伝承中にも往来とあることから、両地には帰還時にも立ち寄ったものと思われる。

これ以外には見つけることができなかったので、北九州の筑紫を経由したか否かは不明ながら、いずれにせよ出雲国から出発、上記二箇所を経由後、古代の伊都国《いとこく》、あるいは奴国《なこく》あたりを経由して、前述（101頁図［1］）の対馬南端部の厳原町《いづはらまち》安神《あがみ》に上陸したものと思われる（スサノオ一行の対島往来地図を106〜107頁に示す）。

## 3節　対馬からの帰還伝承

### 壱岐島に残る伝承

次に半島からの帰還伝承であるが、1節で述べた対馬に残る三箇所の帰還伝承に続いて、隣国壱岐島《いきのしま》にも一箇所伝承が残っている。

郷《ごう》ノ《の》浦町《うらちょう》本村触《ほんむらふれ》にある国津意加美《くにつおかみ》神社（107頁図ア）に、「神代、スサノオが韓国を巡り給いて、御帰朝の際わが壱岐国郷《ごう》ノ《の》浦《うら》江上に着岸ましましてのち、ここに宮殿を建つ。云々」とあって、祭神はスサノオで大己貴と稲田姫が配祀されている。

実はもう一社、あるがここでは省略させていただく。

## 九州島北部に残る伝承

さて、次に帰還の伝承を伝えるのが、やや飛んで、福岡県行橋市《ゆくはし》天生田《あもうだ》の清地《すがち》神社（107頁図［イ］）と周防灘《すおうなだ》を挟んで対峙する山口県小野田市小野田の赤嵜《あかさき》神社（同図［ウ］）の伝承である。おそらく一行は九州福岡を経由して本州山口へ移ったと思われるが、どんな事情があって両地に立ち寄ったのだろうか。以下、そのあたりを考察しながら帰還経路を推察していくが、その中で両社地には一つの共通点が浮かび上がってくる。

まず、天生田という思わせぶりな地名に存在する清地神社からみていくと、社地はかつての豊前国、今の行橋市にあって、古代このあたりは宮処《みやこ》（現在でも京都《みやこ》郡の地名が残っている）と呼ばれていた地域である。

興味深いのはこの清地神社の西約10キロに、銅の採掘地で有名な香春岳《かわらだけ》の三ノ岳（同図［イ］の左）があって、その麓の豊姫を祭る旧号阿曽隈《あそくま》社（現古宮《こみや》八幡神社［同図［c］］）の近辺は、朝鮮半島からの渡来人がその高度な技術で銅の精製をしていたことである（『宇佐八幡と古代神鏡の謎』田村圓澄他、戎光祥出版）。問題は香春の銅の採掘や製錬がいつ頃から行われていたかであるが、弥生後期にまで遡ることができるのであれば（その可能性を加藤謙吉氏が『秦氏とその民』［白水社］で言及している）、スサノオが朝鮮半島からの帰路、渡来人をこの地に引き連れてきた可能性も浮上しよう。

さらに注目すべきは、この香春岳中央の二ノ岳には、スサノオ＝五男神仮説の出発点となったオシホミミ（忍骨《おしほね》）が祭られていたことである。また、この地から南20数キロには古くから神の山として信仰が篤い英彦山《ひこさん》（同図右下）がそびえており、その山頂の英彦山神宮にもオシホミミが祭られている。『全国神社名鑑』には「天忍穂耳《あまのおしほみみ》（『福岡県神社誌』では天忍骨《あまのおしほね》）は英彦山に降臨、ニニギの建国の偉業に助力された。神武天皇が東征の際、天村雲《あまのむらくも》を差遣して創祀されたという」とあって、神武がオシホミミを祭ったとされている。

〈スサノオ一行の出雲～対馬往来伝承地図〉

注　対馬の地図中Ⅰは、ヒコホホデミと豊玉姫のワタツミの宮の伝承地、北九州のⅡ（志登神社）とⅢ（宇原神社）はワタツミの宮からの帰還伝承地。ⅠとⅡはスサノオが朝鮮半島に往来したとき、立ち寄った痕跡が、またⅢについては帰還時に立ち寄った痕跡がある。

往きの伝承（●）
1　韓島神社（大田市仁摩町宅野）
2　山口県萩市須佐（旧阿武郡須佐町）
＋
対馬３件（詳細101頁）

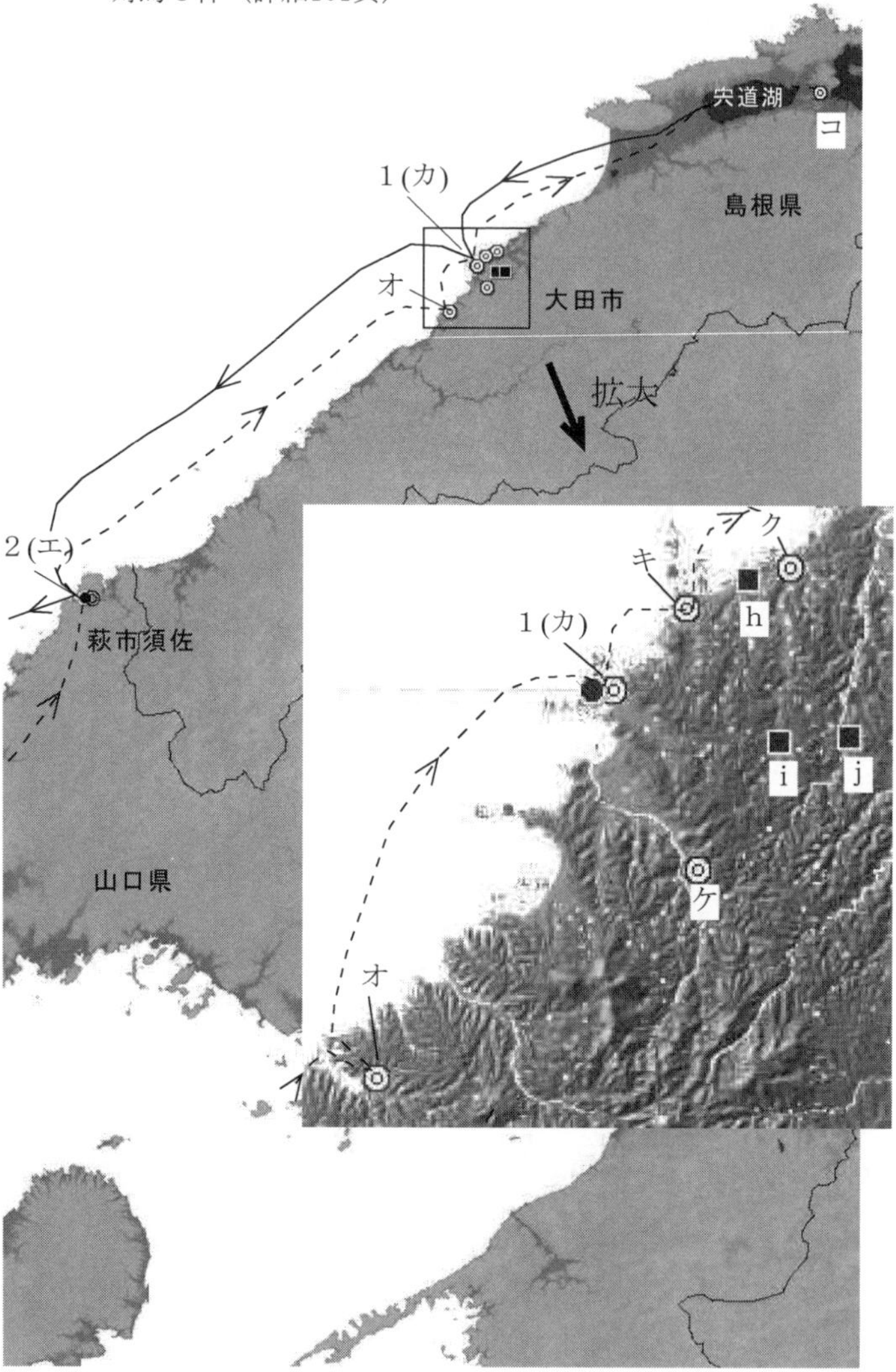


スサノオ一行の朝鮮半島への渡海伝承(山口県以東)

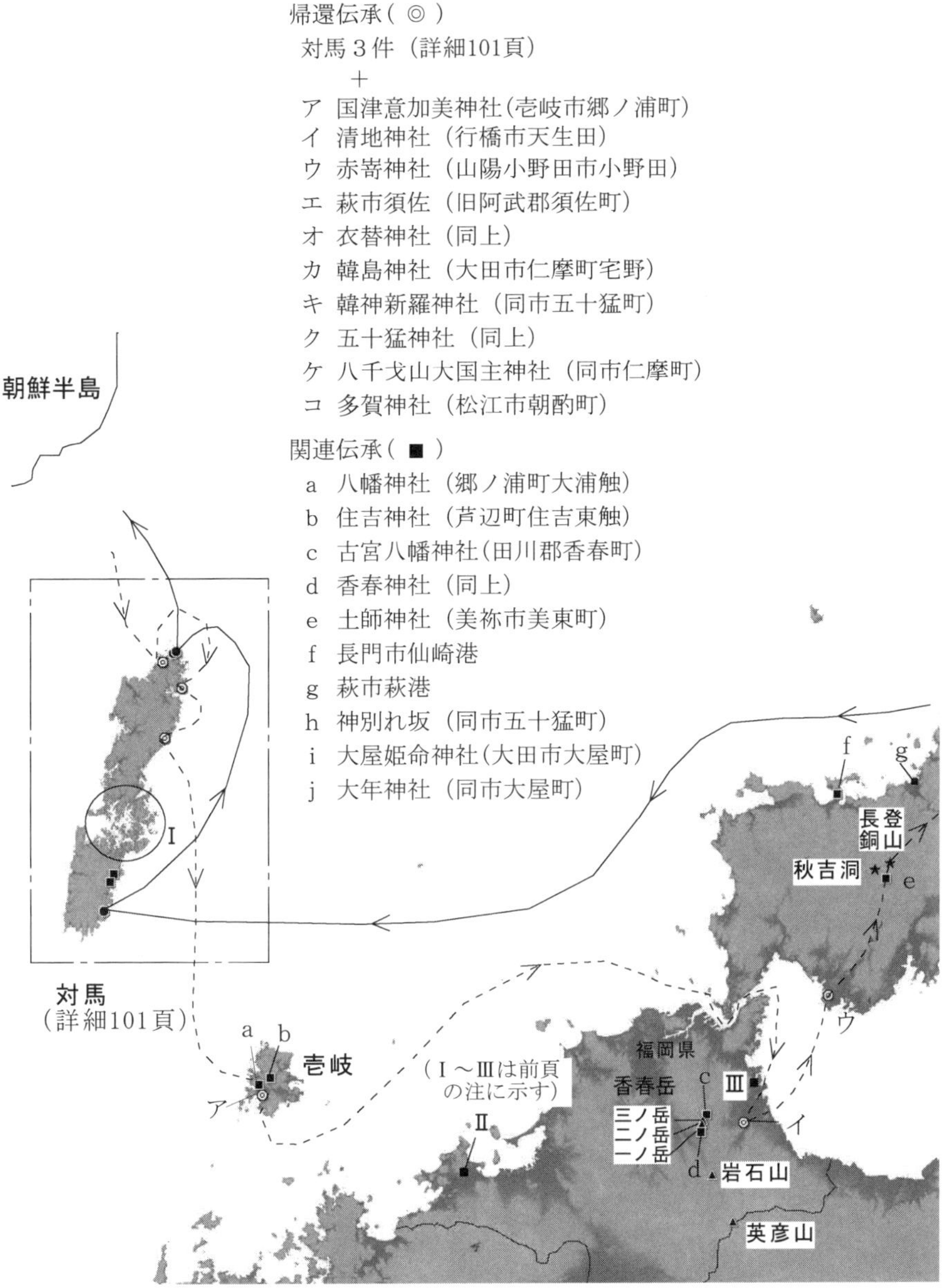


スサノオ一行の朝鮮半島への渡海伝承（山口県以西）

古代では戦場に赴《おもむ》く際、加護を祈って父や祖父を祭る風習があったが、神武の祖を書紀の表向きのままにたどれば、オシホミミは曽祖父ニニギの父であるから、四世代も前の、書紀上なんら活躍らしい活躍もしていない祖を祭祀したことになる。これが、書紀の紙背から復元した「幻の皇祖神系譜」(復元系譜②〔49頁〕)であれば、オシホミミは神武の祖父であって、かつスサノオと異名同体。その活躍は出雲国での足跡でみてきたように、農・工具に革新的な改良をもたらし、耕地を広げ、かつ食生活を豊かにしたことを意味する御食津神《みけつのかみ》として祭られていた。まさに神武が東征にあたって祭るにふさわしい人物であった。

さらに香春岳と英彦山《ひこさん》の中間あたりの田川郡添田町《そえだまち》に町のシンボル岩石山《がんじゃくさん》(英彦山の北)がそびえており、ここにオシホミミが天降ったと伝承されている。添田町のホームページには、「吾勝尊《あかつのみこと》(天忍骨《あまのおしほね》)が岩石山に天降ったことから、岩石山は吾勝野《あかつの》と呼ばれていたし、その東側の今川流域は吾勝野の名であったという。それが景行天皇の熊襲征伐の時にこの山頂に登り、神々を祭って東側を見おろし、『この山麓は南北に連なって細長いので二つの村にした方が良い』との言葉からアカツノが分かれてアカ村(田川郡赤村)とツノ村(田川郡添田町津野。かつては津野村)になったという」とする地名伝説が載っている。

このように豊の地(豊国《とよのくに》が豊前《ぶぜん》と豊後《ぶんご》に分けられたのは7世紀末)はオシホミミの伝承に彩られているが、それは、オシホミミがこの地にかつて住《じゅう》していたから、あるいは頭《かしら》としてこの地を治めていたからではなかろうか。その傍証を、わがスサノオ=五男神仮説によれば示すことが可能である。すなわち、自説によれば、オシホミミはスサノオ自身ということになるのであるが、小椋一葉《おぐらかずは》著『消された覇王』によれば九州全県の中で最もスサノオを祭る神社が多いのがこの豊国、今の福岡県東南部から大分県にかけてで、特に大分県は、総数二千百三十一社のうち、約四百三十社、実に二割強を占めているとされる。

かように、これらの伝承はこの地とスサノオとの濃い結びつきを示すものであって、それ故、スサノオ一行が出雲国に戻る前に、以下に示すように彼がかつて支配していた可能性の高いこの地に凱旋帰国することは十分にありうるのである。

　ここで注意したいのはオシホミミが、当地では香春神社にしろ、英彦山神宮にしろ今では書紀の表記「天忍穂耳」として祭られているが、かつては「忍骨」として祭られていたことである。一見、別人のように思えないこともないが同人とみて間違いないだろう。というのは「忍骨」というのは忍ホ＋ネに分解できるが、このネ(根)というのはミやミミ(耳)と同様「大和朝廷成立以前における首長クラスの人物を呼ぶ際の称《たた》え名、あるいは王号の一つであったとみてほぼ誤りないと思われる」(溝口睦子著『古代氏族の系譜』)からだ。

　もしスサノオがこの地の出身であるならば、幼少時、彼は忍穂と呼ばれていたのが、首長クラスになったとき、根の称号がつき忍穂根とされ、耳という官職についたとき忍穂耳と呼ばれるようになったのではなかろうか。実は『魏志倭人伝』が示す倭《わ》(日本)の一国の中に、「官をミミといい、副をミミナリという」とあって、耳が官職であることが明らかにされている。一方、称え名としてのネ(根)の例は、葛城氏族の始祖剣根《つるぎね》や紀《きの》国造氏族の遠祖天道根《あまのみちね》、あるいは中臣《なかとみ》氏族の始祖天児屋根《あまのこやね》などにみられる。

　憶測をたくましくすれば、この地でオシホミミの官職を得たスサノオはその後、出雲国に移って、そこで始めて須佐の男《お》、あるいは熊野大神なる名をあわせ得たということになるが、一方で、書紀の編者はオシホミミ(天忍穂耳)から忍と官職の耳を取り去って、かわりに日を付加し、スサノオ＝五男神の一神・天穂日《あまのほひ》へと改名する工夫をしたのではなかろうか。

　以上、清地《すがち》神社の伝承解析にずいぶんと手間取ってしまったが、次に、山口県小野田市の方にある赤崎《あかさき》神社(107頁図「ウ」)の次の伝承に目を転じたい。

## 本州山口県に残る伝承

「神代の頃、大己貴大神・少彦名《すくなひこな》大神が外国からの帰路、この地に船を止め上陸された。この地を赤崎という。二神は地区民に農・漁・塩業を教えられた。二神の神徳に感応した当地の者は二神を守護神として仰ぎ奉祭した」とあって、外国からの帰路とあるからには、これもやはり朝鮮半島からの帰路であったと思われる。ここにはスサノオの名が見えず、かわって少彦名が登場しているが、おそらくこの少彦名は後で詳しく考証するようにスサノオの異名であろう。そうであれば、これはスサノオ一行の帰還伝承の一つということになる。

　そんな推測を後押しするのが、先に触れた、周防灘《すおうなだ》を挟んで相対峙している清地《すがち》神社と当社との間に見られる共通点だ。実はこの赤崎《あかさき》神社の東方約3キロを流れている厚東《ことう》川のはるか上流に鍾乳洞で有名な秋吉洞があるが、そのすぐ南東の美祢《みね》市美東町長登《みとうちょうながのぼり》に長登《ながのぼり》銅山(107頁図[右中程下部])がある。

　当地は奈良時代から昭和三十五年まで採掘された日本最古の銅山とされており、奈良の大仏には長登の銅が使われたことも確認されている。10世紀においても、諸国から上納された銅の量として、長門《ながと》国(長登)と豊前国(香春《かわら》)が同量で最高であったことが、『延喜式』巻二十六、主税寮上により確認できる。さらに調査をするうちに驚くべき伝承に出くわしてしまった。

　長登銅山南南西約5キロの美東町大田《おおだ》の土師《はじ》神社(107頁図[右中程[e]])に、「長門国の総鎮守と云い伝う。昔は帥の嶺に鎮座し、そのところを高天原《たかまのはら》と称した」とあったのだ。「帥の嶺」は「すいのみね」とでも読むのだろうか。今ではそれがどこかも忘れさられてしまったようであるが、とにかくこのあたりにもかつて高天原と呼ばれた地域があったというではないか。だとすれば、この美東町大田は清地神社地のミヤコあるいは天生田《あもうだ》に匹敵する場所であったことになる。その上、ここに長門国の総鎮守があったというからには長登は「ながと」とも読めるので、本来長門を意味したかもしれない。

いずれにしろ、スサノオ一行が豊国《とよのくに》の香春に製錬技術者を引き連れてきたとすれば、こちら長門にもそのようなニーズがあったことだけは間違いない。

さてそんな次第で、スサノオ一行が赤嵜神社以降、この長登銅山あたりまでやってきたかどうか不明ながら、私はおそらくこの地を経て、往来伝承があった萩市の須佐(106頁図左端中程「ヱ」)にたどり着いたものと推定する。というのも赤嵜神社から海路をとったとすれば、狭くて危険な関門海峡にわざわざ戻った上で、日本海側に回るという不自然な経路になるからだ。一方、陸路の場合、赤嵜神社から長登銅山を経由すれば、その北西約20㌔には長門市の仙崎港が、あるいは北東約20㌔には萩市の萩港があって、いずれも、一両日でたどり着ける距離である。いずれにしろ、仙崎港(107頁図「右端中程「f」」)や萩港(同図「f右のg」)を経由したという直接的な伝承は見つからなかったので、長登銅山から先の経路は不明であるが、陸路で萩市須佐に向かい、そこから海路に切り替えたものと推測する。その場合、舟の調達は心配無用だ。なぜなら、この萩市須佐(萩市に合併される以前は阿武《あぶ》郡須佐町《すさちょう》)は、イカ漁が盛んな地域として知られており、スサノオの名は町名だけでなく、活《いき》イカブランド名「須佐男命(すさみこと)いか」として現在もスサノオが人々と共に生きているほどスサノオと強く結びついており、漁撈《ぎょろう》をなりわいとしたこの地区の人々が、嬉々としてスサノオの足を確保した姿が想像されるからだ。

## 島根県北部に残る伝承

さて、萩市須佐から、一行は石見国(現島根県西部)に向かうとして、その経路には濃厚な帰還伝承がある。

まず、大田市《おおだし》温泉津町《ゆのつちょう》小浜《こはま》にある厳島《いつくしま》神社の境内に衣替《ころもがえ》神社(106頁図中程大田市枠内左下「オ」)があってその神事が興味深い。それは「**スサノオが長い外国の旅から帰ってきた**とき、虱《しらみ》などが多くついたため、ここで衣をあらためたという古伝にもとづく」（小椋一葉《おぐらかずは》著『消された覇王』）もので、当地には「スサノオが朝鮮半島から帰国した後、温泉津《ゆのつ》湾に寄港し笹島で矢竹を採った折に誤って衣を濡らし汚した。云々」と、かなり具体的な伝承が語り継がれている。

そこからほど近い大田市《おおだし》仁摩町《にまちょう》宅野のスサノオを祭る韓島神社（同図［カ］）にも、すでに紹介したスサノオの韓国《からくに》への往来伝承があったが、その傍証となる伝承が、当社から北東3キロ弱ほどの同市五十猛町《いそたけちょう》にある韓神新羅《からかみしらぎ》神社（同拡大図［キ］）や五十猛《いそたけ》神社（同図［ク］）にもあって、同じような往来伝承が記録されている。その際、スサノオは子供たちとはこのあたりで別れ、それぞれ離散したようで、先の韓神新羅神社と五十猛神社との中間地点あたりに神別れ坂という伝承地（同図［ｈ］）がある。

これらの伝承中、悩ましいのが大己貴で、韓島までは同行しながら、大浦の神島には行かなかったようである。それというのも韓神新羅神社の南6キロほどの仁摩町大国《おおぐに》に八千矛《やちほこ》山大国主神社（同図［ケ］）があって、その由緒に、「大国主（大己貴）は外国を修め帰りまししとき、宅野の沖、韓島に着き給う。この島より大国に来たりまして云々」とあって、韓島から直接仁摩町の大国に向かったとしているのだ。

大己貴のその後の足跡は消えており、おそらく出雲に帰国したものと思われるが、その経路の詳細は不明である。ただし、スサノオについては松江市朝酌町《あくみちょう》の多賀神社（106頁地図右上［コ］）の方に「スサノオが新羅国より埴土《はにつち》の船に乗り、沈香《じんこう》の青木を積み出雲国に渡り、今の多賀の地（宍道湖と中海との中間地）に来られたとき、云々」とあって、当地で宮造りをされたと記録されている。

以上がスサノオ一行の朝鮮半島への往来伝承である。各地に今なお残る相当濃厚な伝承を線でつないでみると生き生きと甦ってくるのが実感いただけたのではなかろうか。ただ何分それは、千数百年以前の弥生後期末のできごとであるので、未解明点も多々残っていることも事実である。

その一つは、スサノオの御子と伝わる五十猛《いたける》で、和歌山県では伊太祁曽《いたきそ》の神、兵庫県では射楯《いたて》大神などの異称を持ち、全国の百近い神社に木の守護神あるいは武神として祭られているが、なにぶん具体的な伝承に乏しく、その正体については大己貴との関係も含め不明であるといわざるをえない。後考《こうこう》を待ちたい。

以上で、スサノオ一行の対馬からの帰還伝承の検討は終えるとして、対馬には前記で詳しくふれなかったスサノオのもう一つの側面にかかわる極めて重要な伝承が残されている。それは**ヒコホホデミとその妻豊玉姫についての伝承**であるが、その伝承は、対馬の中程、すなわち対馬の南北にあったスサノオ伝承の空白地帯に色濃く残っている（107頁地図中、対島中央付近の大円[〇]部分）。

以下、これらの伝承を解析しながら、後回しにしたスサノオの謎三「神代紀上、下の系譜を解析する過程でスサノオ＝ヒコホホデミの可能性が見つかったが、その可能性はあるのか。あるとすればそれは何を意味するのか」についての解を次章で求めていくことにする。

# 6章　対馬に残るスサノオ＝ヒコホホデミの痕跡――スサノオの謎三の解

## 1節　対馬におけるヒコホホデミと豊玉姫の伝承

伝承解析の前に、まず、海幸山幸神話《うみさちやまさち》に登場する二人の関係を確認しておこう。

物語は海を生業《なりわい》とする兄の海幸彦と山を生業とする弟の山幸彦《やまさちひこ》（ヒコホホデミ）の兄弟が互いに獲物を捕る道具を交換したところ、ヒコホホデミは兄の釣り針をなくしてしまい強く叱責《しっせき》され、海宮《わたつみのみや》に探しに行き、海神《わたつみ》やその娘豊玉姫と出会い、釣り針を見つけてもらう。その間にヒコホホデミは豊玉姫を娶り三年暮らしたが望郷の念に堪えかねたヒコホホデミは故郷に帰り、釣り針を兄に返すが、頑《かたく》なに許そうとしない兄に対し海神から教えてもらった呪文を唱え遂に兄を降伏させるというものであった。

この物語は神代紀下においてニニギの降臨神話の途中で、突如、ニニギの児として海幸彦と山幸彦の兄弟が登場し、お互いの持ち物を交換するというなんとも不自然なストーリー展開に加えて、系譜の方も、神代紀上との整合性からすれば三世代の追加がなされている節があった（2章4節［神代紀下の構造、42頁の図］）。

以上を念頭に対馬におけるヒコホホデミと豊玉姫との伝承を検討していこう。対馬には左図に示すようにスサノオの足跡伝承の空白地帯である島の中央部（円内）に「二人が暮らした海宮の神跡」とする神社伝承が十三社ほどある。これらの中で、当地こそ豊玉姫とヒコホホデミとが三年間暮らした海宮であるとするのが豊玉町仁位《とよたままちにい》にある和多都美《わたつみ》神社（①）で、ヒコホホデミと豊玉姫が祭られている（図中の表）。その北方約2キロには二人が三年間暮らしている間に豊玉姫が懐妊し、生んだとされる皇子のウガヤ（書紀上は神武の父）を祭る和多都美御子《わたつみのみこ》神社（②）があって、ウガヤが祭神として祭られている。両社の祭祀から、和多都美の神とはヒコホホデミと豊玉姫であって、その二人の御子がウガヤとして祭られているらしきことが推定される。

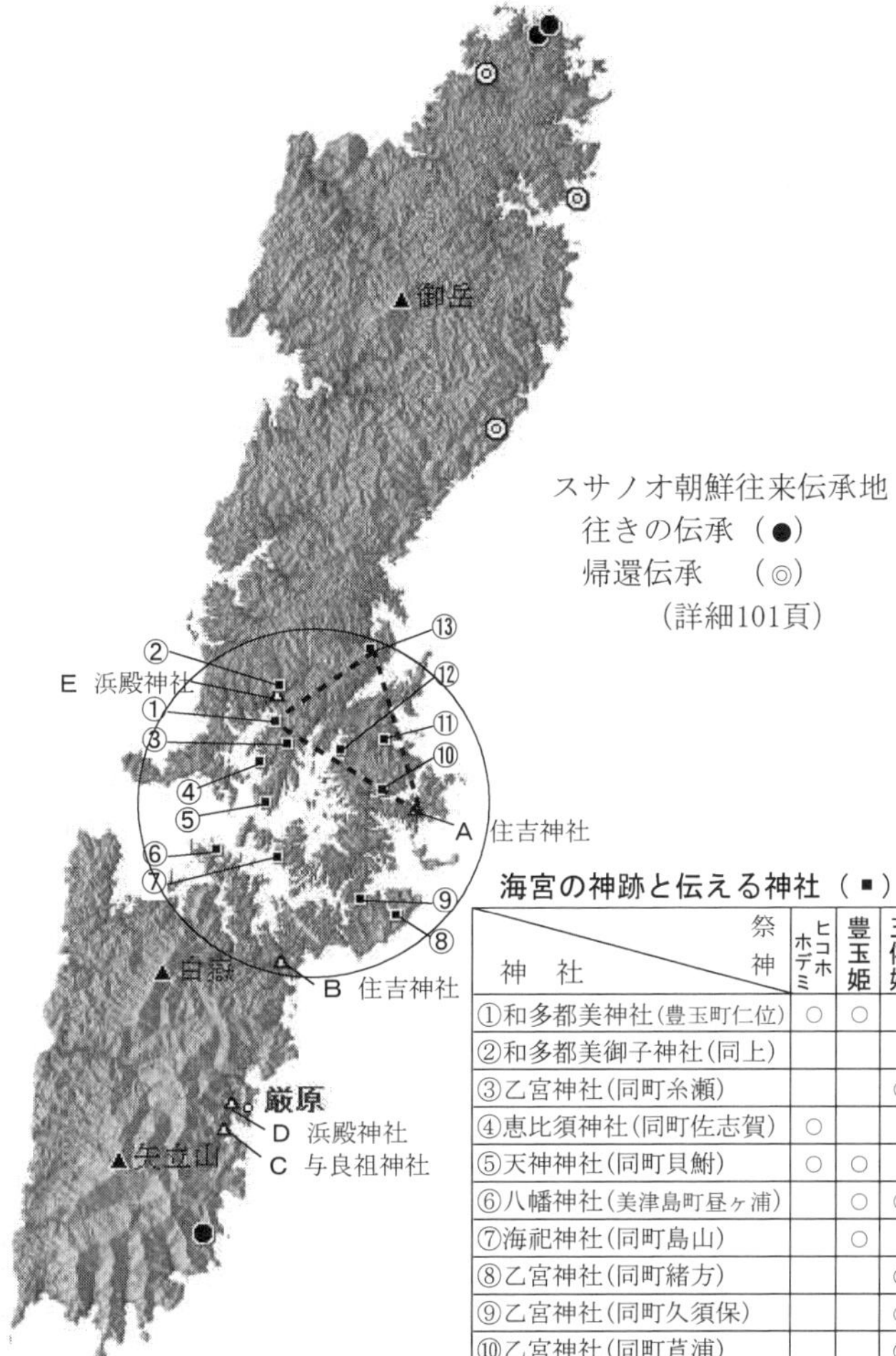


海宮の神跡と伝える神社（■）

| 神社＼祭神 | ヒコホホデミ | 豊玉姫 | 玉依姫 | ウガヤ |
|---|---|---|---|---|
| ①和多都美神社（豊玉町仁位） | ○ | ○ | | |
| ②和多都美御子神社（同上） | | | | ○ |
| ③乙宮神社（同町糸瀬） | | | ○ | |
| ④恵比須神社（同町佐志賀） | ○ | | | |
| ⑤天神神社（同町貝鮒） | ○ | ○ | | |
| ⑥八幡神社（美津島町昼ヶ浦） | | ○ | ○ | |
| ⑦海祀神社（同町島山） | | ○ | | |
| ⑧乙宮神社（同町緒方） | | | ○ | |
| ⑨乙宮神社（同町久須保） | | | ○ | |
| ⑩乙宮神社（同町芦浦） | | | ○ | |
| ⑪恵比須神社（同町賀谷） | ○ | | | |
| ⑫天神神社（同町濃部） | ○ | | | |
| ⑬六御前（豊玉町千尋藻） | ○ | | | |

注：祭神は主祭神のみを記し、配祀の神は省略

対馬におけるサノオ伝承の空隙にあるヒコホホデミと豊玉姫の伝承

ところが当地におけるウガヤの伝承を追ってみるとなぜか両親が暮らしたという和多都美神社（①）から南東8キロも離れた美津島町《みつしままち》鴨居瀬《かもいせ》の小さな岬の先端に建てられた住吉神社の地（A［図の中程右端］）で誕生したとされている。そこは出産地には不向きな海辺である上、どういうわけか当社はその後、当地から約10キロ南西の同町雞知《けち》の住吉神社（B［Aの左斜め下］）に遷されている。鴨居瀬が本当にウガヤの誕生地であれば、そんな記念地を捨ててまで遷祀していくというのはまことに不自然である。

加えて、ウガヤを養育したとされる六人の女性が、この鴨居瀬住吉神社(A)の北西約8キロの豊玉町《とよたままち》千尋藻《ちろも》にある六御前《むつのみまえ》神社(⑬)に、「上古この地は海神《わたつみ》の神蹟にしてヒコホホデミの御子ウガヤの御養育につかえたる乳母《ちおも》他六女神の祠《ほこら》である」とあるのも不自然さが募る。なぜなら、この地も両親が暮らしたという和多都美神社(①)からは、北東約7キロも離れており、ここに住居地(①)、誕生地(A)、養育地(⑬)がおよそ長辺七、八キロの二等辺三角形(図の点線)をなすという、なんとも人為的な伝承になっているからだ。

それに、この地で実際にウガヤが誕生したというのであれば、もう少し具体的な誕生譚《たん》や、幼少時の伝承、あるいは後に妻となったとされる玉依姫との関係を示す伝承が近辺に少しはあってもよさそうなものが、それらについては皆無である。それは豊玉町から美津島町にかけて、豊玉姫とヒコホホデミの海宮《わたつみのみや》の古跡であったと伝える十三箇所の神社の祭神面からもいえることで、ヒコホホデミはほぼ半数の六社に、次いで玉依姫が五社、豊玉姫は四社に祭られているが、ウガヤを祭る神社はわずか一社に過ぎない(前頁図中の表)。

この中で興味深いのは美津島町芦浦《よしがうら》の乙宮《おとみや》神社(⑩)で、由緒には「この付近に往古、瀬戸の浦あり。祭神の姉豊玉姫がウガヤを産み給いし産屋《うぶや》の古跡ありて云々」とありながら、**祭神にはウガヤの影も形もなく、玉依姫が祭られている**。まるで、豊玉姫の子はウガヤではなく実は私(玉依姫)ですよと主張するかのごとく。が、当地が玉依姫の降誕地かとなると、私は次節の降誕候補地の方に現実味を感じる。それはそれとして、この伝承が暗示する**玉依姫の母＝豊玉姫**を今、次頁図右欄の**伝承A(太い点線で示す)**としておこう。

ところで、海宮の古跡がかたまって存在している対馬中央の豊玉町という地名に関して腑に落ちないのは、この周辺にはヒコホホデミの古跡を伝える十三箇所の神社があったが、それらの祭神を前頁表で今一度確認してみると、ヒコホホデミがほぼ半数を占め、次いで玉依姫、豊玉姫という具合であった。古代の系譜や英雄譚に登場するのは大半が男性であったので、常識的には対馬に豊玉という地名があるか

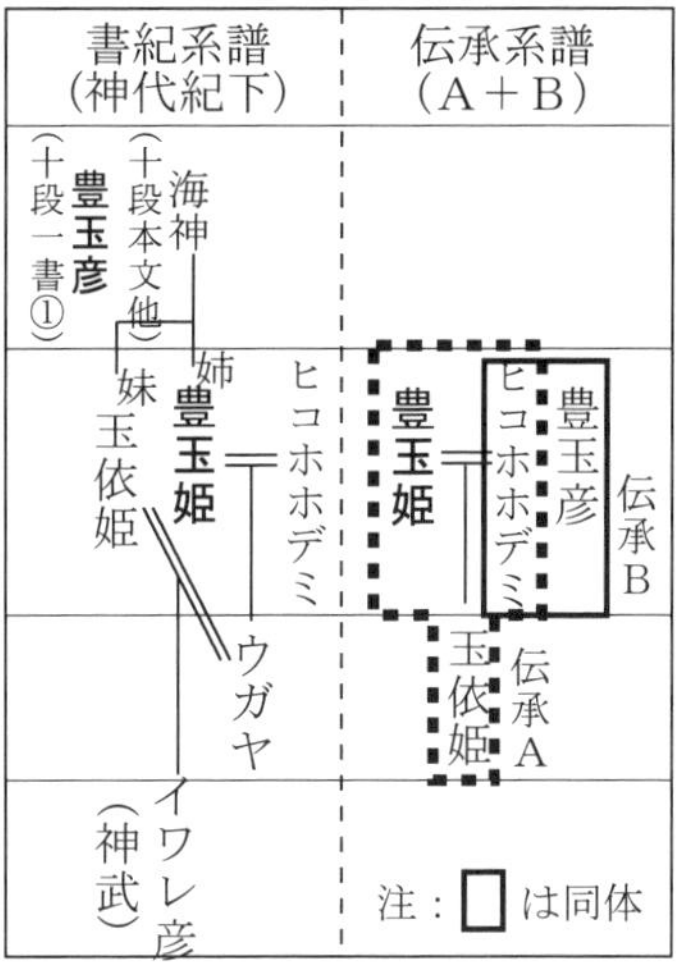


らには**豊玉彦がこの国の頭首であってよさそうなもの**が、この対馬には豊玉彦を祭る神社はわずか二社に過ぎない（それ以外の境内摂社二社を加えても計四社）。その一方、豊玉姫やヒコホホデミについては両神の海宮の古跡とするものだけでも十三社、それ以外にもヒコホホデミがおよそ五社に、豊玉姫は十社ほどに祭られており、境内摂社も加えるとさらに数が増える。

対馬でかように**豊玉彦の影が薄いのは実体がスサノオことヒコホホデミであったから**ではなかろうか。それを証するように**スサノオはこの対馬の島大国魂神社の祭神も含め三箇所に、その子大己貴も島大国魂御子神社や島御子神社の祭神として、島人から格別に篤く祭られている**ことは前述の通りだ。対馬の国魂がスサノオであるということはやはり海幸山幸神話において海宮の主とされる**豊玉彦は**スサノオことヒコホホデミがふさわしい。これを**伝承B（右側太枠）**として、点線太枠の**伝承A（玉依姫の母＝豊玉姫）**と重ね合わせると上図右欄のような系譜が浮かび上がってくるのであるが、これは同図左欄に示した書紀系譜とは大きく違っている。

我々はここで再び書紀に戻り、ヒコホホデミと豊玉姫夫妻の子とされるウガヤ、あるいは豊玉姫の妹とされる玉依姫との関係について、もう一段掘り下げて考察する必要がでてくる。

## 2節　ヒコホホデミ・豊玉姫夫妻の子の正体

書紀の海幸山幸神話では、右図左欄のようにヒコホホデミと豊玉姫が海宮で目合《まぐあ》って生まれたのがウガヤで、彼は豊玉姫が出産直後に海へ立ち去ったあと、自分を養育してくれた豊玉姫の妹玉依姫を妃《みめ》としたとする。が、これは一見しただけでも不自然なストーリーと分かる。なぜならその場合、ウガヤの妻玉依姫はウガヤの叔母に当たるので一世代年上《としうえ》、かつ、ウガヤと玉依姫は三親等での近親婚となるからだ。

この不自然さの原因として、ヒコホホデミと豊玉姫両者の結婚は単なる創作ということも考えられるが、対馬にここまで両者の濃厚な伝承があったからには、それはそれで史実の反映として動かさなかったとき、全く別の要因がこの不自然さの原因に浮上する。それは、**豊玉姫と玉依姫が姉妹とされていることから生じるもので、仮に両者が親子であれば、**少なくともウガヤと玉依姫との世代矛盾はなくなる。そんな観点から豊玉姫の系譜を探っていくと、豊玉姫の父は神代紀下十段本文やその一書四つの内の三つが普通名詞の海神《わたつみ》とぼかしており、なぜか一書①のみが固有名詞の豊玉彦としている。

ここで問題は父の名が豊玉彦であれば、豊玉という名称を親子で共有することになるが、書紀をざっと見渡すと、同一名称を共有するのは夫婦、あるいは兄妹などに限られており、夫婦としてはイザナギとイザナミ、兄妹では孝元天皇の皇后ウツシコメとその兄ウツシコオなど、数件すぐに思いつく。その一方で親子が同名で彦・姫というのは調べた限りでは見当たらない。すなわち、**豊玉彦は豊玉姫の父（すなわち親子）ではなく、両者は兄妹、あるいは夫婦であった可能性が浮上**してくる。

そんな目でさらに書紀を見ていくと、豊玉姫については不明ながら、妹とされる玉依姫についてはヒントらしきものがある。以下、2章4節と重複するが、まず玉依姫の母は、第九段一書⑦に雑多な系譜に紛れて「**タカミムスヒの児《みむすめ》万幡《よろずはた》姫の児《みこ》玉依姫**」という貴重な一文があり、父は第十段一書①に豊玉彦とあるので、玉依姫の両親は豊玉彦と万幡姫であると書紀は主張しているとみてもよかろう。

一方、万幡姫のフルネームが第九段一書に万幡《よろずはた》豊秋《とよあき》津《つ》姫《ひめ》と記されており、ここに豊を共有する万幡豊秋津姫が豊玉姫の異名であるとすれば、**玉依姫は豊玉彦と豊玉姫との子**と言えそうだ。

すなわち書紀の海幸山幸神話は、表向きはヒコホホデミが豊玉姫を娶ってウガヤを誕生させたとしているが、その裏で、ヒコホホデミ(＝スサノオ＝豊玉彦)が豊玉姫を娶って玉依姫をもうけたと告げていることになりはしないか。その場合、前節の**伝承A(玉依姫の母＝豊玉姫[117頁])**とも合致する。ここで伝承に目を向けると、**スサノオが対島から往来の帰路立ち寄った**との伝承があった福岡県行橋《ゆくはし》市天生田《あもうだ》の清地《すがち》神社(上図左側香春岳《かわらだけ》の右)の北約10キロにある京都郡苅田町《みやこぐんかんだまち》の宇原《うはら》神社(上図右上b)あたりが最も可能性が高い。

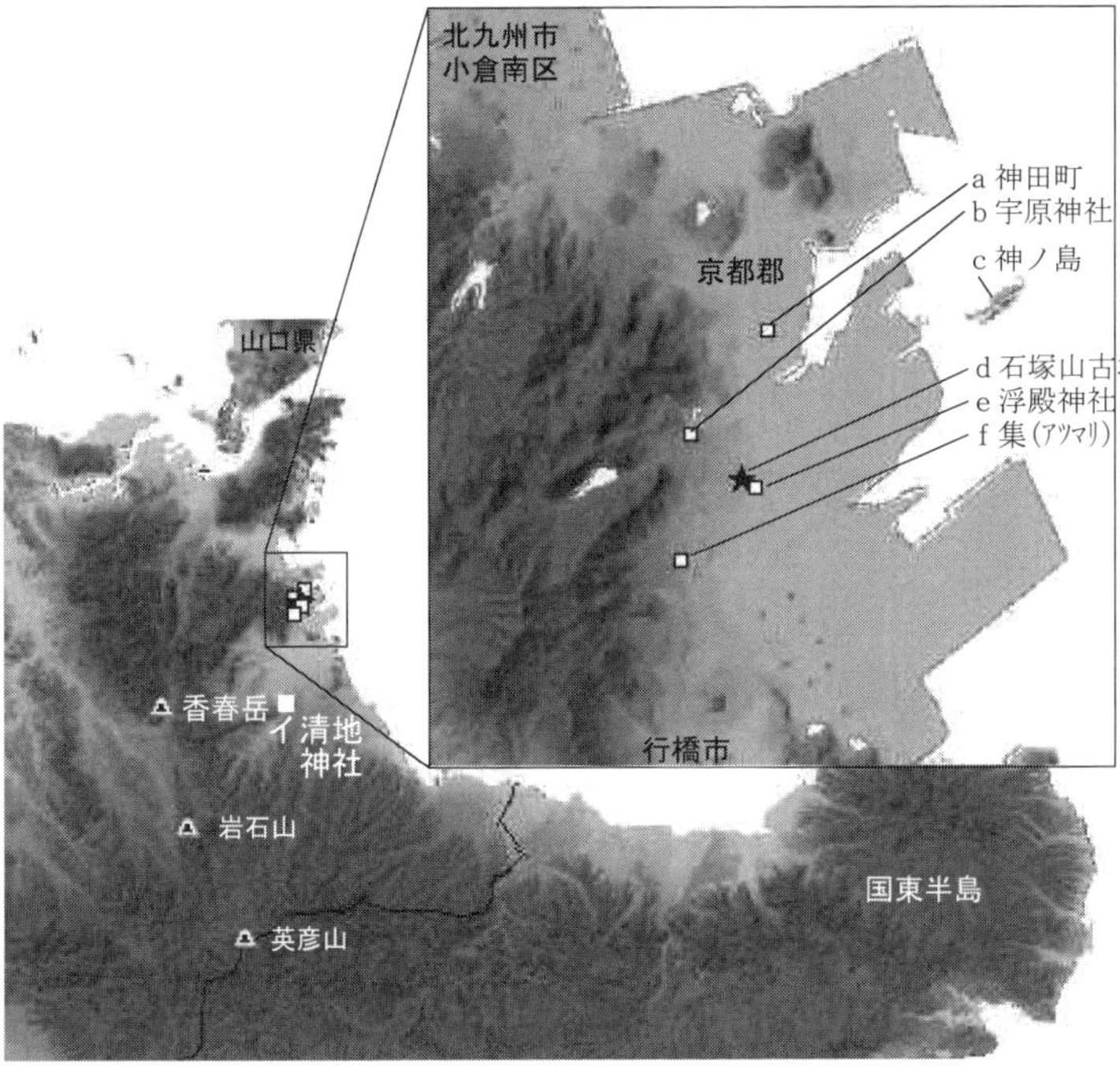


玉依姫（ヒミコ）生誕の候補地（京都郡苅田町《みやこぐんがんだまち》周辺）

というのは、宇原神社の伝承に、二神の動向が詳しく示されており、それによれば、二神はまず、宇原神社沖合いに船をつないで上陸したのであるが、その船は今は化《か》して神ノ島《こうのしま》(同図右上方c)になったという。

これは神ノ島経由で上陸したことを意味するので、上陸地はその対岸と思われる。

伝承では上陸後、その辺りの鵜原崎《うばるざき》という清地で産屋《うぶや》を造り、そこで豊玉姫が子を出産したとある。そこから、**浮殿《うきどの》**に移り、後に今の宇原神社の地に移ってこられたとあるが、神社東南750メートルほどの地に北九州最大級、最古ともされる前方後円墳の石塚山古墳(d)があってその前方部分に**浮殿**《うきどの》神社(e)が建っている。恐らくこの地がかつての**浮殿**であったのだろう。

さすれば豊玉姫の産屋があった鵜原崎という地は神ノ島と石塚山古墳を結ぶ線上にあったことになるが、そこはまさに周防灘に面した宇原《うはら》神社の先(岬《みさき》)に該当する。このように宇原神社の伝承を細かく追っていけば、その出産地鵜原崎《うばるざき》が宇原の先として特定できるのである。これほど詳細な伝承が残っているのをみれば、この地で豊玉姫が実際に子を出産したというようなことをむげに否定する必要はないのではなかろうか。問題は出産した子が書紀の影響でウガヤとなっていることであるが、前述のように原像は玉依姫であったと思われる。憶測を重ねれば、玉依姫は当地で誕生し、ニニギこと大己貴と共に日向に天降るまではこのあたりに住まわれていたことを暗示するのが『豊前国風土記』逸文(宮処郡《みやこのこおり》。むかし天孫がここから出発して日向の旧都に天降った。恐らくアマテラスの神京[みやこ]である)とみて齟齬はなさそうである。

ちなみにこの宇原神社と神ノ島《こうのしま》を結ぶ線上ほぼ北側に神田町《じんでんちょう》(a)という地名があって、神という文字が続くことも一層その思いを強くする。さらに付け加えると、石塚山古墳の南西1キロほどの旧苅田《かんだ》村大字《おおあざ》集《あつまり》(現苅田町集[f])というところにかつて神 集《かんつどえ》神社があって、「往古景行天皇熊襲乃土蜘蛛《くまそのつちぐも》などを親征の砌《みぎり》、周防《すおう》国より本村大字《おおあざ》尾倉字近衛《あざこのえ》川に着船、一時本所に行在せられ、天神地祇《てんじんちぎ》を拝し官兵を集め、土蜘蛛を誅《ちゅう》し遂に九州を平定す」(『京都郡神社明細帳』)というようなことが伝えられていることや、すぐその南に長峡川《ながおがわ》が流れていることからすれば、このあたり一帯は景行紀にある長峡県《ながおのあがた》の京《みやこ》とみて間違いなかろう。それを証するように宇原神社と神ノ島を結ぶ線上真ん中あたりから南側にかけて京町《きょうまち》が神田町《じんでんちょう》に接しているのである。京《きょう》と神田《じんでん》、まさに地名は時間の化石というしかない。

このあたりが、玉依姫の出生《しゅっしょう》、及び生育地として、その後、日向に降る前に大己貴と共にこのあたりで

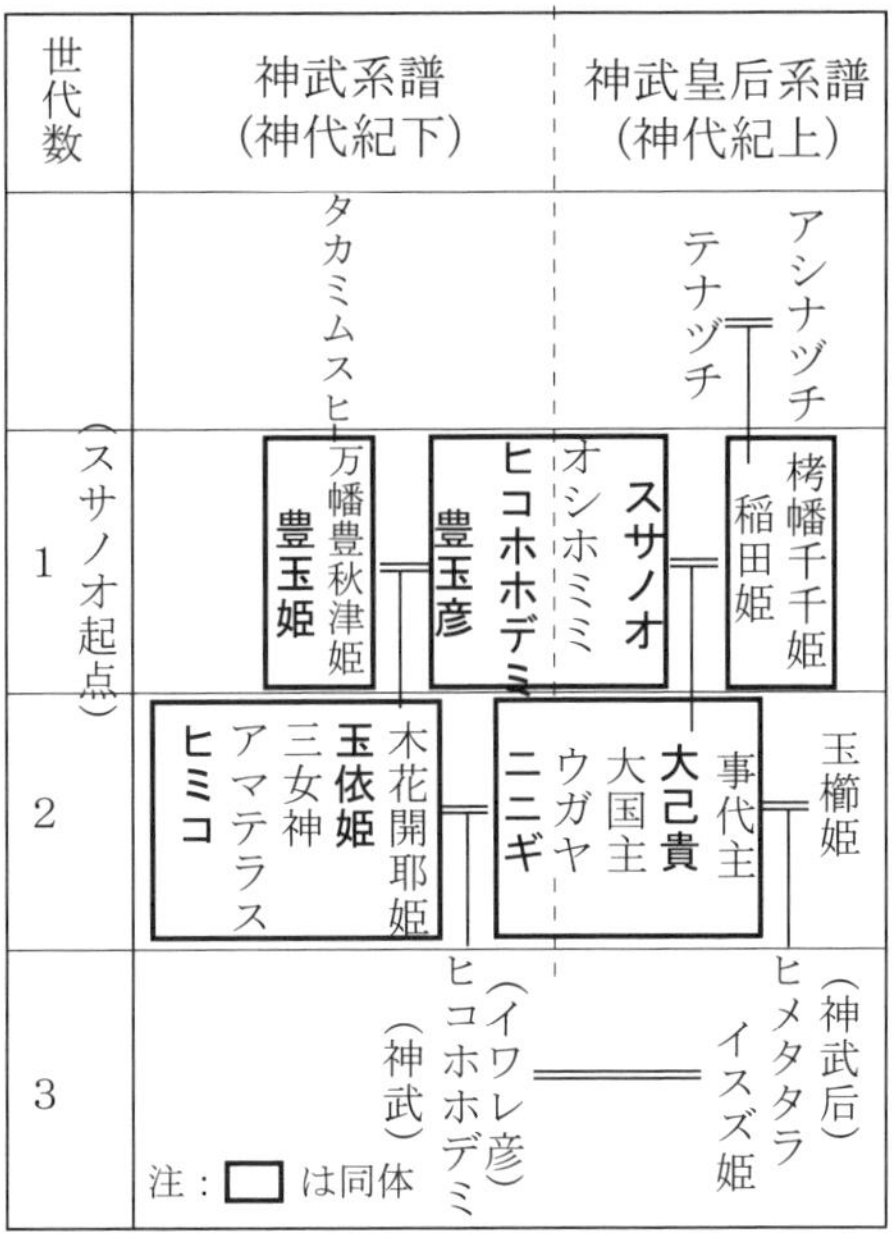

「幻の皇祖神系譜」（復元系譜③）

行動を共にしていた様子が添田町のホームページに掲載されており、次章8節「九州にも進出した大己貴」で詳述するので、しばらくお待ち願いたい。

以上の知見を得て、2章4節の復元系譜②（49頁）の万幡豊秋津姫《よろずはたとよあきつひめ》の枠に豊玉姫を、スサノオの枠にヒコホホデミと豊玉彦を加えて上図のように補正しておきたい。この復元系譜③から**神武天皇の祖父は父方、母方共にスサノオこと、ヒコホホデミであった**と分かる。神武はまさに（二代目）ヒコホホデミにふさわしいと言えよう。

ところで、なぜスサノオがヒコホホデミとも呼ばれるのか。復元系譜③を見て思うに、妻の出自と関係がありそうだ。詳細は後述するが、古墳時代の婚姻は妻問婚であって、氏族の姓《せい》は母系集団毎に独自の始祖の名を持つのは自然の理（192頁）、すなわち妻が稲田姫の出雲氏族の場合には同族からスサノオと呼ばれ、海神族の豊玉姫の場合には同族からヒコホホデミと呼ばれたとして、それが自然の理であったようだ。

以上、スサノオの謎三「神代紀上、下の系譜を解析する過程でスサノオ＝ヒコホホデミの可能性が見つかったが、その可能性はあるのか。あるとすればそれは何を意味するのか」に対する私なりの解だ。スサノオ＝ヒコホホデミの痕跡については対馬や豊前国以外にも数箇所に残っているが、それらは、次章でスサノオ・大己貴親子の国造りの実態を、各地の神社伝承から具体的に復元していく中でみていくことにしよう。

# 7章　倭国大乱――スサノオ・大己貴親子の国造り

## 1節　スサノオ・大己貴親子の国造りの概観

さて、スサノオ・大己貴親子は朝鮮半島への歴訪後、出雲に戻って、製鉄技術の向上・改良を図り終えた後、頃合いをみはからってついに国内各地の国造りに乗り出したようである。

ここで気になるのは、書紀には少彦名と大己貴の国造りはあるが、スサノオと大己貴の国造りは語られていないことだ。仮にスサノオ、大己貴親子が倭国大乱を征した大王であったならば書紀にその片鱗ぐらいはあって良さそうなものが、書紀の表面上はそのカケラも見つからない。

が、ここで、仮にスサノオ＝少彦名であるとすればどうだろう。書紀は「スサノオと大己貴親子」の国造りを単に「少彦名と大己貴」の国造りに置き換えただけのことになるのではなかろうか。

実はこの先、諸国に残るスサノオ、大己貴親子の足跡を追えば追うほど、スサノオと少彦名との濃密な重なりが見えてくる。はたして、スサノオ＝少彦名の等号は成り立ちうるか。まずはその目星だけでもつけておくとしよう。

### スサノオ＝少彦名の検証

まず、神社伝承から浮上するスサノオと少彦名との重なりを三点ほど述べよう。

一つは、少彦名は学問の神様菅原道真《みちざね》(845～903)に主役の座を奪われるまでは天神様として全国津々浦々の神社に祭られていたことは周知の事実で、今でも東京都の布多天神社《ふだてんじんしゃ》、京都の五條天神社、奈良の天神社等多数ある。一方、少彦名にかわって天穂日《あまのほひ》を祭神とする天神社が、かつての吉備国・岡山県に散見される。たとえば、加賀郡吉備中央町や高梁市《たかはし》巨瀬町《こせちょう》、あるいは中井町等の天神社がそれだ。3章3節で検証したように、天穂日はスサノオの異名同体であるので、ここに天穂日を通じて、少彦名＝天穂日＝スサノオが暗示されている。

二点目は出雲国における**スサノオと少彦名の降臨伝承地が至近距離にある**ことだ。

まず、スサノオの降臨伝承が出雲市矢尾町の来阪《くるさか》神社にあるが、その三キロ弱西南西の同市常松町の常世《とこよ》神社に、「元来この地を常世の郷《さと》といい、少彦名の天下り給える聖地である」と少彦名の降臨伝承が語られている。このあたりは、江戸前期以前は神門水海《かんどのみずうみ》の北岸近くにあって、九州方面から海路で出雲に降臨してきたのであれば、至近距離にある両社伝承の源は同一であった可能性が高い。

三点目。出雲では少彦名はスサノオとみなされていた節がある。中でも興味深いのは雲南市《うんなんし》掛合町《かけやちょう》多根《たね》にある星原《ほしはら》神社の伝承で、「当地は上古《じょうこ》(大昔)、大己貴、少彦名二柱の神がこの地を堀り田を拓き給いしところなり」とありながら、祭神は天穂日すなわちスサノオである。その上、伝承内容もスサノオ伝承とほぼ同様で、少彦名の伝承六件の内、半数の三件が大己貴との共同で農耕拓殖をしたという伝承であって、スサノオの事績の一つ農耕拓殖伝承と重なっており、スサノオ＝少彦名を暗示している。

以上、神社伝承面からの傍証に加え、実は書紀にもスサノオ＝少彦名を暗示する重要なメッセージが神代紀上八段一書⑥にひっそりと書き込まれている。それは、大己貴と共に国造りの一部をなし終えた少彦名が「行きて**熊野の御碕**《みさき》に至りて、遂に常世郷《とこよのくに》(あの世)に適《いでま》しぬ」とする記事だ。

ここで、**熊野の御碕**について、書紀の岩波文庫本に、「熊野は出雲国意宇《おう》郡にある。出雲国風土記意宇郡条に『熊野山、郡家正南一十八里、〈檜《ひのき》、檀《まゆみ》有り、いわゆる**熊野大神の社が鎮座する**〉』とある。ミサキは、海岸に限らず、山でも岡でも突出部をいう」と、興味深い注釈が加えられているが、この推定通りであれば少彦名はまさにスサノオが祀られている熊野大社で亡くなったということになる。スサノオ＝少彦名説の決定打と言えるかもしれない。

以下、スサノオと大己貴、あるいは少彦名と大己貴の国造り伝承を見ていくが、その中で、少彦名とスサノオの重なりについても注目していきたい。

## スサノオ・大己貴親子（あるいは少彦名・大己貴）の国造り伝承の範囲

スサノオ、少彦名、及び大己貴の国造りの伝承は全国を北海道、東北、関東、中部、近畿、中国・四国、九州の七地域に分割したとき、北海道、東北、関東を除く四地域の百地点以上に記録されており、その全部を追っていくととてもこの本では語りきれないので、本書には伝承が数件かたまっている地点、及び一件でも重要な伝承地に絞り、見ていくことにする。

いずれにしろ、彼らの拠点は3、4章で見た通り出雲国である。そこから出立《しゅったつ》した国造りは太平洋側では中国・四国地域から瀬戸内海をはさんで、近畿の播磨国に及んでいる。さらに、日本海側では伯耆《ほうき》や因幡《いなば》国に次いで、但馬《たじま》・丹後国を経て近江・若狭・越前国、および加賀・能登を経て越後国に及んでいる。

このような広大な地域に一体どのような両神（スサノオ・大己貴、あるいは少彦名・大己貴）の足跡が残されているのであろうか。そして、それらの足跡伝承の中においてもスサノオ＝少彦名は成り立ちうるのだろうか。まずは太平洋側から見ていくとしよう。

## 2節　出雲国と播磨国とを結ぶ経路に残る三神の足跡

### 備後国に残る三神の足跡

スサノオが出雲国と播磨国とを往来した足跡が古代の備後《びんご》国（広島県東部）に図のように残っている。驚くべきことに、その足跡の大半が往路か復路かまでもが区別されている。

北から順に見ていくと、まず三次《みよし》市甲奴《こうぬ》町《ちょう》小童《ひち》の須佐神社（図の1）には、スサノオの面影が色濃く残る祭礼が伝承されている。それは隣町の府中市上《じょう》下町《げちょう》矢野（c）の住民がこぞって参加、奉仕する「矢野の神儀」（広島県無形民俗文化財）だ。その発端は「往古スサノオが**出雲国に向け**矢野（c）を通行中、しばし

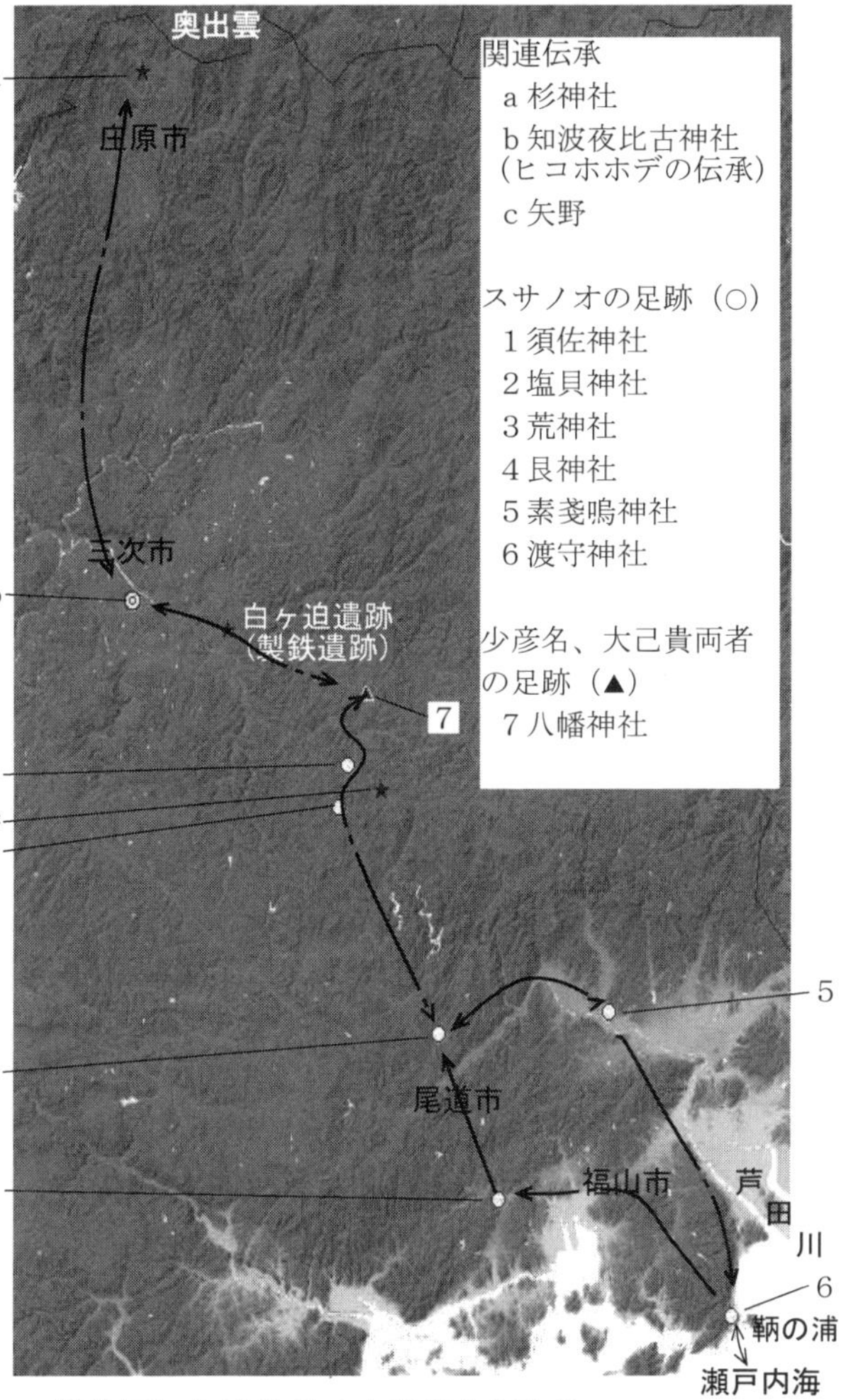

備後国におけるサノオ伝承（○）及び大己貴、少彦名の同伴伝承（▲）

茶屋にて御休息。側《そば》の泉の水を飲まれ、多くの里人の見送りを得て小童《ひち》村へ入村なさった故事に起因する」と伝わる。

これによればスサノオは出雲への帰路、矢野（ｃ）↓小童（１）を通過したことになるが、なるほど、その少し手前（南西）にある小童の塩貝神社（２）の由緒にも「スサノオが八人の王子を**連れ帰る**故事によって八柱（柱とは神の数詞）の王子を奉斎していた」とあって、帰路、当所にも立寄ったことが分かる。

その南の尾道市御調町《みつぎちょう》の荒《こう》神社（３）の由緒には「太古、素戔鳴命《すさのおのみこと》が疫隅《えずみ》（現、家角谷《えずみだに》）に宿られたといい、その所に小社を建てた」とあって、往復どちらで宿ったかは不明ながら当地を経由したことが確認できる。さらに、同市三ノ郷町《みのごうちょう》の艮《うしとら》神社（４）の由緒には、「スサノオが大和から海路尾道に着いて、出雲に行くときに泊られたと伝え、祠を建てて祀ったという」とあって出雲への帰路当地を経由したことが明確だ。

ここで改めて図を見ると、荒神社（３）は（１）と（４）の中間にあることから帰路の経由地であったと推定される。が、その際、福山市新市町《しんいちちょう》**戸手**《とで》の素戔鳴《すさのう》神社（５）を経由した可能性もなくはない。というのは当社の社記に「御祭神素戔鳴尊出雲国へ**往来の途次**、蘇民将来《そみんしょうらい》と巨亘《こたん》将来との伝説により、尊の徳を敬仰して、**蘇民の子孫**と当時の士族とが協力してこの地に小祠《しょうし》を建立し、お祭りを始めたのが由縁である」（小椋一葉著『消された覇王』所収）とあって、往来共に**戸手**（５）を経由したとあるからだ。

一方、**戸手**が少なくとも往路の経由地であったことは、同市鞆町後地《ともちょううしろじ》の渡守《わたす》神社（現沼名前《ぬなくま》神社）（６）の伝説（江戸時代の地誌）に「スサノオは**戸手**で一泊した後、ここでも一泊したとされ、その時に宿を貸したという『しふかき』という者の子孫が、神官の一人として祇園祭において重要な役割を果たしていた」とあることから確認できる。その際、当然ながら、渡守神社の目と鼻の先にある天然の良港・鞆《とも》の浦は近畿方面への出港地とみてよかろう。ちなみに鞆の浦は、古代より潮待ちの港として有名で、応神天皇の招きで、百済《くだら》から大陸の進んだ文化や技術を伝える目的で渡来した王仁《わに》博士一行もここに寄港したと伝承されている。

以上をまとめて、スサノオの往来伝承経路を一点鎖線で推定しておいた。ここで出雲と備後《びんご》との出入り口を庄原《しょうばら》市高野町の杉神社(図左上のa)に求めたのは、当社が「毎年十月(神無月)に諸国の神々が出雲大社に集まるとき、出雲の使《つか》いの神が当地まで出迎え、諸国の神々がこの地を通り**過ぎ**るにより**スギ**の森といい、里人がここに大国主を祭ったという」由緒ある地であるからだ。事情はスサノオ一行とて同じはず。

その推測を補完するかの如く、当地(a)と須佐神社(1)との間にはヒコホホデミ(初代のヒコホホデミは前章で述べた如くスサノオ)、及び少彦名(自説ではスサノオ)の通過伝承がそれぞれ一件ずつある。

まずヒコホホデミについては、三次《みよし》市高杉町《まち》にある知波夜比古《ちはやひこ》神社(b)の由緒に、「このあたりを**ヒコホホデミ**が廻《めぐ》っている時に……足留山で一宿され……さらに廻神《めぐりかみ》郷布久《ふく》の家で一宿された」と記録されている。その廻神《めぐりかみ》郷(現三次市廻神町《まち》)は当社西南に隣接するが、「ヒコホホデミが巡られた地として廻神町という地名となった」と語り継がれており、いかに当地がヒコホホデミと因縁深いかが分かる。

次に、大己貴と少彦名の通過伝承が、三次市甲奴町《こうぬちょう》福田の八幡神社(7)にあって、「神代の昔、大己貴、少彦名が休泊し給いし聖地として古代より当神社地を神山と称していたという」とある。

以上のbと7両社の伝承は、出雲国と備後国のスサノオ伝承経路を結びつけると共に、スサノオ＝ヒコホホデミ及びスサノオ＝少彦名のささやかな傍証とみたい。

余談ながら、**戸手**の素戔嗚神社(5)の社記にある**スサノオと蘇民将来、巨亘将来の伝説は、現在でも多くの神社で行われている茅《ち》の輪くぐりの由来**とされているもので、備後国風土記逸文にも採用されている。

さて、以上の備後国におけるスサノオの足跡伝承解析によって、スサノオが出雲から図の一点鎖線で示したような経路で瀬戸内海に出て、そこから四国や近畿方面に往来していたことが明らかになった。

## 瀬戸内海および讃岐国に残る三神の足跡

当地域にはスサノオの足跡が五箇所、大己貴(含む大物主)が四箇所、大己貴・少彦名両者同伴らしき伝承が一箇所に残っている。

いずれも近畿方面から出雲への帰路に立ち寄ったとする記録のみで、往路の記録はみつからなかった。

まずスサノオから見ていくと、瀬戸内海に浮かぶ最大の島・淡路島に次ぐ小豆島《しょうどしま》の土庄町《とのしょうちょう》にある冠者《かんじゃ》神社(次頁図の1)、八坂神社(2)の二社に、「神代の昔、スサノオ樟船《くすぶね》に乗って、淡路より四国を経て吉備に転じ出雲に向かう途次、本島にご来航あり」と近畿方面から出雲への帰路に立寄ったことが明確に記録されている。加えて冠者神社には古来より「梶取明神《かじとり》」が祀られており、それはスサノオを先導した篙師《こうし》(船頭)であると記録されている。口碑《こうひ》によると、この船頭が病んだために上陸し、この地で亡くなったので当地に葬り、梶取明神宮を建てたとされている。

次いで一行はここから香川県の讃岐《さぬき》国に向かい、高松市鬼無町《きなしちょう》にある熊野神社(3)を経て坂出《さかいで》市林田町の総倉神社(4)に移動したようで、当社の記録に、「神代の昔、スサノオが舟に乗って、南海道御巡狩の時、この地に泊まられた旧跡なるを以って祠《ほこら》を建て奉祀す」とある。興味深いことに、熊野神社と総倉神社との中間地にサヌカイトの原産地として有名な坂出市国分台《こくぶだい》(図の中央a)がある。サヌカイトは讃岐岩《がん》とも称され、戦闘用の矢尻あるいは調理用石器等の貴重な材料として縄文時代から利用されてきたのは考古学の知見である。そんな地をスサノオが経由したのは、当地の支配か交易、あるいはサヌカイトの原産地を自分の目で直接確認したいという思惑からであったと思う。

さて、スサノオは次いで丸亀市飯山町の八坂神社(5)の方に、「神代の昔、スサノオ南海遊御の砌《みぎり》、来たりて、しばらくこの地に留まり給う」と記録されており、以上が讃岐国におけるスサノオの伝承三件である。ただ観音寺市流岡町《ながれおかちょう》の加麻良《かまら》神社(10)の方に、スサノオにかわって少彦名が大己貴と共に足跡を残しており、「大己貴・少彦名、四国経営の時、この山(御神室《おかむろ》山)においでになり地方を治《おさ》められた霊跡」と記録

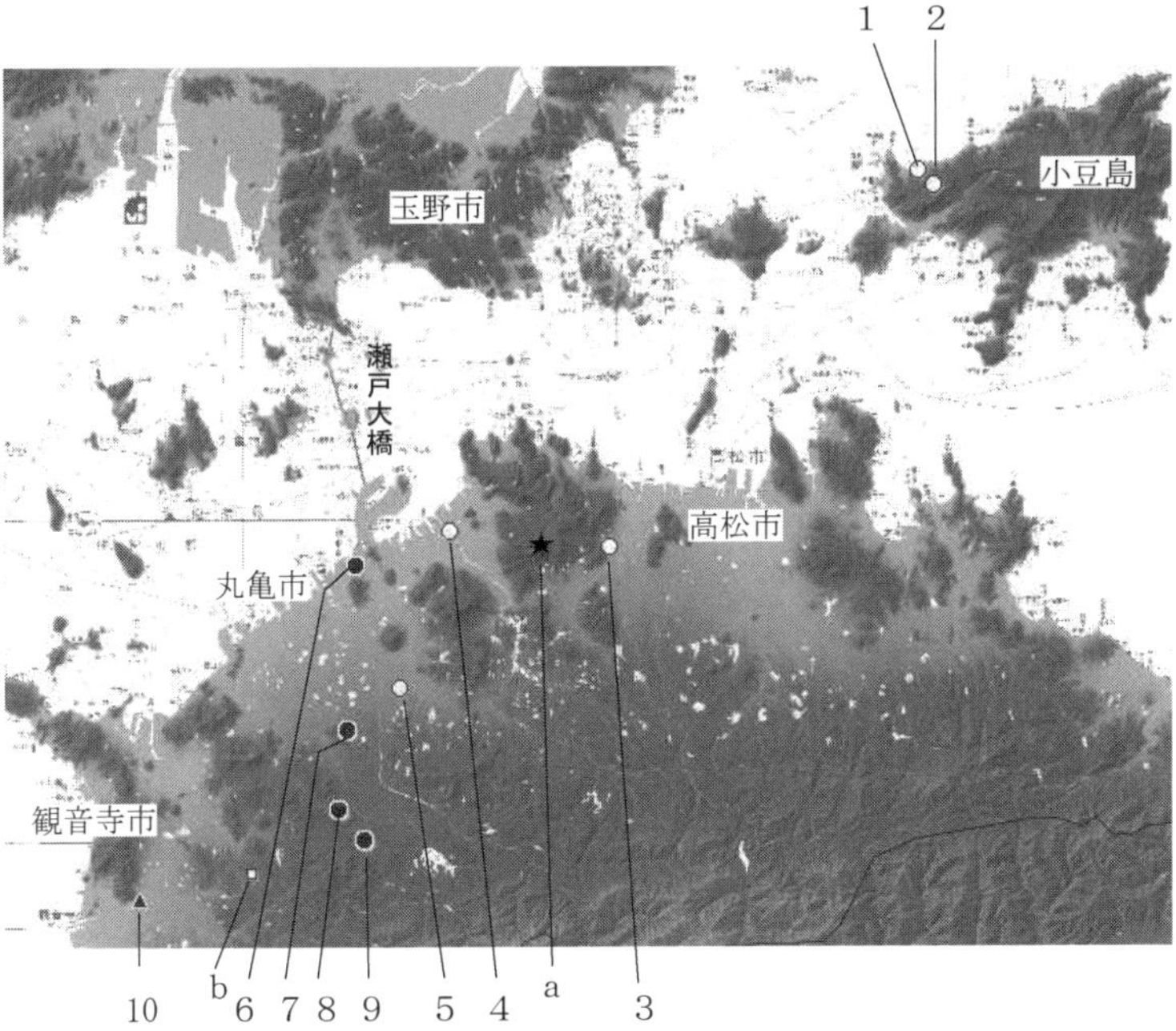


**讃岐国(現香川県)におけるスサノオ、少彦名、大己貴の足跡**

スサノオの足跡(○)
1　冠者神社　4　総倉神社
2　八坂神社　5　八坂神社
3　熊野神社

大己貴の足跡(●)
6　神石神社　8　金刀比羅宮
7　丸王神社　9　国尾神社

大己貴、少彦名両者の足跡(▲)
10 加麻良神社

サヌカイト原産地(★)、他
a　坂出市国分台
b　大水上神社

されている。ここで、スサノオ＝少彦名が成り立つとすれば、スサノオ一行は当地を経由して備後《びんご》国に記録があった福山市の芦田川沿いの前項に示した経路(125頁)で出雲国に戻ったものと思われる。

さて、讃岐国に少彦名の名が見えるのはこの一点のみであるが、大己貴は他に四箇所の足跡がある。まず、綾歌《あやうた》郡宇多津町《うたづちょう》の神石《かみいし》神社(6)に、「金刀比羅《ことひら》大神、海上より大亀に乗りてこの地に上陸し給い、象頭山《ぞうずさん》

（金刀比羅宮《ことひらぐう》［8］がある琴平山の別称）に鎮座し給う」とある。ここで、金刀比羅大神とは大物主のことで、大己貴の別称であることは大物主を祀る金刀比羅宮の次の由緒から分かる。

「神代の昔、象頭山下《ぞうずさんした》の地は一大入海《いりうみ》にして、琴平の地は自然の良港をなし、瀬戸内海の潮流はこの沖合を中心として満干するを以って、この潮流を利用する時は航海すこぶる便なり。神代の昔、**大国主の命《みこと》**国土御経営にあたり、当地を中国、四国、九州ご経営の本拠と定めさせられ、当社は実に大神の御入国跡なるが故に、大御霊《おおみたま》を鎮祭せしものなりと伝う」とあって、祭神の大物主が大国主、すなわち大己貴として語られているのが分かる。

以上の二社（6、8）に加え、大物主＝大己貴を証するように**金刀比羅宮の南北に大己貴の足跡があり、**北方の伝承は内容が神話化されており採らないとしても、南東2キロの国尾神社（［9］現国王《こくお》神社）の方は大己貴を当地の開拓者と記録し、奉祀している。

以上四件の大己貴伝承にはスサノオも少彦名も登場しておらず、従ってこれらは少彦名亡きあと「大己貴の神、独りよく巡り造る」に対応した伝承であったと思われる。

さて次はスサノオ・大己貴遍歴の中心舞台の一つ播磨国（兵庫県南西部）に目を移そう。

## 3節　播磨国に残る三神の足跡

### 『播磨国風土記』と書紀との見事なコラボレーション

さて、前節で推定したような経路で播磨国にやってきたスサノオ一行は、播磨国で一体どのような国造りをしたというのだろうか。神社伝承を解析する前に、まずは書紀撰上（720年）の五年ほど前の編纂とされる

『播磨国風土記』から見ていこう。

『播磨国風土記』はまことに不思議な書物である。それは地理誌的色合いの濃い『出雲国風土記』と違い、記事の大半を各地の里や山川原野の名称由来に費やしている。さらに、その由来譚《ゆらいたん》中に、多くの神々や天皇が登場することに特徴があって、特に大己貴は伊和大神《いわのおおかみ》や大汝《おおなむち》あるいは葦原志許乎《あしはらのしこお》(葦原志挙乎とも表記)等に名を変えて四十箇所以上に、天皇では品太《ほんだ》天皇(応神)がその御世《みよ》とされるものも含めやはり四十箇所程度にと、両者が傑出して登場している。ここで、伊和大神が大己貴であることは、宍禾《しさわ》郡一ノ宮(現宍粟市《しそうし》一の宮町)の伊和神社が『延喜式』神名帳に「伊和坐《いわにいます》大名持御魂神社」とあることから間違いない。

かように『播磨国風土記』は大己貴(伊和大神)の伝承にあふれているが、その中でさりげなく2章4節で述べた大己貴＝ニニギを主張している箇所がある。

まず、宍禾郡雲箇《うるか》の里の条に、「**(伊和)大神の妻の許乃波奈佐久夜比売《このはなさくやひめ》**は、その容姿が美麗《うるわ》しかった。だから宇留加《うるか》という」と語っているのは見逃せない。なぜなら、**木花開耶姫《このはなさくやひめ》は書紀ではニニギの妻**であるからだ。すなわち、『播磨国風土記』は木花開耶姫を通して伊和大神(＝大己貴)＝ニニギを、書紀と協同で主張していることになる(左図a)。

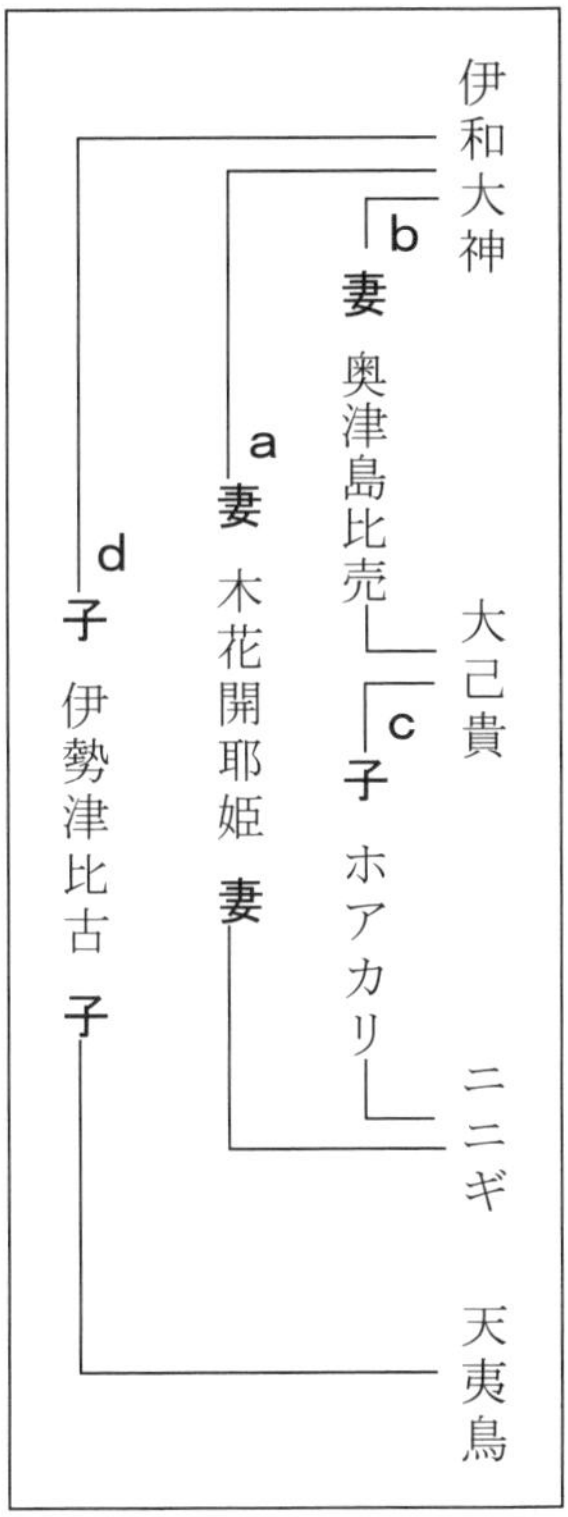


次に託賀《たか》郡黒田の里の条に、「昔、宗形《むなかた》の大神である奥津島比売《ひめ》が伊和大神の御子をおはらみになり云々」と記されている。すなわち、あの**アマテラス三分身の一神たる奥津島比売(多紀理姫《たぎりひめ》[田心姫《たごりひめ》])が伊和大神の妻であ**ると言っているのであるが、それは**出雲大社**

**では大己貴の筑紫妻として千数百年の風雪に耐えて祭祀されていた**(28頁)。実はそこでは伏せていたが大己貴と奥津島比売との結婚は古事記でも、「大国主神、胸形《むなかた》の奥津宮に坐《いま》す神多紀理比売《たぎりひめ》を娶《めと》して生んだ子は云々」として語られている(前図b)。両者の結婚は古事記にも取り上げられるほど広く知られていたようだ。

だとしても、『播磨国風土記』はなぜわざわざ大己貴を伊和大神に置き換えてまで、宗形《むなかた》の神との関係を語る必要があるのか。その狙いは播磨近辺でしか名の知られていない**伊和大神を利用して大己貴がニニギ、及び天夷鳥《あまのひなとり》であることを示すことにあった**と思える記事が、さらに二件埋め込まれている。

一件は餝磨《しかま》郡伊和の里の条にある、「昔、**大汝《おおなむち》の子の火明《ほあかり》**は、強情で行状《ぎょうじょう》も非常にたけだけしかった」とする一文だ。この後《あと》、大汝と火明との親子喧嘩が長々と記されていくが、その中味は無理やり地名由来譚に導くためのたわいないものであって、歴史の復元には使えないが、ここにさりげなく示された大汝の子火明というのは見落とせない。なぜなら、書紀では火明は大己貴でなくニニギの子とされているからだ(神代紀九段本文)。一方、『播磨国風土記』は約五年後に撰進される書紀に先回りして火明を大己貴の子としているから、両書とも正しければ、火明を通してニニギ=大己貴となる(前図c)。

他の一件は揖保《いぼ》郡(揖保の読みは、いいほ、いひぼとも)林田の里、伊勢野の名称由来の一文中にある「山の峰においでになる神は、伊和大神の御子の伊勢都比古《いせつひこ》・伊勢都比売《いせつひめ》である」とする記事だ。ここに記される伊勢都比古は、『伊勢国風土記』逸文によれば「出雲の神の子、出雲建子《いずものたけこ》、またの名は伊勢都彦の神」として語られており(前図d)、伊勢国の国号由来になった神である。そこでは、神武天皇の随臣の天日別《あまのひわけ》の脅しに屈して伊勢を去って信濃に移ったことになっている。彼は宝賀寿男《ほうがとしお》氏の『古代氏族系譜集成』によれば天夷鳥の子で、出雲建子またの名**伊勢津彦**とみえる人物であって、大己貴=天夷鳥とする自説(79頁)によれば、大己貴の子となる。だとすれば、『播磨国風土記』はここに伊勢都比古を通して、さりげなく**伊和大神**(=

**大己貴）＝天夷鳥**を主張していると言えそうだ。

以上四件が暗示する大己貴とニニギや**天夷鳥**との関係は中央の正史書紀がなければ浮かび上がってこないのであって、ここに『播磨国風土記』と書紀との、のっぴきならぬ結びつきが感じられると同時に、前述の『播磨国風土記』はまことに不思議な書物である」と記した意味がおわかりいただけたことと思う。さらに言えば、『播磨国風土記』は書紀に先立って、伊和大神や葦原志許乎《あしはらのしこお》が国を占めたとか、国占めを争ったというような文章を十箇所ほどに挿入しており、この点についても書紀とのコラボレーションが感じられる。

そんな次第で、**『播磨国風土記』は書紀が対外的な、特に中国向けの正史であるがゆえに書きえなかったことを補助する役目もあった**のではないか、私にはそう思えてならない。

ところで『播磨国風土記』にはもう一点、重要なメッセージが込められていることに気付く。それはスサノオのことである。書紀編纂の数年前に撰述されたとされる『播磨国風土記』には前述のように大己貴は四十箇所ほどに登場するが、不思議なことにスサノオは一切登場しない。まるで、『出雲国風土記』がスサノオのヤマタノオロチ退治に一切触れないが如く。

## 『播磨国風土記』に登場しないスサノオと登場しない理由

スサノオが一切登場しない一方、**少彦名**《すくなひこな》については三箇所に記載し、その全てをなぜかスクナヒコネとしており、内二箇所は少日子根、他の一箇所は四文字全てを変えて小比古尼と表記している。

さて、少彦名と少彦根（風土記では少日子根や小比古尼と表記するが、本書では便宜上、ともに少彦根と表記）が同神であることは、どちらも大己貴と対になって登場していることや、少彦根が登場する近辺の神社では少彦名として祀られていることから分かる。少彦名の表記をいじっている理由は不明ながら、三箇所に登場させているからには、そしてもし、前述のようにスサノオ＝少彦名であるならば、『播磨国風土記』のどこかにスサノオがありのままに登場していてもよさそうなものであるがまったくその気配すらみせないというのは、一体どうしたことだろう。スサノオ＝少彦名が成り立てば三箇所に足を踏み入れていたということになるが、だとしても、大己貴が四十箇所ほどに記されているのと比べて、あまりにも少ない。あるいは、少彦名とスサノオとは私の推測に反して全くの別人で、結局のところ、スサノオはこの地に足を踏み入れなかったということなのだろうか。

そのあたりを、神社伝承で探ると、詳細は次項で述べるが結論から先にいえば、スサノオは確かにこの地に足を踏み入れた痕跡が数件ある。だとすれば、『播磨国風土記』はなぜ、スサノオを隠す必要があったのか、あるいは大己貴、スサノオの共同作業を大己貴、少彦根に変える必要があったのか。答は恐らく、書紀との整合性を保つためであろう。なぜなら、大己貴、スサノオとの協同作業と記せば、二人の世代差が親子程度内であることを露呈することになってしまうからだ。

書紀は本文で二人を親子と明記しながらも(神代紀上八段)、その一書には大己貴をスサノオ六世、または七世の孫ともして、二人の間に一世紀(百年)以上もの開きがあるととぼけている。すなわち、書紀はその本文と一書とではまるで違った二人の活躍年代差を示し、読者を困惑させているのであるが、それを書紀撰上数年前の『播磨国風土記』に実は二人は親子でしたとあっけらかんと明かして欲しくはなかったのではあるまいか。苦心の一書を台無しにしないためにも。こう考えると、やはり、書紀と『播磨国風土記』とは裏で結びついているとしか考えざるをえないのだ。

さて、ではスサノオ＝少彦名が成り立つとすれば、その根拠を神社伝承から見つけることができるのか、以下、検討していく。

## 播磨国における三神の足跡伝承概論

播磨国には三神の足跡伝承は合わせて次図のように十二箇所に残っている。ここで播磨国を姫路市とたつの市の境界あたりで東西に分割し、東側を地域A（播磨国中東部）、西側を地域B（播磨国西部）に分けて検討すると興味深い事実が浮かんでくる。すなわち、地域Aでは三諸神の足跡伝承計七件が、東西南北に分散しているが、地域Bでは大己貴の伝承のみ計五件が南北縦に点在している。これは三諸神が共に立ち入ったのは地域Aだけであって、地域Bには大己貴が単独で立ち入ったことを暗示する。大胆に推理すれば、地域Aの伝承は神代紀上八段一書⑥に記載の「大己貴と少彦名とが力を合わせて心を一つにして天下を経営」に相当し、地域Bの伝承は「少彦名亡《な》きあと、大己貴独りよく巡り造る」に対応しているように思われる。

はたして実態はどうか。まずは地域A（その拡大図を次頁に示す）から検討していこう。

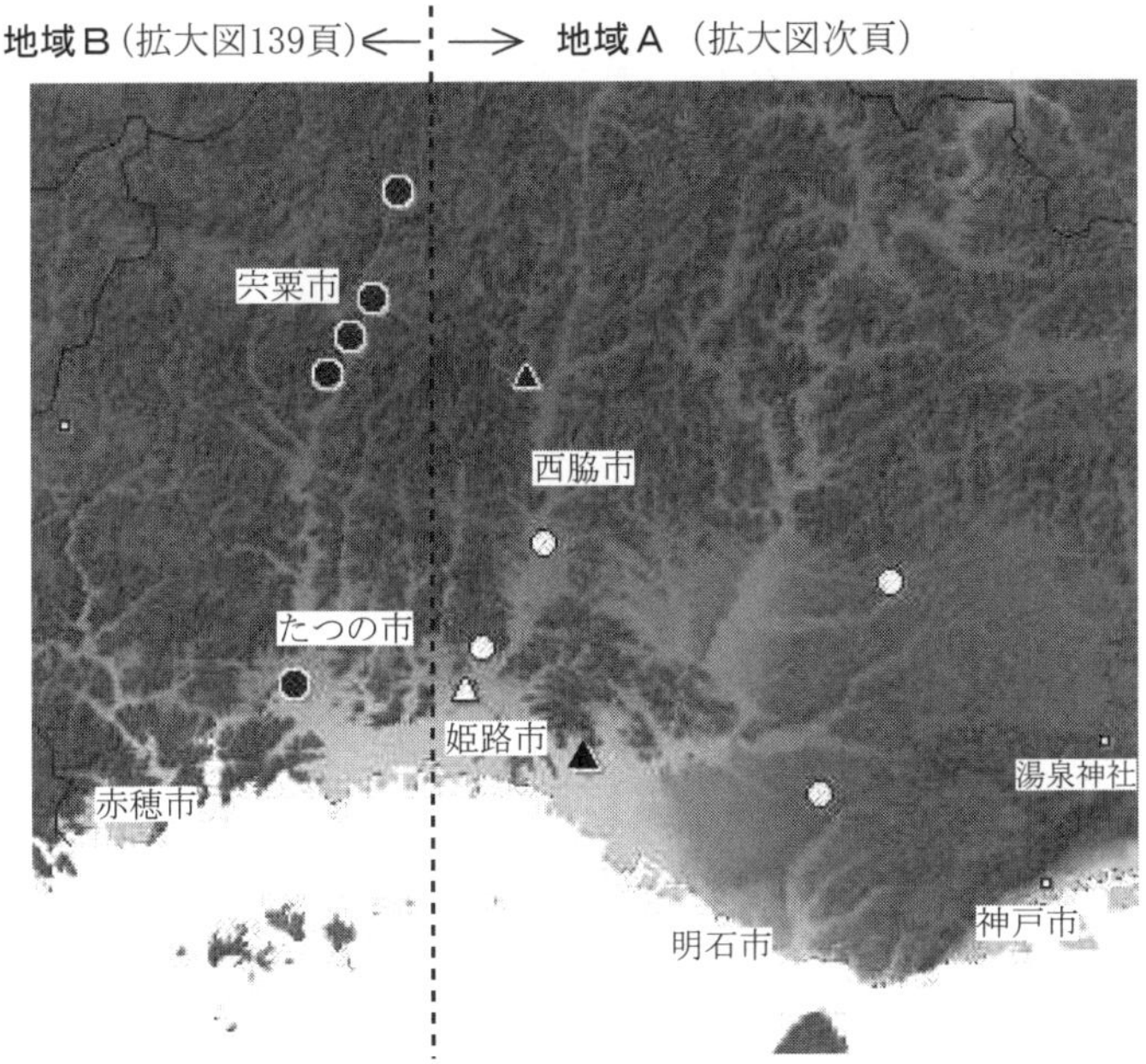


播磨国におけるスサノオ（○）、大己貴（●）、少彦名（△）の単独伝承、及び大己貴と少彦名の同伴伝承（▲）

## 播磨国中東部（地域A）における三神の足跡

当地域は次図に示すようにスサノオ伝承が四件、少彦名と大己貴との同伴伝承が二件、少彦名単独伝承が一件と計七件の伝承が東西南北に分散している。まず、西側のスサノオ伝承から見ていくと、姫路城の北北東約3キロに白国《しらくに》神社(2)があって、「白国は新羅《しらぎ》なり。往昔広峯《おうせきひろみね》牛頭《ごず》天王、新羅に行幸し帰朝のとき、少時この地に坐《いま》す。故に白国という」と記録されている。牛頭天王はすぐ後でも出てくるが、周知のようにスサノオだ。またその北北東約10キロに南田原《みなみたわら》與位《よい》神社(3)があってスサノオと稲田姫が祭られており、「太古諸神国土経営のときこの地に巡

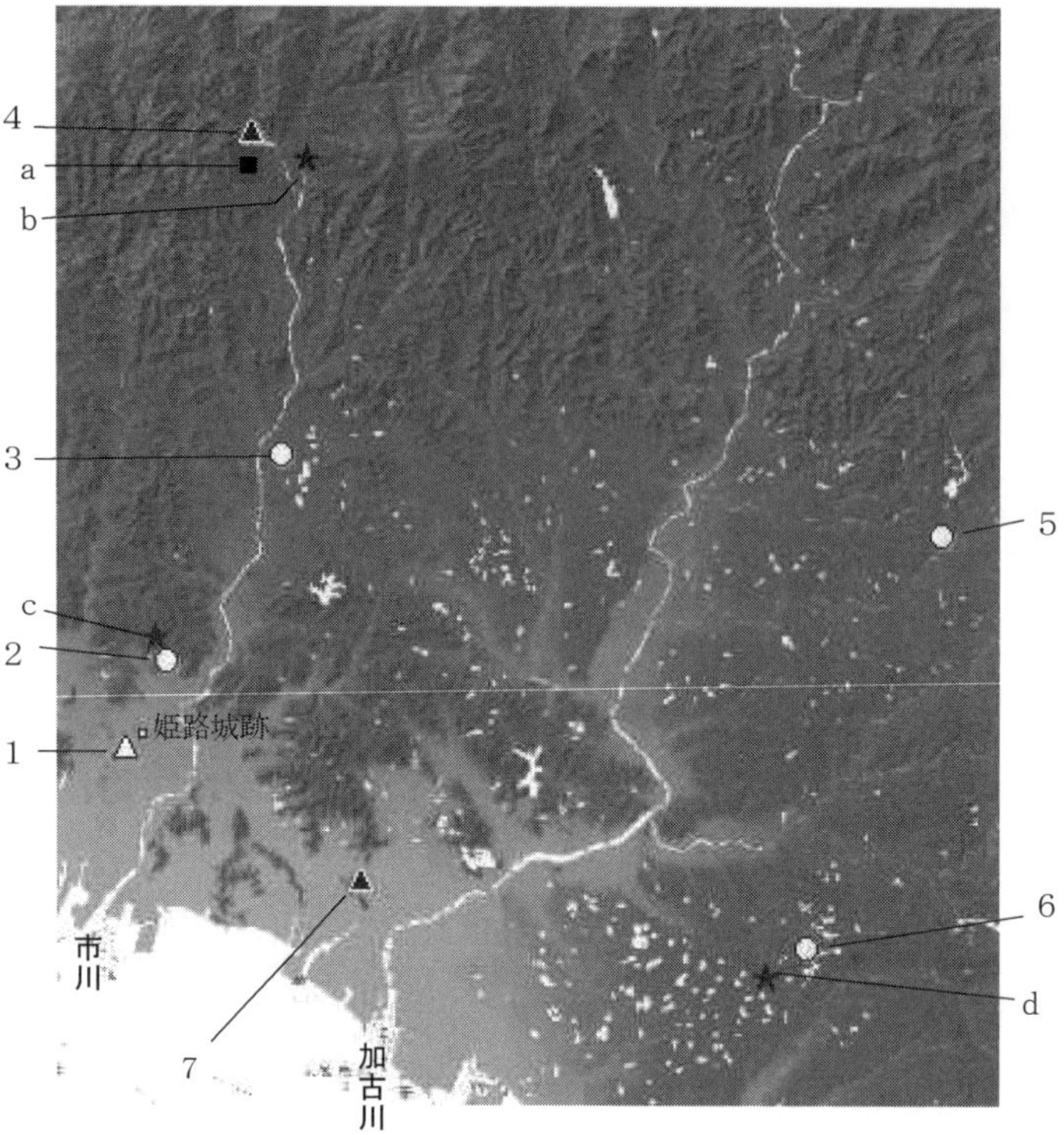


**播磨国中東部（地域A）におけるスサノオ、少彦名、大己貴の足跡**

スサノオの足跡（○）
2　白国神社
3　與位神社
5　一ノ宮神社
6　神出神社

少彦名の足跡（△）
1　十二所神社

大己貴、少彦名両者の足跡（▲）
4　日吉神社
7　生石神社

風土記（■）、遺跡他（★）
a　神前郡埴岡の里
b　福本遺跡
c　広峯神社
d　神出窯跡群

幸あり」と記録されている。この諸神は祭神から考えてスサノオ一族とみて間違いなかろう。

以上二件のスサノオ伝承はいずれも市川中流域にあるが、その南北二箇所に少彦名の伝承が存在している。南(下流域)には姫路城そばの十二所神社(1)に少彦名が「この地方開拓の祖神にして長畝《のうね》国主の神とも称す」として祀られている。

北(上流域)に目を転じると神崎郡神河町《かみかわちょう》にある日吉《ひよし》神社(4)の伝承に「葦原醜男《あしはらのしこお》(大己貴)が国土経営のとき、この所を埴岡《はにおか》(a)と云った。ここに大己貴の子の建石敷《たけいわしき》がやってきて、大己貴、少彦根と集合しこの埴岡山に宿りたまい云々」とあって、少彦名が大己貴と共に当地に足を運んだことが分かる。

さて次に市川の東、加古川に目を転ずると、スサノオ一行の足跡がその東側10キロほどの南北二箇所に点在している。北から見ていくと加東市天神《てんじん》にスサノオを祭神とする一ノ宮神社(5)があり「神代に素戔嗚《すさのお》が天降り、地方巡見の際、当地に休憩した。その遺蹟に奉祀したのが一之宮である」とスサノオの足跡が明確に記録されている。スサノオが訪れた地名には神が含まれることが多く、当地も天神《てんじん》と神を含んでいる。

さらに、当社南約18キロの旧明石《あかし》郡、現神戸市西区神出町《かんでちょう》にある神出神社(6)にもスサノオ、稲田姫、大己貴のスサノオ一家が祭られており、当地でスサノオ、稲田姫が会遇したとされており、ここでも神出なる地名が伝承されている。まさに古代ではスサノオは神中の神であったのだ。

さて、以上のように地域A(播磨国中東部)にはここまで都合四件のスサノオ伝承(2、3、5、6)があったが、これらスサノオ伝承に囲まれた高砂市阿弥陀町《あみだちょう》に生石《おうしこ》神社(7)があって、少彦名と大己貴が祀られている。その由緒には、「大己貴、少彦名、勅を受けて国土を経営せしとき、ここに石御殿を造り云々」とあって、スサノオの面影濃い領域中に少彦名が割り込んで登場しているのである。

ここで、少彦名(風土記の表記は少彦根)が登場した日女道《ひめじ》丘の姫路城に話を戻すと、その北北東約3キロにスサノオ伝承を有する白国《しらくに》神社(2)があったが、実はそのすぐ北方約1キロの広峯山に、京都八坂神社の元宮として名高い広峯神社(c)が建っている。小椋一葉《おぐらかずは》氏が入手された由緒書には、「崇神天皇の御代に広峯山に神籬《ひもろぎ》を建て、素戔嗚《すさのお》、五十《い》猛《たける》を奉斎云々」(『消された覇王』)とあるが、当社は少なくとも皇極元年(642)には創建されていたことが但馬《たじま》国の関《せき》神社(養父郡関宮町)の由緒から分かる。そこには、「皇極天皇元年、西国悪疫《あくえき》流行しかば、但馬、播磨は国の中央なるによりて牛頭《ごず》天王(スサノオ)を但馬国の羽山、播磨国の広峯山に鎮祭してその厄《わざわい》の以東に及ぶことを防ぎしにはじまり、云々」とある。皇極元年といえば、仏教公伝《こうでん》からほぼ一世紀、仏教興隆の道を開いた聖徳太子没後二十年を経ているが、まだまだ人心は仏よりも神を頼っていたということが分かるのである(注　但馬国の羽山とはこの由緒を伝える養父郡の関神社である)。

関神社創建の二年後に今度は東国の方で疫病が流行したらしく、それがヤマトへ波及するのを恐れてか、東国とヤマトとの中間付近の静岡県藤枝市岡部町三輪に神神《みわ》社が勧請されている。由緒には、「皇極天皇三年(644)四月、東国に疫病が起こり、これを鎮めるために意富太多根子《おほたたねこ》二十六代の孫三輪四位をして大神《おおみわ》神社の御分霊を祭祀させたのに始まる」とあり、ここでは大物主(大己貴)が勧請されている。このように**ヤマト王権は国の東西で疫病が流行すると、中央(ヤマト)への波及を恐れて、スサノオや大己貴を疫病退散の神として早くから祭祀していた**のである。

当然、祭祀される神は中央のみでなく、列島各地にも名が轟き、かつ信頼が寄せられている神でなければ人心は収まるまい。

## 播磨国西部(地域B)における三神の足跡

次いで播磨国西部に移ると、ここにはスサノオは足を伸ばさなかったようでスサノオや少彦名の伝承は見当たらない。一方、大己貴単独の伝承は五件あるが、なぜか不思議なことに五件全てが揖保《いぼ》川沿いに限られている。ここに二つの疑問が生じる。一つは、なぜこの地域には大己貴が単独で現れるのか(謎一)。二つ目は、なぜそれらの伝承が揖保川沿いに限られるのか(謎二)。

これらの疑問を以下、大己貴の個別の伝承を追いながら解いていこう。

南方から順に見ていくと、まず、たつの市揖保町《いぼちょう》にある夜比良《やひら》神社(次図の1)には「祭神国作《くにづくり》大己貴は国土経営にあたり、今の宍粟《しそう》郡(風土記の宍禾《しさわ》郡)を開拓、次いで**揖保川を舟で下り**、揖保の里に足を留めてこの地方を開拓された。のち里人等がその神恩を感謝して当地に祭ったと伝えられる。宍粟郡の一の宮伊和《いわ》神

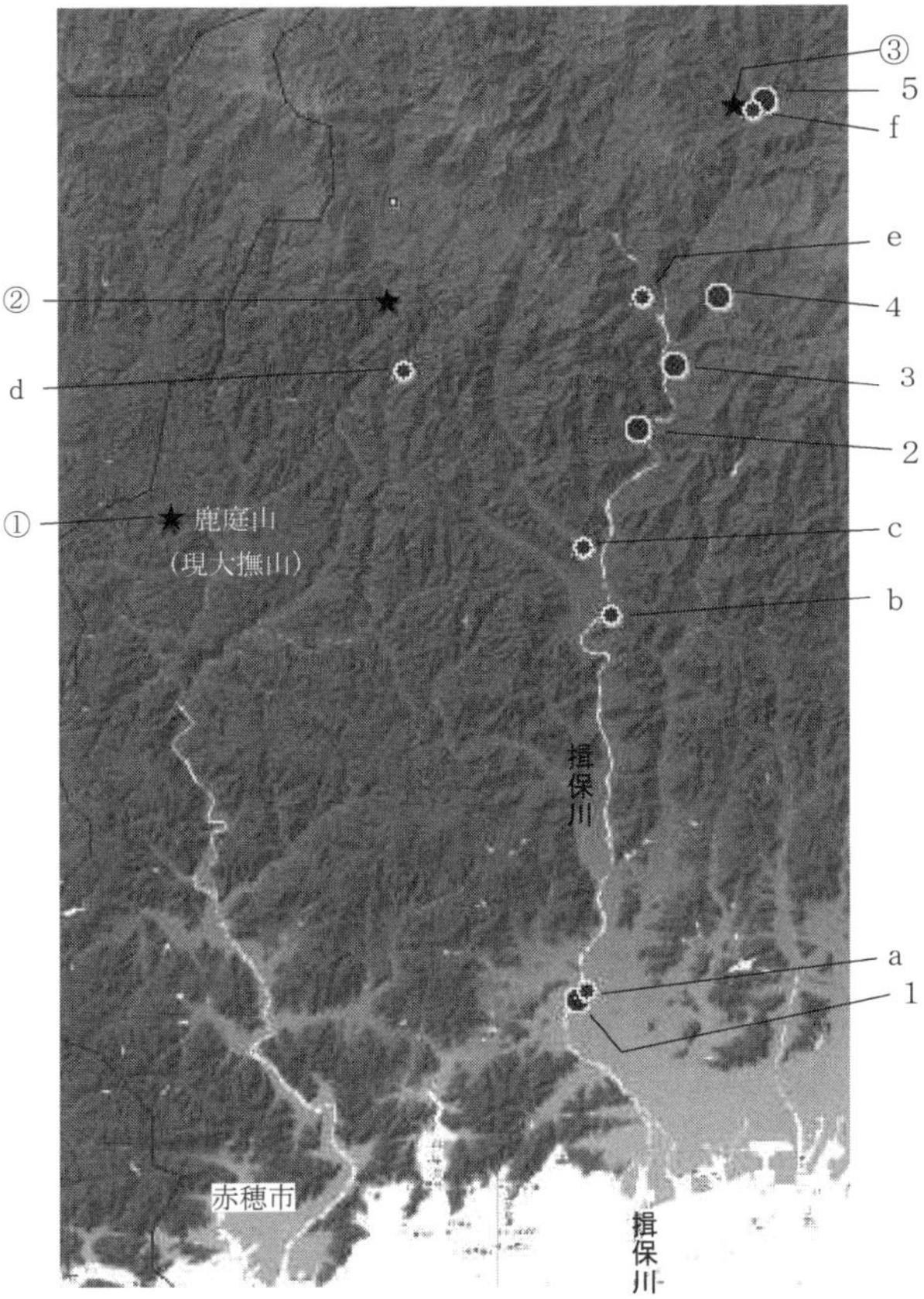


**播磨国西部(地域B)における大己貴、天日槍の足跡**

大己貴の足跡(●)
1　夜比良神社
2　與位神社
3　伊和神社
4　庭田神社
5　御形神社

風土記での天日槍の足跡(•)
a　揖保郡揖保里
b　宍禾郡比治里
c　宍禾郡高家里
d　宍禾郡柏野里
e　宍禾郡雲箇里
f　宍禾郡御方里

と産鉄箇所(★)
①　讃容郡鹿庭山
②　宍禾郡柏野里
③　宍禾郡御方里

社(3)と祭神を同じくする由縁で、同社を北方殿というに対し、当社を南方殿と称している」とある。

ここに大己貴(伊和大神)が当地にきた目的が、宍粟《しそう》郡(北方)や揖保《いぼ》郡(南方)の開拓であったことが確認できる。興味深いのは**揖保川を舟で下りと**あることで、それは大己貴が海路からではなく陸路で揖保川の上中流域の宍粟郡にやってきて、その後、下流域に進んだことを意味する。それはここまでスサノオ(少彦名)・大己貴の二神同伴伝承を瀬戸内海側から追ってきた感覚からすると違和感があり調べてみると、揖保川の古名は宇頭《うず》川で、宇頭は渦の当て字とされ、古代より渦をなす暴れ川であったことが分かった(国土交通省のウェブ「揖保川の歴史」)。舟を利用した場合、下りはともかくも上りは不可能であったのだ。ならば夜比良神社の伝承も腑に落ちる。ここで、大己貴が伝承通り陸路で揖保川上中流域にやってきたとして、その経路は5節(149頁、因幡街道)で論じる。

次に宍粟市山崎町にある與位《よい》神社(2)には、「伊和《いわ》大神、すなわち大国主が国土経営をされたとき、父母の神として與位大神(スサノオ)を與位山の地に、子勝大神(不明)を丸山の地に奉斎せられたのが始まりといわれ、延喜式にも明記されている」とある。これはまさに謎一(なぜこの地域には大己貴が単独で現れるのか)の解であって、それはスサノオがすでに亡くなっていたからであったのだ。これすなわち当地が倭国大乱の後半(大己貴独りよく国を巡る)に対応した国の一つであった傍証にもなりうる重要な伝承である。

さて以降、そんな観点から伝承を見ていくと、次に、当社の北東約3キロの宍粟市一宮町に延喜の制名神大社《みょうじんたいしゃ》にして古くから播磨国一の宮として崇敬を受けた伊和神社(3)がある。その由緒には、「祭神は大己貴神《おおなむちのかみ》、またの名を大名持御魂神《おおなもちみたまのかみ》とも大国主神とも称す。(中略)国内各地を巡行、最後に播磨国を経営せんとて当地に居りて大業を終えるや御子等及び諸神を集め酒を醸し、云々」とあり、同じような伝承が次の二社(いずれも延喜式内の古社)にも記録されている。

まず、当社の北東約3.5キロの同町能倉《のくら》にある庭田《にわた》神社(4)に、「古伝によると**大国主が天日槍《あめのひぼこ》と国土経営を争い給いし時、伊和の地において最後の交渉を終えられ、**(中略)饗宴を為し給へり云々」(境内案内板)とあり、よく似た伝承が当社北方9キロの同町森添にある御形《みかた》神社にもあって、「葦原志挙乎《あしはらしこお》(大己貴)、天日槍《あめのひぼこ》と共に所謂《いわゆる》国土経営のとき(中略)、播磨北部および但馬《たじま》一円を統治された」と記録されている。

内容的にはほぼ庭田神社の伝承と重なるが、庭田神社の伝承では天日槍と争ったことになっているが、御形《みかた》神社では天日槍と共に国土を経営したとしている。どちらに信がおけるかは不明であるが、ここに突然登場してきた天日槍とは一体どういう人物であろうか。

実は『播磨国風土記』には「鉄を生ず」との記載が三箇所にあって、その内の二箇所が彼の足跡と重なっているのだ。そんなことで、当地方における大己貴と天日槍の重なりは両者の鉄を巡る争いあるいは共同作業を暗示したものであるかも知れないが、現段階では詳細不明で、後考《こうこう》をまっとして、前述の疑問(謎二)、大己貴の足跡が揖保川沿いに限られる理由はこの川沿いが、良質の「宍粟鉄」の産地として広く知られていたことと無関係ではなかろう。

いずれにせよ、この播磨国西部(地域B)における大己貴単独伝承の5件は少彦名(スサノオ)没後、「国の中に未だ成らざる所をば、大己貴神、独りよく巡り造る」(神代紀上八段)に対応した伝承とみてよかろう。

本節を閉じるにあたって若干補足しておくと、大己貴・少彦名両神は播磨国東側の隣国摂津国にも足を延ばしたようで国境近くの神戸市北区有馬町の式内社湯泉《とうせん》神社(有馬温泉中心に鎮座)に「大己貴と少彦名が赤い湯に浸かって脚の傷を癒していた三羽の鳥をみて有馬温泉を発見したという」故事が伝わっている。

二神同伴で行動したのはこのあたりまでで、その後は瀬戸内海に浮かぶ淡路島や小豆島《しょうど》、さらには讃岐国や吉備国を経由して出雲の方に帰還したらしきことは前節の通りである。

# 4節　伊予国に残る三神の足跡

## 伊予国（愛媛県）に突出する少彦名の足跡

四国の北中西部に位置する伊予国には少彦名、大己貴二神の同伴伝承が播磨国や讃岐国をはるかに上回る十二件もある。加えてスサノオや大己貴、および少彦名単独の伝承も数件あって、彼らはよほど伊予国に関心をもっていたものと思われる。伝承の中身は国造りの具体的な記録に乏しく物足りなさも残るが、まずは二神同伴の伝承、次いで三神単独の伝承解析へと進みながら採《と》るべきものを採っていきたい。

二神同伴伝承は十二件あると言っても、その内の七件が瀬戸内海に向かって突き出している高縄《たかなわ》半島北部今治市の東西約15キロほどの間にひしめいており（次頁図の3～9）、かつ、それらの伝承は驚くほど似ている。すなわち七件全てが、上古に少彦名、大己貴が国土経営（天下経営）の時の駐蹕《ちゅうひつ》（天子の行幸）の古跡とするもので、さらにその内の四件が小千《おち》国造がその古跡に小祠《しょうし》（神籬《ひもろぎ》）を建立し祭祀したものである。ここで小千国造と言うと伊予国との関係で多少混乱するかもしれないが、そもそも伊予国は8世紀の律令制によって誕生した国でありそれ以前は小市《おち》国（伊予国東部）、風速《かざはや》国（伊予国東中部）、怒麻《ぬま》国（伊予国北部）等に分かれていた。そんな律令制以前の小国の一つが小市《おち》（小千）国であって、『旧事本紀《くじほんぎ》』巻十の「国造本紀」には、小市国造は物部同祖大新川《おおにいかわ》の孫小致命《おちのみこと》が応神朝に任命されたと記されている。物部氏と言えば饒速日《にぎはやひ》の後裔《こうえい》であるが、自説・饒速日＝大己貴（検証は7章10節）によれば、これらの伝承は子孫が先祖の大己貴を祭祀したことになって、信頼度の高い伝承と言えるのである。

小市国は伊予国の郡《こおり》（評《こおり》）になって以降も小致氏の後裔が郡司の最高責任者等に任命されており、当地に絶大な地位を築いていたことから右記の祭祀がこれほど濃密に行われてきたものと思われる。

ところで、これら東西にひしめく伝承経路の出発点は東側であったことが、松山市馬《うま》木町《きちょう》の佐古《さこ》岡《おか》神社(12)の由緒、「往古、大己貴、少彦名が宇智《うち》、濃満《のま》を経て当地に来たり民業を勧めたことによって、住民は全村鎮護の神として社殿を創建し尊崇した」より分かる。ここに宇智、濃満は現在の今治市越智、農満であ

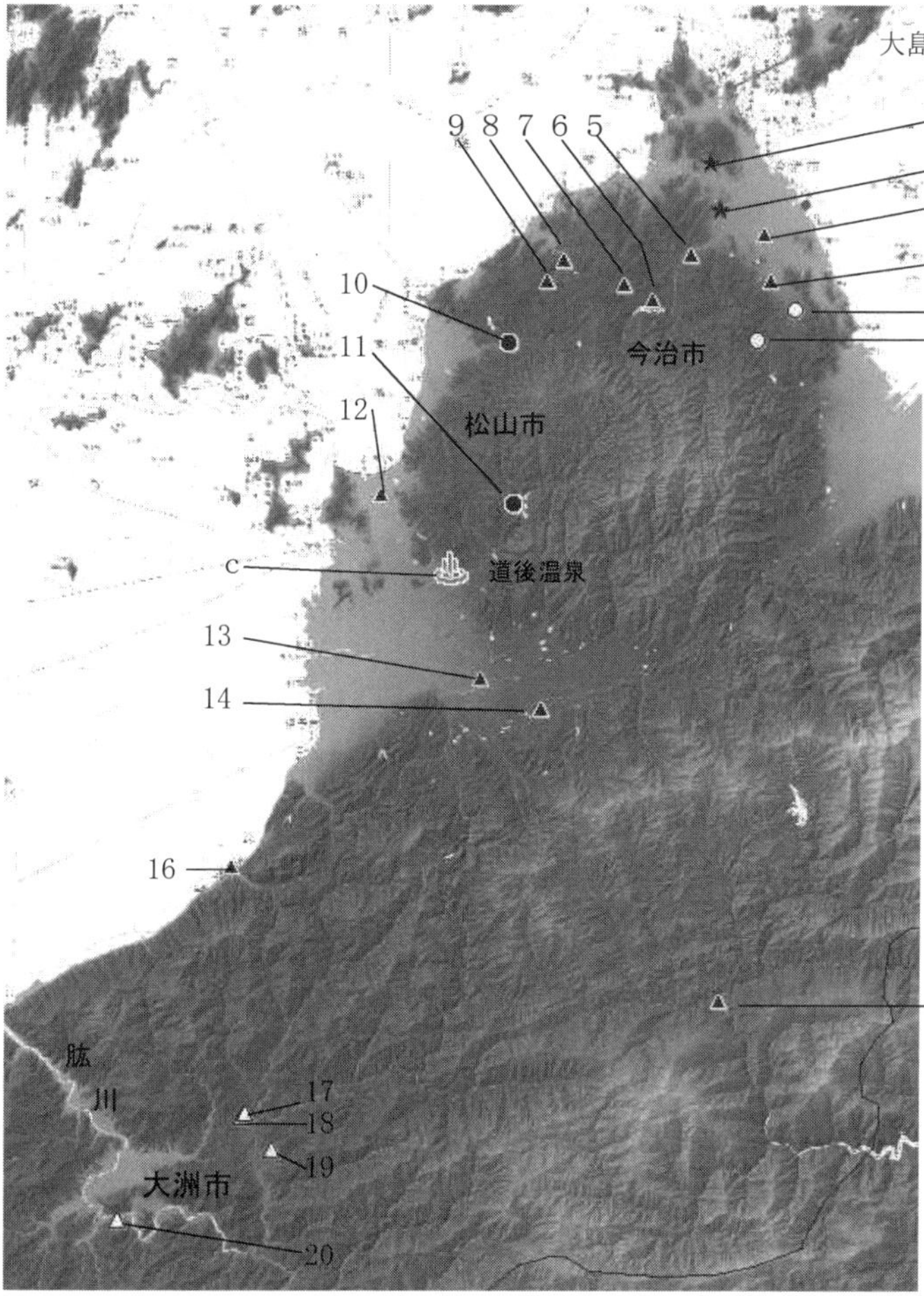


伊予国(現愛媛県)におけるスサノオ、少彦名、大己貴の足跡

スサノオの足跡（○）
1　須賀神社
2　須賀神社

大己貴の足跡（●）
10　荒神社
11　柳素鵞神社[ﾔﾅｷﾞｿｶﾞ]

少彦名の足跡（△）
17　山本神社　19　岡森神社
18　天神社　20　少彦名神社

大己貴、少彦名同伴の足跡（▲）
3　荒神社　9　天一神社(中川)
4　大己貴神社　12　佐古岡神社
5　豫中神社　13　正友神社
6　天神社　14　船川神社
7　天満神社　15　御三戸神社[ﾐﾐﾄﾞ]
8　天一神社(川上)　16　天一稲荷神社

遺跡、他
a　ＪＡグリーン農満　c　道後温泉
b　高橋佐夜ノ谷Ⅱ遺跡

ろうから、彼らは瀬戸内海に浮かぶ越智諸島を経由し、今治市東部の農満《のま》(ここにＪＡグリーン農満の事業本部が建っている)を経て東南に数キロ南下(1～4)、次いで西進(5～9)しながら当地で民業を勧めたということになろう。

さて、その後、道後温泉(c)を大己貴が見つけて少彦名の病気を治癒したらしきことが伊予国風土記逸文にある。さらに、次の伝承地三社が今見た佐古岡神社と道後温泉との延長線上に存在している(13～15)。まず、松山市南高井にある正友《まさとも》神社(13)には、「大己貴、少彦名が駐蹕《ちゅうひつ》の跡に、大久米が二神を祀った」と記録されており、続く東温市《とうおんし》上村《かみむら》の船川神社(14)には、「往古、大己貴、少彦名が伊予二名洲《ふたなのしま》(四国)に渡り、拝志《はいし》の郷《さと》で民福(人民の幸福)の道を開き、御坂《みさか》を越え、熊野山に移った」とある。ここで熊野山といい、神村といい、この伝承の背後には古代、神中の神とされたスサノオの面影が色濃く漂っている。

さらに当地から南東約20キロの上浮穴《かみうけな》郡久万高原町《くまこうげんちょう》にある御三戸《みみど》神社(15)にも、「大己貴と少彦名が国内巡行の際の駐蹕の古跡」と記録されている。この先、四国中央部を東西に連なる四国山脈を越えれば高知の土佐に抜けることができるが、そちらには二神およびスサノオの伝承は調べた限りでは存在していない。恐らく当社あたりで二神は瀬戸内海方面に折り返したもようで、当社から約30キロ西北西の伊予市双海町《ふたみちょう》の天一稲荷神社(16)に、「太古、大己貴、少彦名の二神が国内巡歴の際、云々」と記録されている。

以上が二神同伴伝承で、そこには二神が伊予国にやってきた目的らしきものとして民業を勧めたとか民福の道を開いたとあるが今一つ不明瞭だ。そのあたりを三神の単独伝承を見ながら探っていくと、まず、スサノオの伝承はわずかに二件ながら、隣接しており相補っているように思える。

いずれも今治市の南部にあって、同名の須賀神社二社(1,2)に、「上古に大神(スサノオ)が天班駒《あめのふちこま》に乗って天降りした遺跡である」とか、「スサノオが大市姫と共に巡狩した古跡」と神話化された伝承がある。

残念ながらスサノオが当地にやってきた目的までは記録されていないが、スサノオといえば製鉄という点で気になるのは四国入国地点の今治市北端から当地（今治市南部）への通過点にあたる同市高橋佐夜ノ谷《さやのたに》Ⅱ遺跡（b）から四国で初めての古代の製鉄炉址（7世紀後半～8世紀前半）が２００６年に発掘されていることだ。時代はかけ離れているが当地近辺に古代製鉄の素地ありとなれば、これがスサノオ・大己貴親子の熱心な伊予国歴訪の目的の一つであった可能性を暗示している。

さて、次に大己貴単独の伝承解析に移ると、さほど遠くない二箇所に足跡がある。こちらはいずれも二神同伴伝承の空白地帯に存在している。一社は松山市才之原《さいのはら》にある荒《こう》神社(10)、他の一社はそこから約10㌔南の同市湯山《ゆやま》にある柳《やなぎ》 素鵞《そが》神社(11)で、二社ともに、「上古大己貴が当地に来てスサノオを祭祀した」と記録されている。後者には、「大己貴が道後温泉を発見し、その源泉を探して山深く入りこの地に来て、スサノオを祭祀した」とより詳細に記されているが、伝承の要《かなめ》は大己貴によるスサノオの祭祀である。

これら二社の伝承は「少彦名亡き後、大己貴独りよく国を巡る」に対応したものであろうが、ここで不思議なのは、仮に**スサノオと少彦名が別人だとすれば播磨国を含めここまで大己貴が独りよく国を巡った際、どこかに少彦名を祀ったとする伝承があって然るべきが、それは一件もなくスサノオの祭祀伝承のみ存在するのは**何を意味しているのだろう。この解はスサノオ＝少彦名以外には考えられない。

さて、単独伝承の最後は少彦名だ。それは愛媛県の南伊予地方に位置する大洲市《おおずし》周辺に四件あって、その内三件が大洲市に隣接する喜多《きた》郡内子町《うちこちょう》にかたまっている。中でも内子町内子にある山本神社(17)と天神社(18)の二社はわずか300㍍ほどの至近距離にあり、いずれも当地を少彦名の墓所と関連づけている。が、そこから約3㌔東南にある同町平岡の岡森神社(19)には、「少彦名がこの地で洪水にあい、仮宮を造営され数年滞在された」とあって、ここでは亡くなったとはされておらず、今一つ釈然としない。

さらに、これら三社から約10キロ強南西に位置する大洲市《おおずし》菅田町《すげたちょう》大竹《おおだけ》にある少彦名神社(20)にも埋葬伝承が伝わっている。こちらには、「少彦名は松山を開発されたあと南下し、内子《うちこ》で暫く過ごされ、その後**多くの出雲族が住む大洲の新谷《にいや》**に来られた。そして、大洲の地を巡回され、薬や農作業など民衆のために尽力されたが、菅田《すげた》村宮ヶ瀬あたりで肱川《ひじかわ》を渡ろうとされて急流に流され常世の国に旅立たれた、云々」とあるが、前述の内子町の埋葬伝承とどう関連しているのか、これも釈然としない。

ただ一つ言えるのは、大洲近辺での少彦名死亡伝承は当地のみでなく、遠く離れた今治市《いまばりし》の天一神社(8)にも、「神代の昔、両神(少彦名、大己貴)がこの地を過ぎて風早郡(松山市方面)に入り、**少彦名が大洲にて薨去《こうきょ》**されたと伝えられている」と記録されており、これも加えると少彦名が大洲あたりで死亡したという伝承は相当広く知れ渡っていたということになるが、現段階ではいかんとも確定しがたい。

## 5節　出雲国と越前国とを結ぶ経路に残る三神の足跡

### 伯耆国・因幡国に残る三神の足跡

三神の足跡は日本海側にも数多く存在している。

まずは、出雲国東隣の伯耆《ほうき》国・因幡《いなば》国(いずれも鳥取県)から見ていくと、少彦名、大己貴の二神同伴の足跡はみられず、少彦名及びスサノオ単独の足跡がそれぞれ一件、大己貴単独の足跡は六件、計八件の足跡が残っている(次頁図[注　図には播磨国や備前国及び関連伝承計八件を加え計十六社を打点している])。

少彦名単独の足跡から見ていくと、米子市彦名町《ひこなちょう》の粟島《あわしま》神社(1)に、祭神の少彦名が粟島(かつては島根県と鳥取県にまたがる中海《なかうみ》に浮かぶ島であった)に舟で到着し、最初に上陸したと伝わる場所が伝承されている。鳥取県における少彦名の伝承はこれのみで、次に姿を見せるのは但馬《たじま》国に飛んで、そこでは大己貴との二神同伴で登場する。この間二神の同伴伝承がないのは記憶に残るほどの長期の滞在あるいは大事件がなかったか、または経由地の村を壊滅させるほどの打撃を与えたか、いずれかだろう。気になるのは、経由地に相当する西伯《さいはく》郡大山《だいせん》町《ちょう》にある妻木晩田《むきばんだ》遺跡(b)と鳥取市青谷《あおや》町《ちょう》の青谷上寺地《あおやかみじち》遺跡(c)だ。

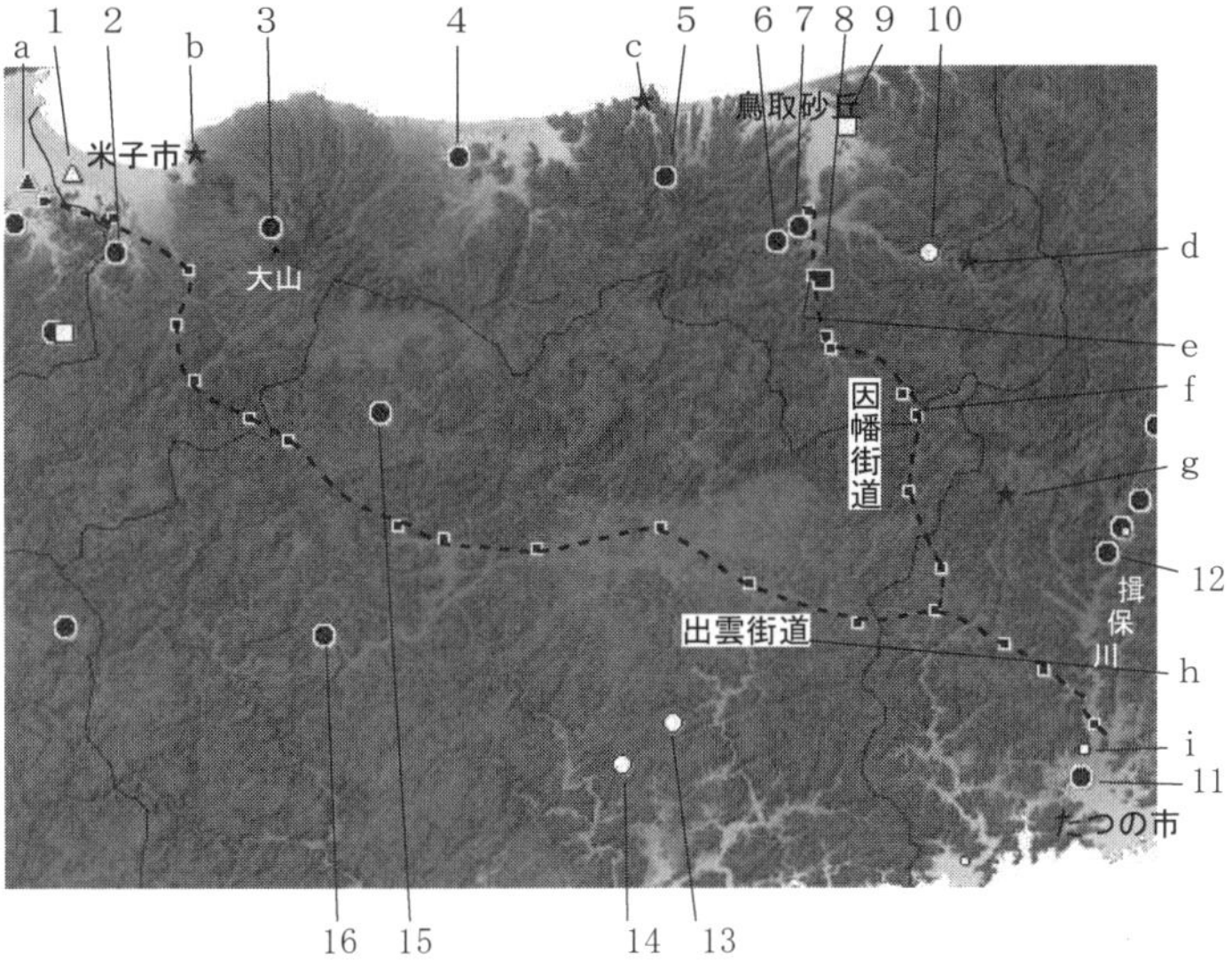


**伯耆国・因幡国(現鳥取県)におけるスサノオ、少彦名、大己貴の足跡**
注：13～16は備前国(岡山県)の足跡

少彦名の足跡（△）
1　粟島神社

スサノオの足跡（○）、関連伝承(□)
9　稲葉神社[関連伝承]
10　布留多知神社
13　素戔嗚神社[備前国]
14　石上布都魂神社[同上]

大己貴の足跡（●）、関連伝承(■)
2　赤猪岩神社
3　大神山神社
4　大和山神社
5　鷲峯神社
6　多加牟久神社
7　売沼神社
8　三角山神社[関連伝承]

大己貴関連の足跡（続き）
11　夜比良神社[播磨国]
12　與位神社[同上]
15　田根神社[備前国]
16　日咩坂鍾乳穴神社[同上]

遺跡、他
a　羽島神社
b　妻木晩田遺跡
c　青谷上寺地遺跡
d　角谷川下流
e　用瀬宿
f　坂根宿
g　柏野の里
h　出雲街道
i　野見宿禰神社

前者は、弥生時代中期末(西暦1世紀前半)～古墳時代前期(3世紀前半)にかけての住居跡や四隅《よすみ》突出型墳丘墓などが発掘されている。後者では、弥生時代後期の100人分を超える老若男女の遺棄されたような状態で見つかった人骨が注目される。いずれにせよ、これらの遺跡や遺物と少彦名、大己貴の国造りとの関わりを論ずるには情報不足で、両遺跡が営まれた実年代のさらなる精密化等、今後の進展を待ちたい。

次に、スサノオ単独の足跡伝承に移ると、八頭《やず》郡八頭町重枝《しげえだ》のスサノオを祀る布留多知《ふるたち》神社(10)に、スサノオが当地の不々岐《ふぶき》と称す凶徒を倒して国民を安撫させたと伝承されている。スサノオ伝承はこの一件のみであるが、当社北西約16キロの鳥取市立川町に稲葉神社(9)があって、スサノオの異名同体とみられる稲倉魂《いなくらたま》を祀り、「太古、大明神(稲倉魂)がこの地にこられ初めて穂を植え付け住民に奨励された。これが全国に普及し、この地が稲葉の郷《さと》といわれるようになったという」と記録されている。稲倉魂(倉稲魂)がスサノオとみられることはすぐ後でも述べるが、だとすれば、スサノオは稲作の植え付けが可能な期間当地に滞在し、この間に先ほどの布留多知神社あたりの凶徒(抵抗勢力?)を倒した可能性もなくはない。

さて次に大己貴単独伝承の六件に移ろう。

まず、出雲国と伯耆国との境にほど近い西伯郡《さいはくぐん》南部町に赤猪岩《あかいいわ》神社(2)があって、古事記の因幡の白兎を彷彿させる話が伝承されている。ここからは史実を抽出し難《がた》いが、これを大己貴がこのあたりを通過した神跡というぐらいに考えれば、その東約18キロにある中国地方最高峰の大山《だいせん》中腹におごそかにたたずむ大神山《おおがみやま》神社(3)の伝承「大己貴が山頂において神事を執行されて以来、云々」が生きてくる。この地は出雲国安来《やすぎ》にあった大己貴伝承と赤猪岩神社(2)を結ぶ延長線上にあって、さらにその伝承経路の東に倉吉市別所の大和山《おおわやま》神社(4)があり、当社には大物主(大己貴)が地方開拓の祖神として祀られている。

大己貴はその後、鳥取市鹿野町《しかのちょう》の鷲峯《じゅうぼう》神社(5)に向かったようで、「八千戈《やちほこの》神(大己貴)が天羽車大鷲に乗り、妻妾《さいしょう》を求め給うときに、この山に降り給う縁によって、鷲峰と名付け、云々」と記録されている。その求めた妻というのが古事記に名のある八上姫《やかみひめ》で、当社の東南東15キロほどの鳥取市河原町《かわらちょう》の二箇所(6、

7)に八上姫と大己貴との通婚伝承が残っている。いずれも古事記に合わせて神話化されており、赤猪岩神社の伝承と同じく史実を抽出しがたいが、ここでも大己貴がこのあたりにやってきて、現地の女性を娶ったというぐらいに考えれば同市用瀬《もちがせ》町《ちょう》にある三角《みすみ》山神社(8)の伝承に結びつく。それは、「天孫降臨に際し、猿田彦大神が当山に住したことがあったので御栖山《みすみやま》と称し、のちに三角《みすみ》山と表記した」というもので、猿田彦を大己貴の幼名とする自説(83頁)に従えば、当地に住したのは大己貴であって、その間、右記の八上姫のもとに通っていた(妻問婚)という推定が成り立つ。

大己貴と当地との接点はもう一つ、この三角山神社の所在地鳥取市用瀬町用瀬から浮かび上がる。実は用瀬といえば、因幡街道(播磨国姫路と因幡国鳥取とを結ぶ街道)にもうけられた十一の宿場町の一つ、用瀬宿《もちがせしゅく》(e)があった場所である。因幡街道自体は江戸時代に鳥取藩が参勤交代用に整備した路線であるが、それは恐らく当地がそれ以前から山陰と山陽とをつなぐ街道として利用されていたからではなかろうか。だとすれば、播磨国揖保町《いぼちょう》にあった夜比良《やひら》神社(11)の伝承、「祭神国作《くにづくりの》大己貴は国土経営に当たり、今の宍粟《しそう》郡を開拓、ついで**揖保川を舟で下り**、揖保の里に足を留めてこの地方を開拓された」が俄然現実味を帯びてくる。この伝承で腑に落ちなかった点は大己貴が海路(瀬戸内海)からではなく、陸路で揖保川の上中流域の宍粟郡からやってきたとされていることであった(139 140頁)。その際、揖保川は古代では暴れ川で下りはともかくも、上りは不可能ということで納得したのであるが、では陸路として一体どこから宍粟へやってきたのかについては資料不足で論述できなかった。

それが今、この因幡街道沿いに残る伝承によってようやく陸路の一つが浮かび上がってきたのである。ただ、因幡街道のどのあたりから揖保川へ向かったかまでは不明であるし、さらには、出雲と播磨とを結ぶ街道はこれ以外にも出雲街道(h)が知られているので、そちらから播磨国に入国した可能性もなくはない。

いずれにしても、当経路に残る大己貴六件の足跡は、それがもし播磨国の宍粟郡《しそう》へ至る伝承の名残《なごり》であるならばスサノオ没後の倭国大乱後半の伝承であるし（なぜなら、宍粟郡の與位《よい》神社［12］は大己貴がスサノオを祀ったものであった）、一方、単なる妻問いの名残であるならば、倭国大乱前半、すなわちスサノオ（少彦名）健在中の伝承であった可能性が高い。残念ながら今は資料不足でその判断は留保せざるを得ない。

ちなみに因幡国の南部、美作《みまさか》から備前国にかけても、スサノオと大己貴の足跡が、各二件ある（147頁図の13〜16）がここでは省略させていただく。

## 但馬国、丹後国、丹波国における三神の足跡

現在では北近畿と称される兵庫県から京都府北部にかけての題記三国の領域には少彦名、大己貴二神同伴の足跡が二件、大己貴単独の足跡が三件残っている。ここで、大己貴単独伝承は、当地に突然現れる天火明《あまのほあかり》（注　自説では大己貴＝天火明＝饒速日《にぎはやひ》。根拠は後述）の足跡とほぼ重なって存在し、かつヤマトへの降臨伝承とも絡むので、9節でじっくり検討し、ここでは少彦名、大己貴二神同伴の伝承二件に絞りみていくことにする。

それはいずれも因幡国東隣の但馬《たじま》国、現在の兵庫県美方《みかた》郡香美町《かみちょう》香住《かすみ》区にあって、まず香住神社（次頁図の1）には、「大己貴、少彦名は当村開拓の祖神なり」と伝わっている。さらに、同区の国主《くにぬし》神社（2）にも、「大己貴、少彦名共に国土を経営したときに、当地に来られ、云々」と記録されており、以上二件の同伴伝承は、少なくとも二神が両地に滞在あるいは通過した痕跡を示している。その後の二神同伴の足跡は約250キロ北東の石川県能登国まで飛んいるが、恐らく二神はこの間も舟を利用、日本海沿岸の村々に立ち寄りながら進んだものと思われる。この間伝承がないのは足跡を残すほどの長期間の滞在、あるいは記憶に残るほどの

事件を起こさなかったからとみておこう。

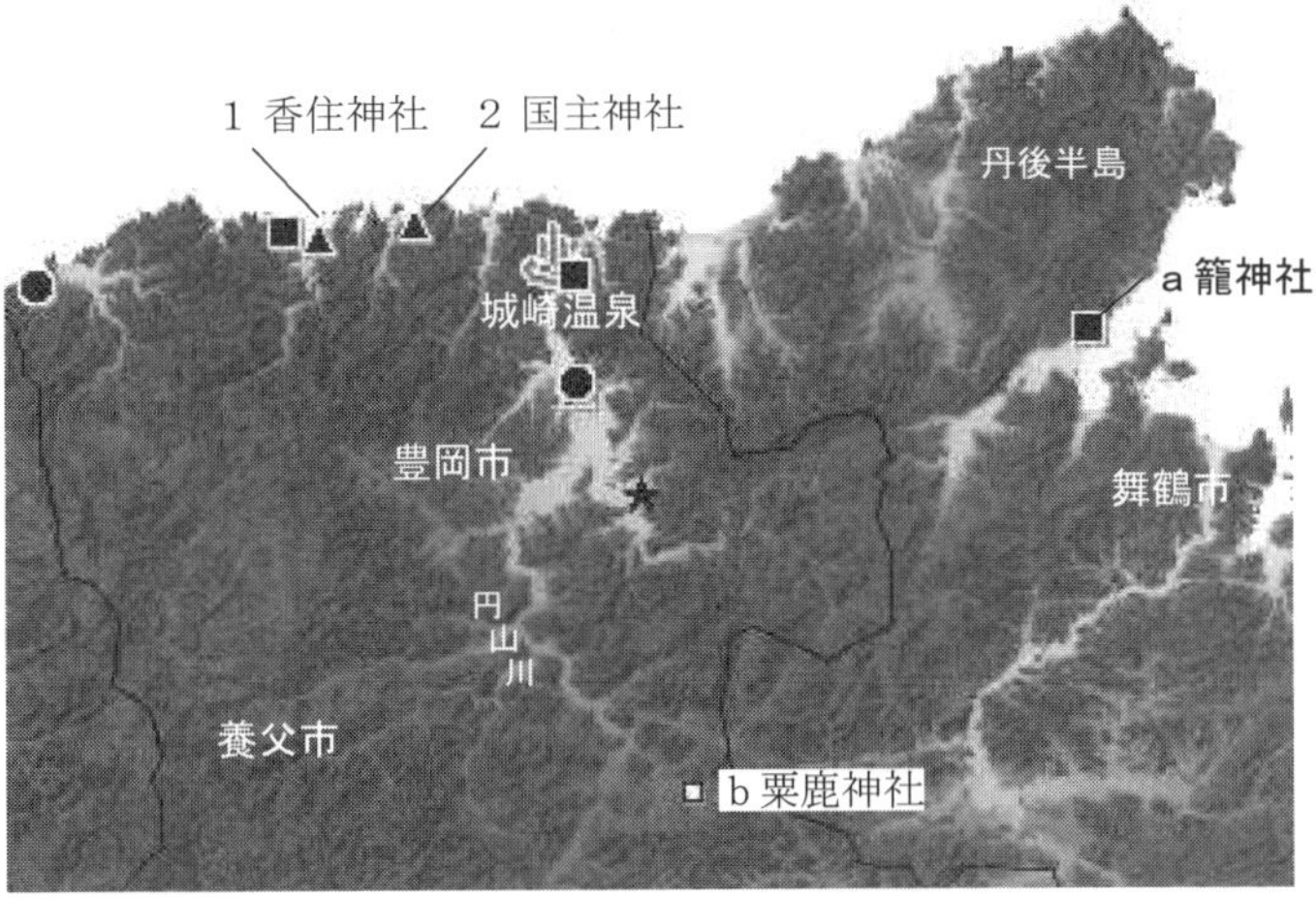


但馬国、丹後国、丹波国における大己貴、少彦名同伴の足跡（▲）及び大己貴（●）、天火明（■）単独の足跡

このように、北近畿にはスサノオや少彦名の具体的な事績は見いだせなかったが、大己貴の父・**スサノオの正体を知る上で極めて重要な伝承が二、三語り継がれている。**

その一つが、京都府宮津市の丹後《たんご》国一宮にして式内名神大社《みょうじんたいしゃ》でもある籠《この》神社（図右上a、元伊勢大神宮）の奥宮・真名井《まない》神社の由緒で、「真名井原では海部《あまべ》家の始祖彦火明《ひこほあかり》（天火明《あまのほあかり》）が豊受《とようけ》大神を創祀し、二代目の天香語山《あまのかごやま》（天香山《あまのかぐやま》とも）が磐境《いわさか》を起こし、匏宮《よさのみや》を創建し、磐座《いわくら》の豊受大神を主祭神として神祀りを行っていました」と語り継がれている（ウェブ掲載中の真名井神社由緒）。

ここに天火明が豊受大神を創祀したとあるが、**伊勢神宮外宮の主祭神として名高い豊受大神をなぜ、縁もゆかりもなさそうな天火明が創祀する必要があるのか。**

その謎を解く前に我々はまず豊受大神について知っておかねばならない。豊受大神は元々右記の籠神社に祀らていたが、**雄略天皇二十二年（４７８年）に籠神社から伊勢神宮外宮（度会《わたらい》郡山田原）に遷祀《せんし》されてきた**ことは平安初頭の『止由気宮《とゆけのみや》儀式帳』（８０４年）や平安前期に原型が編纂《へんさん》された『大神宮諸雑事記』などにより知ることができる。伊勢神宮外宮の豊受大神は、内宮天照大神の食事をつかさどる御食津神《みけつのかみ》とされているが、籠《この》神社でも、亦の名、天之御中主《あまのみなかぬし》、国常立《くにのとこたち》、**御食津神**とも言い、あるいはその顕現《けんげん》の神を倉稲魂《うかのみたま》と申すとある。

これまで、スサノオの数多くの伝承を通してスサノオの本質が製鉄・鍛冶技術開発による農耕生産の神であって、その結果、彼は出雲の熊野大社に神祖《かぶろぎ》熊野《くまの》大神《おおかみ》櫛《くし》御気野《みけの》尊《みこと》として祭られていることは3章2節に詳述の通りだ。それを知っておれば、同じ**御食津神という神名を持つ豊受大神《とようけ》とはスサノオの異称にほかならない**ことを理解するのはさほど困難な話ではなかろう。

それを裏付ける伝承が、前述の国主《くにぬし》神社(2)の由緒最後の云々の部分に、「雄略二十二年、丹波《たんば》国與謝《よさ》郡**豊受大神を伊勢度会《わたらい》郡山田原に奉遷するとき、出雲国造奉送《ほうそう》すべき勅**を拝し同国に至る途中、但馬国を経てこの村を過ぎけるに、云々」と記録されており、ここに**豊受大神を籠神社から伊勢神宮外宮へ遷したのが出雲国造であった**と明記されている。出雲国造は現在では大己貴を祀る出雲大社を奉祀しているが、奈良時代以前には熊野大社の神祖熊野大神櫛御気野尊、すなわちスサノオを奉祀していたことは種々の書物に記されており、されば豊受大神がスサノオであるこれほど確かな証拠はないのではなかろうか。

ここで籠神社奥宮の由緒に戻ると、天火明《あまのほあかり》が豊受大神を創祀したとあるが、後述（10節）のように天火明=大己貴とみなす自説によれば、**籠神社の伝承は大己貴が父スサノオ亡きあと、当地にスサノオを創祀した**ということにほかならない。一方で籠神社発行の『元伊勢籠神社御由緒略記』には、**籠神社本宮の祭神は養老元年(717)以前はヒコホホデミが主神であった**とずばり記されている。

これすなわち**豊受大神=スサノオ=ヒコホホデミ**を意味するが、ここに書紀から「幻の皇祖神系譜」を抽出する過程(2章4節)で見いだした**初代ヒコホホデミ、すなわち神武祖父としてのヒコホホデミ=スサノオ**の傍証が一つ加えられたことになる。

ところで現在、籠神社の主神の座は豊受大神（ヒコホホデミ）の子の天火明にとってかわられ、豊受大神は相殿《あいどの》に回っているが、当社奥宮の真名井《まない》神社の方では豊受大神が主神の座を守っているのは幸いである。

次にヒコホホデミに視点を移すとスサノオとの等号証拠はそれだけではない。ヒコホホデミを主神として祀る但馬国一の宮にして式内名神大社でもある朝来《あさご》市山東町の粟鹿《あわが》神社（151頁図中央下b）の由緒（粟鹿神社縁起）にもその痕跡が残っている。そこには、「景行十二年、筑紫熊襲《くまそ》謀反《むほん》にあたり天皇自ら是を征し給うとき、勅して社殿を創営あらせられ、云々」とあって、**景行天皇がヒコホホデミを祀った**ことになっている。

ところが、和銅元年（708）に言上との奥書がある『粟鹿大神元記《もとつふみ》』（田中卓著作集2『日本国家の成立と諸氏族』所収）に記されている粟鹿大神を奉斎した経緯や系譜等にはヒコホホデミについての記載は一切なく、**スサノオを祖とし、大田田根子《おおたたねこ》を経て神部《みわべ》直《のあたい》に至る三輪氏の系譜がずらずら書かれている。**そもそもそれを言上《ごんじょう》したのが神部直根《ね》マロ（注　マロの漢字は門構えに牛の一文字）、すなわち大己貴の後裔《こうえい》三輪氏の子孫であって、ここにも、スサノオ＝ヒコホホデミが暗示されている。

ところで書紀上、山幸彦とされるヒコホホデミがなぜ海神《わたつみ》族であり、かつ、スサノオであるのか。今一度2章4節の**「神代紀下の構造」**（42頁）を振り返ってみると、ヒコホホデミとは国津神である**スサノオが天孫族に仮託された上で、付加された海幸山幸神話の祖神**であった。

一方、スサノオと言えば出雲でオロチ退治（製鉄事業）を成し遂げた偉人でもあった。当時、製鉄事業には数年で一山、二山が禿《はげ》山になるほどの膨大な木材を要し、山崩れを防ぐには継続的な植林が必要であった。すなわち、**スサノオは必然的に山幸彦**でもあったのだ。

スサノオの異称ヒコホホデミを山幸彦と命名し、その上で海神族の豊玉姫を娶って海神族の祖ともする、「神代紀下の構造」はそんなスサノオの実体を見事に具現していると言えるのではなかろうか。

## 若狭国・越前国に残る三神の足跡

続いて、丹後国に隣接する若狭国とその東にある越前国（いずれも福井県）に残る三神の足跡を検討する。当地における三神の足跡は、大己貴単独の足跡が四件、スサノオ単独の足跡は二件、及びヒコホホデミと住吉大神（スサノオとの関係はすぐ後述）の足跡も各二件ある。

まず、スサノオ同体と思われるヒコホホデミの足跡が小浜市泊《とまり》（159頁図左下）の若狭彦姫神社にあって、「往古若狭彦・姫二神が当国巡行の際、泊の津に一泊され遠敷《おにゅう》に向かわれたことから泊の里の地名がついた」と伝わっている。ここで若狭彦、姫がそれぞれヒコホホデミ、豊玉姫であることは同市竜前《りゅうぜん》にある若狭国一の宮にして式内名神大社である若狭彦神社（同図左下）に**ヒコホホデミを若狭彦として祀る**とあり、またその約１キロ北にある同市遠敷の若狭姫神社に**豊玉姫を若狭姫として祀る**と記録されていることから明らかだ。

若狭彦神社は和銅七年（７１４）遠敷郡下根来《しもねごり》に創建され、翌年現社地（竜前）に遷座、一方、若狭姫神社は書紀撰上翌年（７２１）若狭彦神社より分祀したもので、両社の創建が書紀撰上前後というのは、スサノオ本来の系譜に海幸山幸神話を付加し、その祖をヒコホホデミとした書紀編纂局のなんらかの意図が働いているのやもしれない。

ところで、ヒコホホデミと豊玉姫とがこの若狭国で、なぜ若狭彦、若狭姫として祀られているのだろうか。実は若狭彦という名称は少彦名《すくなひこな》と無関係ではなさそうなのである。

京都産業大学名誉教授金井清一氏によれば、少彦名の「少」というのは今では「多」の対比として考えがちであるが、日本語としての「すくない」は本来、「大兄《おおえ》」すなわち「年老いた」と対比をなす「年少」、たとえば「少女」のように「若い」という意味であったので、少彦名とは若い彦名とみるべきであるとされている（『東京女子大学付属比較文化研究所紀要第31巻』）。すなわち、少彦名＝若彦名《わかひこな》であり、少彦名は若狭彦と通じているのだ。すでに見てきたように少彦名はスサノオと同体であり、かつ若狭彦神社に若狭彦はヒコホホデミの異称とあったので、ここに、スサノオ＝少彦名＝若狭彦＝ヒコホホデミによって、スサノオ＝ヒコホホデミの傍証が一つ加わったことになる。さて、だとしても、それはヒコホホデミと豊玉姫が当地で、若桜彦、若狭姫として祀られている理由にはならない。

以下私の推論であるが、ヒコホホデミ(天津《あまつ》日高彦《ひだかひこ》火火出見《ほほでみ》)という仰々しい名称は功なり名を成して以降のものであろうから、それ以前の幼名があったはずで、それが若狭彦ではなかったか。すなわち、ヒコホホデミがまだ出雲に降る以前に九州で海神《わたつみ》族を率いて活躍していた若かりし頃に豊玉姫を伴って(当時、航海は潮待ちの好機を占う巫女《みこ》が同伴？)当地にやってきたときに、現住民が若々しい二人を若狭彦、若狭姫と呼んだか、あるいは海神族の仲間内で早くからそう呼ばれていたか、いずれにせよヒコホホデミ以前の幼名であったのではあるまいか。

その前後に、ヒコホホデミ(若狭彦)は九州のどこか、あるいは対馬滞在中に朝鮮半島南端の加耶《かや》(後の任那《みまな》)辺りまで足を延ばし、そこで製鉄法を学びその国の官(倭人伝に官をミミというとあり、ヒコホホデミのミはそれを意味する？)となり、やがて良質な砂鉄の産地として有名であった出雲に降《くだ》って、製鉄事業を完成させた結果、出雲人からスサ(荒れすさぶ)の男《オ》と呼ばれたとすれば、その頃には四、五十代に達していたものと思われる。出雲で稲田姫との間にもうけた大己貴が成人後は二人で改良した農耕具や工具の普及、あるいは交易の促進を目指して全国を奔走、朝鮮半島にも足をはこび高度な製鉄技術の習得と共に良質な鉄塊を持ち帰った頃(倭国大乱前半)には五十代後半に達していたものと思われる。

蛇足ながら、少彦名＝若狭彦(ヒコホホデミ)すなわち、海神族を暗示するヒントがスサノオ生誕の事情を記す神代紀上五段一書⑦の注に、「少童、此《これ》をば和多都美《わたつみ》という」として示されている。少彦名を連想させる少童はどう考えてもワタツミと読めないはずが、これをワタツミというのであれば、この注は少彦名もワタツミと読みうる可能性を示唆した書紀一流のメッセージであるやもしれない。ちなみにワタツミは豊玉彦ことスサノオであり、ヒコホホデミであることはこれまで述べてきた通りである。

さてスサノオの異称ヒコホホデミと少彦名の考察はこのあたりで控えておくとして、福井にはもう一点スサノオが名を換えて祭られていると思える箇所がある。それは小浜市と越前市とのほぼ中間、敦賀市《つるがし》 曙町《あけぼのちょう》にある越前国一の宮気比《けひ》神宮(159頁図中央下・敦賀半島付け根辺り)の主祭神伊奢沙別《いざさわけ》である。由緒によれば、「伊奢沙別は笥飯大神《けひのおおかみ》、御食津大神《みけつのおおかみ》とも称し、二千有余年前、天筒《てづつ》の嶺《みね》に霊跡を垂れ境内の聖地に降臨したと伝承され、今に神籬磐境《ひもろぎいわさか》の形態を留めている。云々」とあって、ここに神社名の気比《けひ》は本来笥飯であったことが分かる。笥飯とは食霊を意味した(本居宣長《もとおりのりなが》著『古事記伝』)ようで、由緒にも笥飯大神を御食津大神《みけつのおおかみ》とも称すとある。だとすればすぐ思い浮かぶのが出雲国におけるスサノオ伝承だ。

そこではスサノオが熊野大社に神祖熊野大神櫛御気野尊《かぶろぎくまののおおかみくしみけののみこと》すなわち、御気(御食)の神として祭られているが、その分身である天穂日《あまのほひ》(3章3節)も農耕の神であり、スサノオと農耕神とは切っても切れない因縁で結ばれていた。そんなわけで、神社名の気比、すなわち笥飯はスサノオの本質を表しているとみてまず間違いなかろう。

この地とスサノオとの結びつきはそれだけにとどまらない。由緒にその笥飯大神が「天筒の嶺に霊跡を垂れ云々」とされているのも興味深い。天筒の嶺とは気比神宮の北東わずか1キロほどにある標高171メートルの小山(天筒山《てづつやま》)で、山麓の西側にはすぐ敦賀湾が迫っている。逆にいうと海路で敦賀湾に入港した場合、その東に天筒山の裾が広がっていて、そこからひょいと小山を登れば、敦賀湾から敦賀平野にかけての一帯が眺望できる。すなわち、この地は日本海側の海上ルートを考えた場合、絶好の経由地であったはずで、その天筒の嶺に筒飯大神が霊跡を垂れたとあるからには、やはりこれはこの地にスサノオが実際に足跡を印したということではなかったか。

というのは、天筒山の筒《つつ》とスサノオとの間に強い相関が想定されるからである。筒を名に持つ神として住吉大社の祭神、筒男《つつのお》三神（底筒男《そこつつのお》、中筒男《なかつつのお》、表筒男《うわつつのお》）が住吉大神とも称せられ著名であるが、この住吉大神がスサノオである可能性について少々触れておきたい。

まず住吉大神こと筒男三神の接頭語、底、中、表《うわ》（あるいは上）の意味であるが、それは神が垂直方向に降臨してくるさまを表したもので、男神の象徴とされている。現に神社の屋根の両端に交叉させて取り付けられている千木《ちぎ》は男神の社では外削ぎ（先端を地面に対して垂直に削る）、女神の場合は内削ぎ（水平に削る）が本来の形式であって、それは古代人が男神は天空から、女神は海の彼方から寄り付いてくると考えていたからだ。すなわち、筒男三神の接頭語、底、中、表（上）は一対で男神を象徴しており、その本質は筒男一神とみなしうる。

ここで問題は筒の意味で、古来幾多の議論があって定まっていないが、筒は製鉄となんらかの関係があってしかるべきではないか。久しくそう推測していたが、それを裏付けるような情報はなかなかえられなかった。そんな折、目にしたのが長年たった一人でこつこつと地元の考古学調査を行ってこられた在野の研究者、日高祥《しょう》氏の労作『史上最大級の遺跡―日向神話再発見の日録―』（文芸社、２００３年）であった。

国内の製鉄の始まりが弥生時代に遡ることについてはかねてより真弓常忠（１９２３～２０１９）が、「古代原始タタラの材料となったのは水酸化鉄（鉱物学上は褐鉄鉱）の塊で、それは湿原や湖沼に生《は》える葦《よし》、茅、薦《こも》等の禾本《かほん》科植物の根や茎に、水中に含まれている鉄分が沈殿、さらに鉄バクテリアが自己増殖して細胞分裂を行い、球・楕円・管状に固い外殻を作ったものである。根や茎が枯死《こし》し、空洞となると内核が脱水、収縮して外壁(褐鉄鉱)から分離し、振ると鈴のように音が発するものがあることから太古これをスズと称したのであろう」と推察されている(『古代の鉄と神々』〈改訂新版〉学生社、1997年)。このスズが愛知県豊橋市の高師原《たかしはら》で多く出現することから高師小僧《たかしこぞう》というが、日高氏は、茎に生《な》った褐鉄鉱は筒状で音を発するものは少なくその場合は筒《つつ》や管《すげ》と呼ばれているとされる。さらに鈴は第三紀層(約七千万年前〜百万年)か、それ以前の岩層に多く、筒、管は更新世層(数百万年前〜一万年)以降に多く、迫《さこ》や沼などに生える葦の根に付着する溶性鉄分が比較的短期間に成長したものとされている。

その上で、「筒は現在、沼地の葦の根におよそ十三年かけて成長する上筒《うわつつ》と、完新世や更新世の粘土の中にあるもの、もっと深い鮮新生《せんしんせい》以前の層中にあるものがある。多い所ではザクザクとビックリするほど多く出る。住吉神社の三筒男(上、中、底)はまさにこれを言ったことがわかった」と述べておられるが、氏は地元の宮崎市瓜生野《うりゅうの》の五十《い》鈴《すず》川周辺で数えきれないほどの筒を採集しておられる。写真は日高氏からいただいた貴重なその一本だ。住吉三神がスサノオとすれば、筒についてこれほど明快な解釈はなく、従うべきではなかろうか。

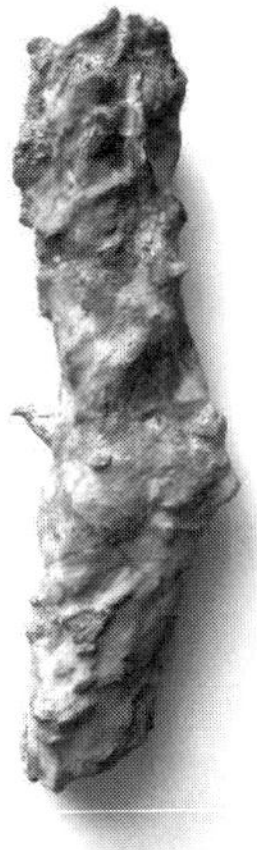
葦の茎に取り付いた褐鉄鉱

かように、住吉三神とスサノオとは筒(褐鉄鉱)によって結ばれているのである。

住吉大神とスサノオとの関係を求めて大きく脱線してしまったが、話を小浜市と越前市とのほぼ中間にある越前国一の宮気比《けひ》神宮に戻すと、同社の先の由緒は、その聖地にスサノオがやってきたことを意味しており、足跡伝承の一つに加えてもさしつかえなかろう。

次に、九頭竜川《くずりゅう》、足羽川《あすわ》、日野川の三大河川によって運ばれた土砂が堆積した広大な福井平野からなる越前国北部に目を向けると、ここに大己貴の単独伝承が三件集中している（図は大己貴伝承に絞り表記したもので、越前国北部は２～４の三件）。

伝承はいずれも神話的な内容で、歴史の復元には使えそうにないが、注目すべきはこれら南北に連なる伝承の中央あたりを横断する形で、出雲族のシンボルともいえる四隅《よすみ》突出型墳丘墓が存在していることだ。すでに道路建設により消滅したものもあるが、東からみていくと吉田郡永平寺町《えいへいじちょう》松岡室《むろ》（ａ）と福井市高柳町（ｂ）に一基ずつ、同市清水町（ｃ、旧丹生郡《にゅうぐん》清水町《しみずちょう》小羽《おば》）に三基が確認されている（図の点線上）。いずれも倭国大乱後半終わり頃（弥生後期末）の築造とみられているので、このあたりに出雲族が進出、定着していたことは間違いない。

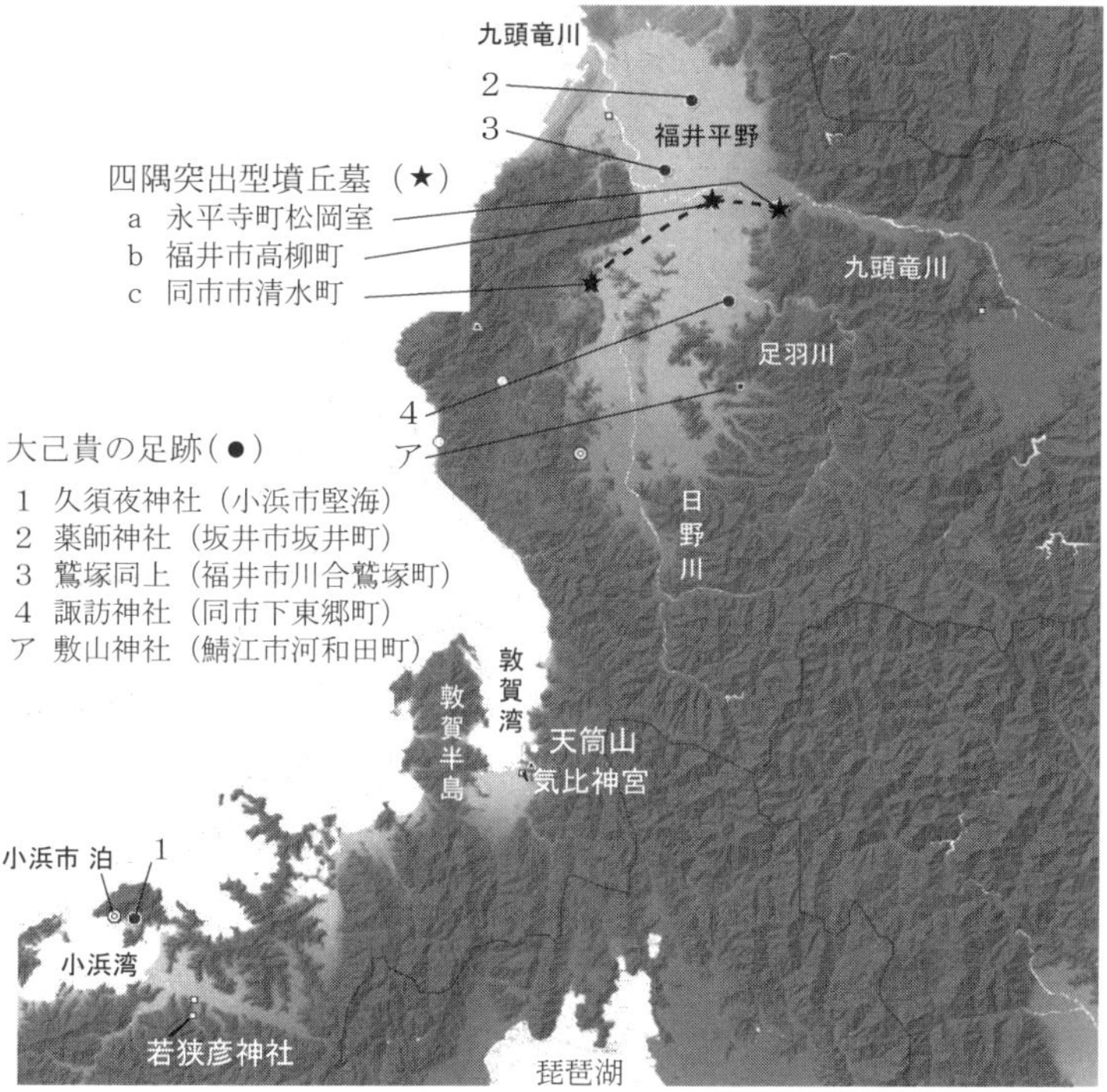

若狭国・越前国（福井県）における大己貴の足跡

## 6節　加賀国・能登国に残る三神の足跡

福井県東隣の石川県は越前国から分立した加賀国と、同じくかつて越前国とされながら越中国にも組み入れられたことのある能登国からなる。

当域において、加賀国(加賀市、小松市、金沢市他)には三神の明確な足跡は見つからなかったが、東隣の能登国(羽咋市《はくいし》、七尾市、輪島市他)に入ると、俄然、少彦名、大己貴二神同伴の濃厚な足跡と共に、少彦名、大己貴単独の足跡も散見されだす。その一方、スサノオ単独の足跡は見つからなかった。

まず、二神同伴の足跡から見ていくとそれはなぜか、能登半島付け根部の邑知《おうち》地溝帯に集中して残っている。この地溝帯は幅3～5キロ、長さ約27キロに渡って直線状に延びる低地帯であるが、稲作を中心とした農耕文化の波及以来、能登では最も広い穀倉地帯として知られている。その西南には邑知潟《おうちがた》が、北東には七尾南湾があって、それぞれ日本海への出入り口としての役割をはたしている。この地溝帯のほぼ中央より西側に少彦名・大己貴二神同伴伝承が、東側には大己貴単独伝承が点々と残っているが西から順に見ていこう。

まず、羽咋市金丸《かねまる》出町《でまち》にある神明《しんめい》神社(1)には、「当社地はもと大野浜といい、大己貴、少彦名が着舟の所と伝える」とあり、このあたりに舟が着船したということは、両神が日本海の西側からやってきたことを暗示している。

さて、二神は当地に到着後、中能登町金丸《なかのとまちかねまる》にある宿那彦神像石《すくなひこのかみかたいし》神社(2)、及び能登生国玉比古《いくくにたまひこ》神社(3)のあたりを通過したようで両社にほぼ同じ伝承が語り継がれている。それによれば、「神代の昔、多気《たけ》倉長は能登国に巡行された大己貴と少彦名に協力して国土の平定に神功をたて給い云々」とあって、大己貴、少彦名の国造りには多気倉長という在住者の助力を得ていたことが分かる。

能登国・加賀国（石川県）における大己貴と少彦名の足跡

注 図中 △ は少彦名単独の足跡、▲ は大己貴と少彦名両者の足跡、
● は大己貴の足跡

続いて、その東・中能登町《なかのとまち》能登部下《のとべしも》にある能登比咩《のとひめ》神社(4)に「太古大己貴、少彦名と共に天下を経営し越の八国を平《ひら》け給う」とする二神同伴伝承が伝わっている。当社すぐ側《そば》の能登部神社(5)は地溝帯の中程にあるが、ここにも「大己貴が少彦名と共に国土経営を行い、越の国を平定した後、当地で憩い給う」と記録されており、少彦名、大己貴二神同伴伝承は計五社にのぼる。

さて、北陸道での二神同伴伝承はこのあたりまでで、地溝帯以東には二神それぞれの単独伝承が数件存在している。まず、少彦名の単独伝承二件を見ておくと、彼は邑知《おうち》地溝帯から先、舟で小口瀬戸《こぐちせと》を抜け富山湾を少しばかり南下したようで、七尾市の近隣二箇所(6、7)にほぼ同じような伝承が記録されている。それは、「往昔《おうせき》、在地の長者が塩焼のため浜辺に佇《たたず》んでいると、沖合から小舟で寄り来る神があった。これが少彦名で、諸国巡行の大己貴と離れて、ここに来着。その後、その長者と協力して、当地方の平定を行ったという」というもので、ここに、「諸国巡行の大己貴と離れて」とあることから単独伝承と言っても、あくまで二神同伴巡歴の一環であったこと、及び巡行の目的が地方の平定と明記されている点が参考になる。**以東には少彦名の足跡は見えないので、大己貴がこの先へも巡った越中国(富山県)や越後国(新潟県)への国造りには参加しなかった**ようである。

続いて大己貴単独伝承に移ると、地溝帯中央近辺から東方延長線上にある崎山半島先端の観音崎にかけて四件(①〜④)が点在しており、伝承もある程度具体的であるので見ておきたい。一件は邑知地溝帯の東北端近くにある能登生国玉比古《いくくにたまひこ》神社(②)の由緒で、「祭神大己貴が**出雲国より所口《ところぐち》(当神社地)に至り**、人々を苦しめていた湖に棲む毒蛇を退治し、云々」とあって、これは大己貴一行が当地を経由して、越中国(富山)へ向かう往路伝承を暗示している。そのすぐ南の能登国総社(③)にも、「上古に大己貴が国土経営のとき、当国内を平定し守護された。崇神天皇の頃、(この霊地で大己貴がおすわりになられた)石を神体として崇敬し、社殿を建立した」とあって、これも往路伝承の一端かと思われる。

一方、当地北東10キロほどの観音崎近くにある御門主比古《みかどぬしひこ》神社(①)には「大己貴が天下巡行の時、能登の妖魔《ようま》退治のため、**高志《こし》の北島から神門島《かど》(鹿渡島《かど》)に渡ってきた**。その時、当地の御門主比古神が、鵜《う》を捕らえて大己貴に献上、云々」と記録されている。ここに、大己貴が**高志**の北島から渡ってきたとあるので、これは明らかに越後・越中国から出雲国への帰還伝承である。

ここで**高志**(越)の北島は、かつて越中国の国府があった高岡市(a)や中新川郡上市町《かみいちまち》の北島(b)が想定されるが、恐らくそのあたりから大己貴一行は能登半島東側中央近くにある観音崎近辺の御門主比古神社(①)あたりを経由、邑知地溝帯を横断し日本海に出て、出雲国に帰還したものと思われる。

いずれにせよ、日本海側沿岸の概略を思い描けば、日本海に100キロほども突き出した能登半島の迂回は出雲からの往路はともかくも逆流となる復路は海路を避けて陸路を選択したであろうことは想像に難《かた》くない。その陸路が邑知地溝帯であったのだ。

## 7節　越中国、越後国に残る大己貴の足跡

### 越中国に残る大己貴の足跡

能登国から越中国(富山県)の富山湾に入ると、湾岸沿いから内陸部にかけて計五箇所に大己貴の足跡がある。まず、神通川《じんづうがわ》の河口近くの富山市呉羽小竹《くれはおだけ》に姉倉比売《ひめ》神社(161頁図⑥)があるが、その南約20キロ上流の同市舟倉《ふなくら》にも同名の神社(⑦)があって両社に、越中国の姉倉姫と能登国の能登姫との争いを大己貴が越路へ赴《おもむ》き鎮圧したと伝承されている。ここで気になるのは両社を結ぶ神通川の西側に広がる呉羽山から婦中町富崎《ふちゅうまちとみさき》

に続く呉羽《くれは》丘陵に、弥生時代終末期から古墳時代にかけて築造された四隅《よすみ》突出型墳丘墓が近年になって次々と確認され、現在その数およそ十基にのぼっていることだ(161頁図⑥下の太い点線)。四隅突出型墳丘墓といえば出雲族のシンボルで、ここ呉羽丘陵には山陰地方よりやや遅れて造営されていることから、上記の説話通り、両国の争乱を鎮圧した大己貴率いる出雲氏族の一部がこの地域に定住した可能性はなくもなさそうだ。

さて、姉倉比売神社に戻るとその北西7キロほどの富山湾に面した射水《いみず》市古明神《ふるみょうじん》の草岡神社(⑤)には、「大己貴神、此地耕耘《こううん》に適し、地味良好なりとて、鍬《くわ》の矛《ほこ》を以って切伐開墾し、以って土民に恩顧を蒙《こうむ》らしめたまう」と明確に大己貴がこの地を開拓したことが記録されている。

その草岡神社の南南西約30キロ内陸部に、そこが古代越中国の中心の一つであったことを示す国指定史跡の高瀬遺跡(⑨下)がある。その北側、南砺《なんと》市高瀬の高瀬神社(⑨)に「祭神大己貴が北陸平定を終え、出雲へ戻る時に、自らの御魂を国魂神として鎮め置いたのがはじめ」と伝わっている。当社は越中国一の宮で、鎮座は景行天皇の御代ともされる古社として知られている。当社の東南東約10キロの牛嶽《うしだけ》山には牛嶽社(⑧)があって、「さる昔、国造りに功ある大国主神、牛に乗り久和戔奇《くわすき》山の見津加《みづか》峯というところに登り給いてよりこの山を牛嶽山という」と記録されている。

以上の五箇所は四隅突出型墳丘墓群がある呉羽丘陵南端の富崎《とみさき》を中心とする半径約20キロの円内におさまることから、これらの伝承はその中心点付近を拠点に越中の国造りをした大己貴一族の足跡の名残と思われる。

さて大己貴の北陸進出は越中国にとどまらず、その東方、越後国(新潟県)にもおよんでいる。

## 越後国に残る大己貴の足跡

越後国(新潟)における大己貴の足跡は六箇所に残っている。西から見ていくと、まずヒスイの産地として有名な姫川河口近くの糸魚川《いといがわ》市一の宮にある天津《あまつ》神社（図1）に、「社殿はもと山崎の地（a）に在りしを山崩れのため此の地に移し造営したりと傳ふ。此の地方はさる昔、沼川郷と稱し奴奈川姫《ぬなかわひめ》の棲《す》みまししところ、八千矛命《やちほこのみこと》（大己貴）が遠く海を渡りて此の地に上陸せられ姫と契《ちぎ》らせ給へりと云ふ」と記録されている。

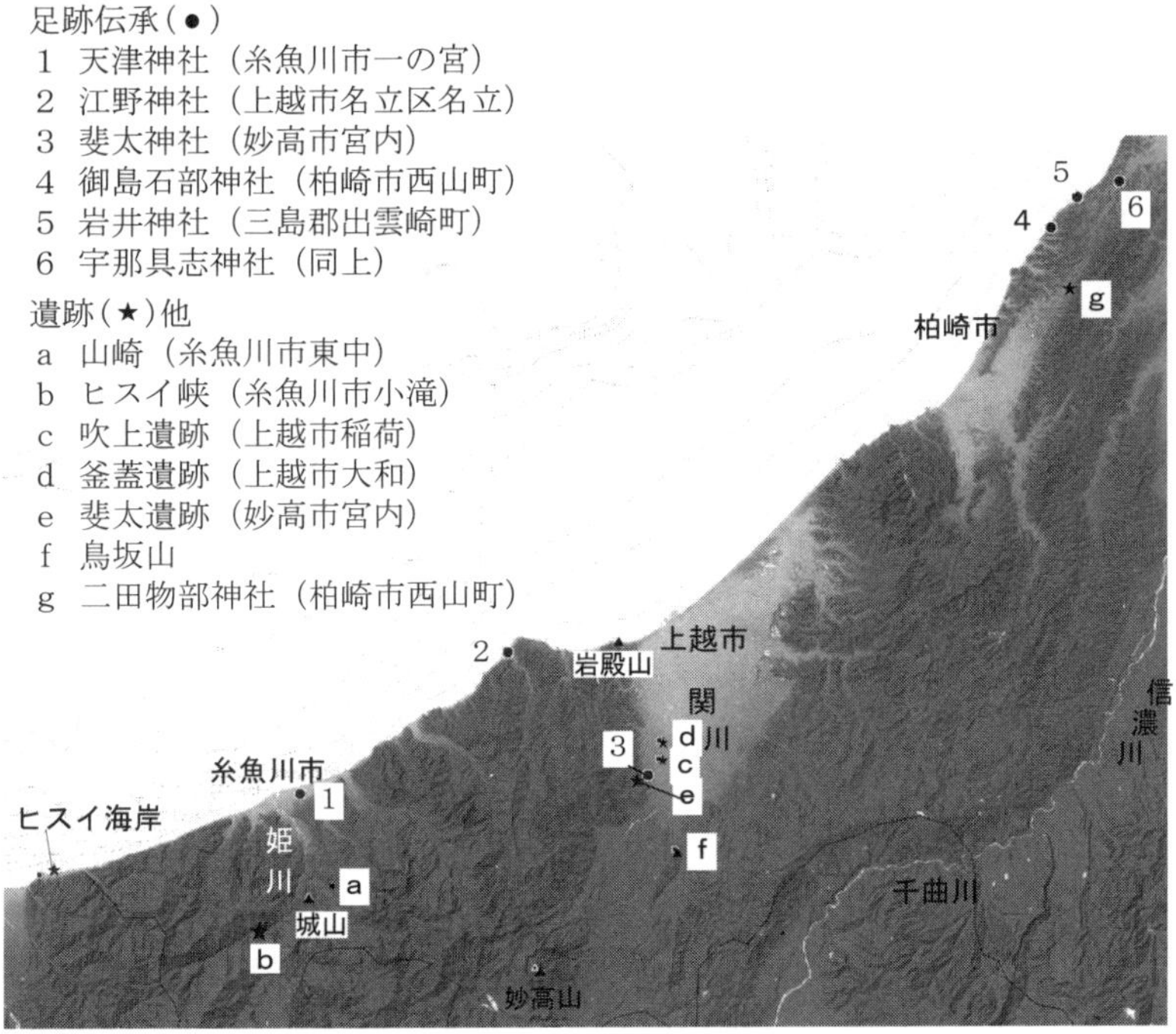

越後国（新潟）におけ大己貴の足跡

　伝承中の山崎は姫川の一支流根知川《ねちがわ》に注ぎ込む島滝川《しまたきがわ》のほとりにあって、その南西にそびえる城山《じょうやま》（525メートル）のさらに南西約5キロに翡翠《ひすい》の原石を産出する小滝川《こたきがわ》ヒスイ峡（b）がある。当地の翡翠は勾玉《まがたま》の材料となる硬玉で宝飾品として縄文時代から珍重されていたようで、大変貴重なものであった。さすれば、大己貴がこのあたりに来たのは古代の宝石翡翠の支配が目的であったかもしれない。

　次に足跡が見えるのは上越市の直江津港にそそぐ関川周辺で、二箇所にある。まず関川を遡った妙高市の斐太《ひだ》神社（3）に、「大国主（大己貴）は出雲国から当地に下向、田畑・山野を切り開いて土民に農耕を教えられた。そして帰国のとき、衣を脱いで土民に与えられた云々」と伝承がかなり具体的に記録されている。

最近、そんな伝承を補強するような遺跡が当社近辺で発掘されている。それは当社北北東約1.5キロで発掘された上越市稲荷《いなり》の吹上遺跡（c）と、さらにその北約1.5キロの釜蓋《かまぶた》遺跡（d）だ。『発掘された日本列島２００６』（朝日新聞社）によれば、吹上遺跡はヒスイを利用した勾玉や緑色凝灰岩（緑）、鉄石英（赤）を素材とした管玉《くだたま》など、玉の種類で工房を違《たが》えた全国的にも珍しい大規模な玉作り集落であったようだ。その上、瀬戸内東部～山陰地方、あるいは近畿地方や、北陸地方の日本海岸沿いに広く分布する土器等も多数出土し、こうした玉作りによって、遠隔地と盛んに交流を行っていた様子が明らかにされている。前述のように玉といえば大己貴の代名詞でもあるが、この斐太神社近辺の吹上遺跡でその玉作りが大掛かりに行われていたことが判明したのである。また、その北の釜蓋遺跡は幅２～５メートルの溝で囲まれた平地の環濠集落で、神社西横の斐太遺跡が終焉を迎える頃に営まれ、ここでも玉作りが行われ、各地との交流を示す土器が出土している。

これらの出土状況から三遺跡の変遷過程が同著に推定されているので、興味のある方はご覧下さい。

次に大己貴は柏崎市西山町の御島石部《みしまいそべ》神社（４）あたりにやってきたようで、「大己貴が北陸東北方面平定の為に出雲より水路にて当地を通られた時（中略）、舟を寄せてみると、当地の荒神《こうじん》**二田彦**《ふただひこ》・石部彦《いそべひこ》の二神が出迎え 卮《さかずき》に酒を盛り、敬意を表した」と記録されている。この二田彦は饒速日《にぎはやひ》のヤマト降臨につき従った天物部《あまのもののべ》等二十五部の筆頭に名のある**二田物部**《ふただもののべ》（旧事本紀《くじほんぎ》巻三「天神本紀」）とみられる。というのも、当社の南約７キロにある柏崎市西山町二田の物部神社（g［別称二田物部神社］）に**二田物部**が祀られており、そこには、「二田天物部は天香山《あまのかぐやま》と共にやってきて、勝見出雲崎の地に館を構え、この地方の開拓に従事したといい、その後、崇神天皇のときに、子孫の物部稚桜命《わかざくらのみこと》が祖神を祭った」（小椋一葉著『消された覇王』）と記録されているからだ。両社の伝承及び旧事本紀の記述を重ね合わせれば、二田彦はまず当地で饒速日こと大己貴と知り合い、その後大己貴がヤマトへ降臨の際、天物部の先遣部隊に加わりヤマトにいたが、イワレ彦(神武)東征の際には天香山と共に東征の手助けをし、無事成就後は、自身の地元に天香山を案内し帰還したということになりそうである。だとすれば、当地の御島石部神社と二田物部神社の記録は大己貴＝饒速日仮説の傍証の一つとなり得よう。

次に新潟県の中ほど、その名もズバリの出雲崎町《いずもざきまち》に大国主の神跡とする伝承が二箇所(5、6)にあって、当地が現段階で調査し得た大己貴の足跡伝承の最北にして、最東の地である。

続いて、九州や畿内における大己貴の足跡を解析することにより、倭国大乱後半のさらなる精密化をはかりたい。

## 8節　九州にも進出した大己貴

### ニニギの降臨伝承中にほのめく大己貴の足跡

倭国大乱主役の一人大己貴の足跡は九州にも明滅している。その一方で、もう一人の主役少彦名（スサノオ）の足跡がみられないのは、九州は大己貴がスサノオ亡き後、独りよく巡り造った場所であったからではなかろうか。

ところで、九州における大己貴の足跡の特徴は書紀が描いた「ニニギ(瓊々杵尊)の天孫降臨」の影響で、ニニギの足跡に置き換わっていると思える箇所が少なからずみられることである。

が、書紀の紙背に描かれた「幻の皇祖神系譜」（2章4節)をすでに手にしている我々にとってそれはさほど大きな問題ではない。

とりあえず、ニニギと大己貴、両者の伝承を追いかけていき、そこに両者の等号を否定する材料が見つか

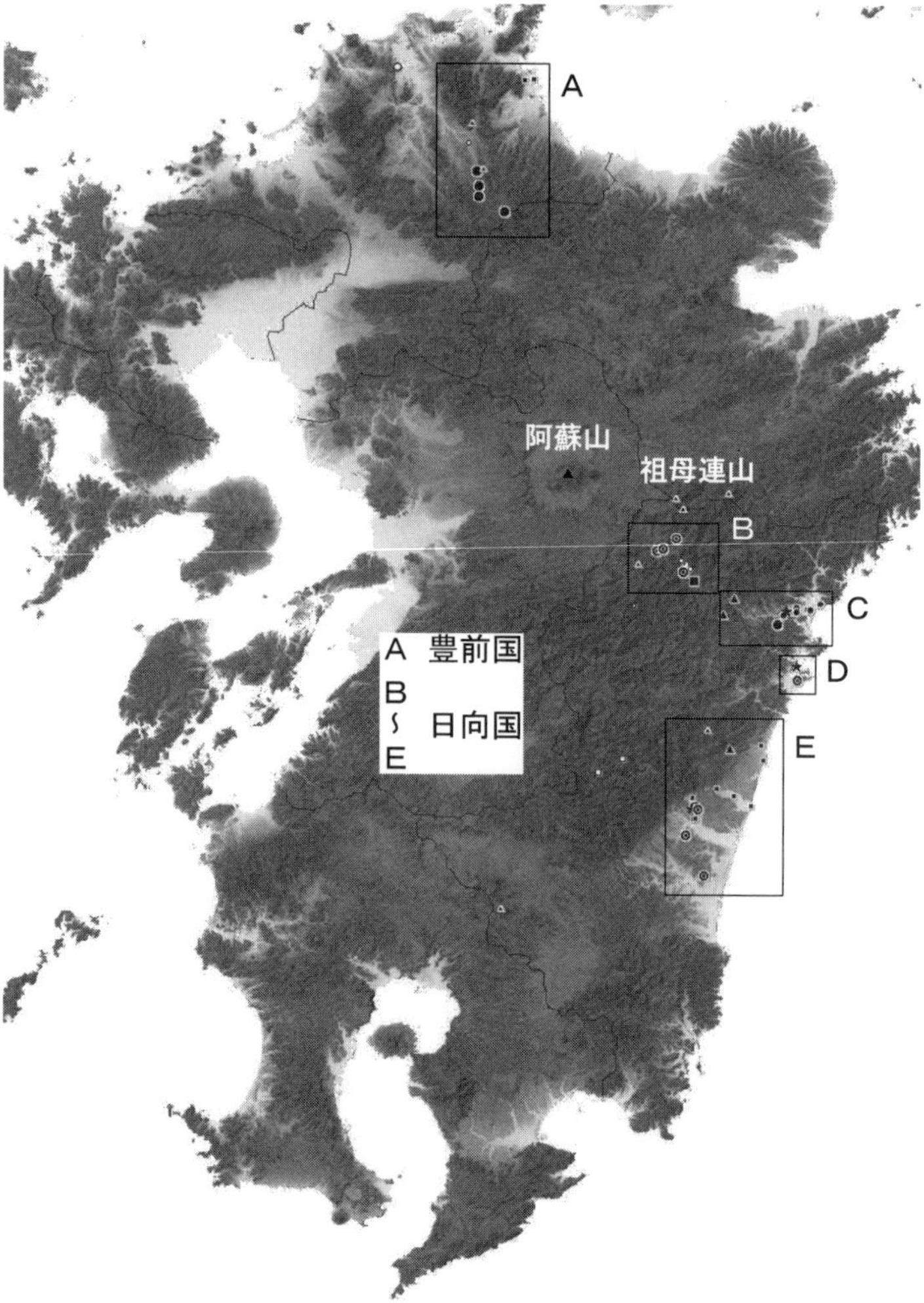


れば、その時点で「幻の皇祖神系譜」を見直せばよい。そんなスタンスで、九州における大己貴(ニニギ)の足跡を示したのが上図で、それは東九州五地域(A～E)に存在する。

ここで、BとD、Eでは大己貴がニニギに置き換わっているが、AとCは大己貴伝承である。興味深いのはこれらの伝承の所々で大己貴の筑紫妻**多紀理《たぎり》姫**がその分身アマテラスや木花開耶《このはなさくや》姫《ひめ》に名を変えて登場してくることである。以下具体的にAから順に見ていこう。

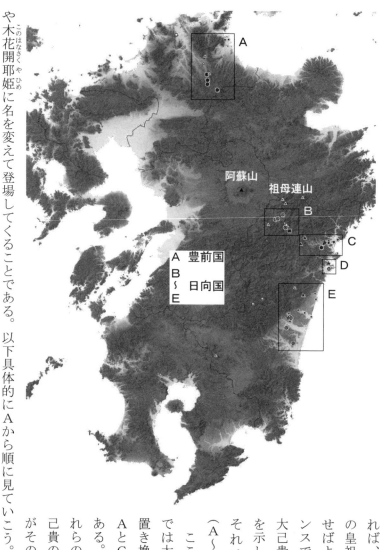

## 田川郡添田町(右図A部及び左図)に残る大己貴の足跡

大己貴の足跡は残念ながら神社伝承には見つからなかったが、地域史(添田町《そえだまち》のHP「添田町の神話」)に次のように語られている。

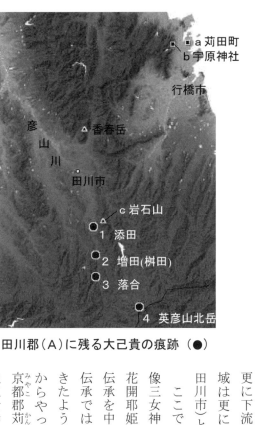

「昔、**大国主が、宗像《むなかた》三神をつれて出雲の国から英彦山《ひこさん》北岳**(左図右下4)**にやってきた。**頂上から四方を見渡すと、土地は大変こえて農業をするのに適している。早速、作業にかかり馬把《ばひ》を作って原野をひらき田畑にし、山の南から流れ出る水が落ち合っている所の水を引いて田にそそいだ。二つの川が合流する所を二又《ふたまた》といい、その周辺を落合(3)といった。大国主は更に田を広げたので、その下流を増田[桝田](2)といい、更に下流を副田《そえだ》[添田](1)といい、この川の流域は更に開けていき、田川(現在の田川郡及び田川市)と呼ぶようになったという」

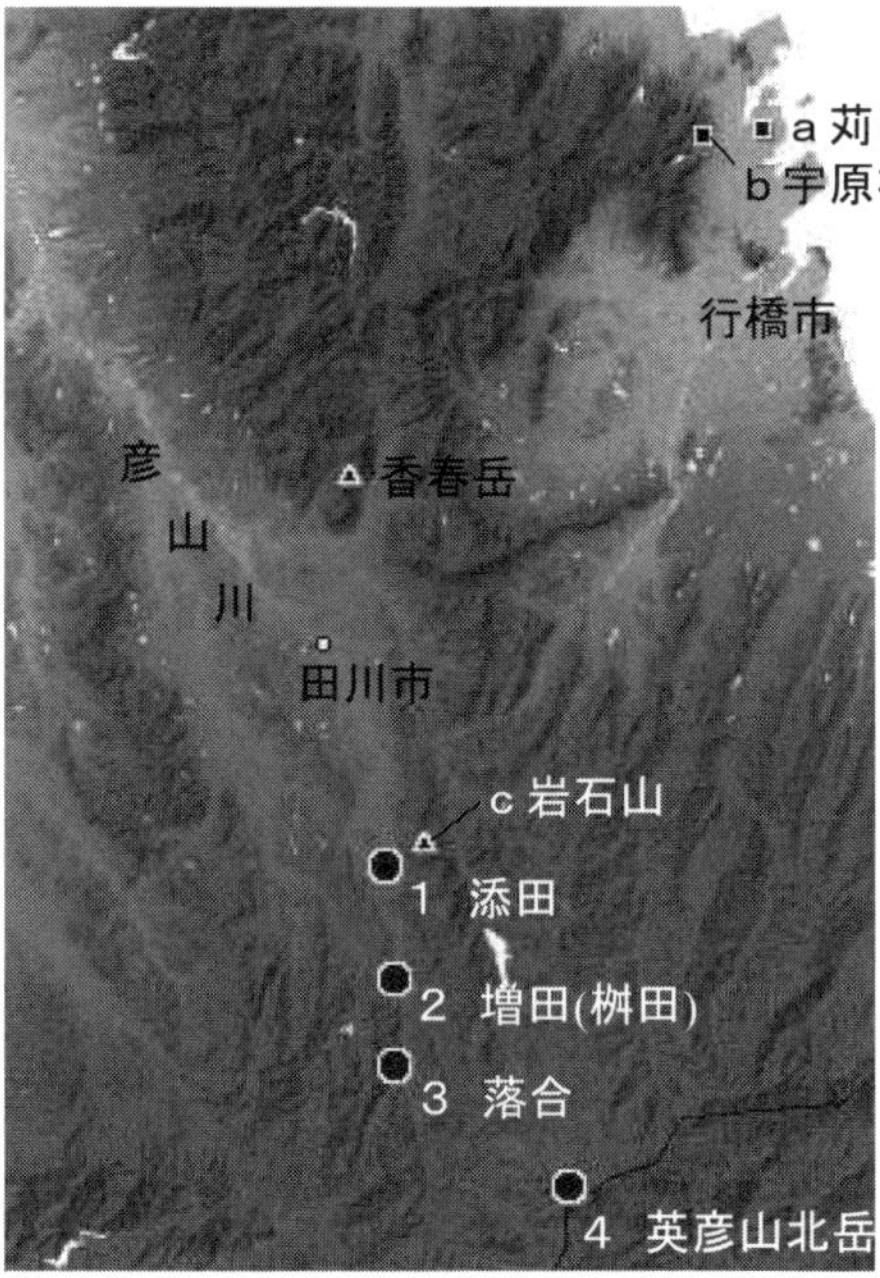

田川郡(A)に残る大己貴の痕跡(●)

ここで大国主とは大己貴で、宗像三神とは宗像三女神ことヒミコの分身、アマテラスこと木花開耶姫、及び玉依姫であることは出雲大社の伝承を中心に2章2節で詳述した通りである。

伝承では大己貴が出雲から宗像三女神を連れてきたような表現になっているが、実情は、出雲からやってきた大己貴が豊前国の都があった京都郡《みやこ》苅田町《かんだまち》(上図右上a)あたりで、筑紫妻宗像三女神の一神多紀理姫を娶《めと》って(あるいはそれ以前に結婚していたのであれば、当地で落ち合って)、その手勢の協力もえながら、南部の添田町から英彦山《ひこさん》北部の平定や開拓を進めていったということではなかったか。その痕跡が豊前国風土記逸文に、「宮処郡《みやこのこおり》。**むかし天孫がここから出発して日向の旧都に天降った。**恐らく天照大神の神京《みやこ》である」として記されている。ここで、宮処郡とは、現在の京都《みやこ》郡と近年そこから分離独立した行橋《ゆくはし》市を含む地域であるが、苅田町《かんだまち》はその京都郡の東側にあって周防灘に面しており、本州との往来も容易であった。

さて、大己貴はその苅田町あたりに上陸したとして、ではなぜ次に田川郡添田町《そえだまち》へ向かったのであろうか。ここで、思い当たるのが添田町のシンボル岩石山《がんじゃくさん》(c)にあるスサノオ五分身の長男オシホミミ(吾勝勝速日《あかつかちはやひ》天忍穂耳尊《あまのおしほみみのみこと》)の伝承で、「吾勝尊《あかつのみこと》が岩石山に天降ったことから、岩石山は吾勝野と呼ばれていたし、その東側の今川流域は吾勝野の名であったという」ものだ(ウェブ「添田町の神話・伝説・民話」中の3地名伝説)。さらにその約10キロ南に聳えている英彦山山頂近くの英彦山神宮(4)にもオシホミミの降臨伝承と共にオシホミミが祭られている。かように京都郡や田川郡を含む豊の地にはオシホミミやヒコホホデミの伝承が色濃い上に、九州全県の中で最もオシホミミことスサノオを祭る神社が多いことから、オシホミミがこの地にかつて住《じゅう》していた、あるいは頭《かしら》としてこの地を治めていたとみておかしくないのである。

この推定通りとすれば、それこそが大己貴が筑紫妻と共にまず、豊の地の一部である添田町に向かった理由ではなかろうか。出雲からきた大己貴にとって東九州全土を掌握するために必要な日向は、南はるか彼方《かなた》である。その前線基地として、父スサノオの知己《ちき》がまだまだ健在であったろう添田町周辺は彼にとって最適地であったはず。当地に足を踏み入れた大己貴は父スサノオが出雲で苦労の末、製造に成功した鉄製の工具や農耕具で、当地の住民と共に原野を拓き、田畑を広げたに違いない。きたるべき南下に備えて。

**五ヶ瀬川の上流高千穂峡周辺（九州全図［168頁］のB、詳細は173頁図のB）に残るニニギの足跡**

次に、ニニギとしての足跡が約100キロ南東の高千穂峡周辺に三箇所、さらにその8キロほど南東の五ヶ瀬川・上流域に二箇所、計五箇所に存在している。

さて、添田町あたりから出発した一行は阿蘇山東側を通り抜け、壁のように立ちはだかる祖母傾《かたむき》連峰を越え、高千穂町岩戸の天岩戸《あまのいわと》神社（173頁図B枠内の1）、同町三田井の槵触《くしふる》神社（同2）、高千穂神社（同3）あたりを経由して高千穂峡に向かったようで、これら三社にそれぞれニニギの降臨伝承がある。

この高千穂神社のすぐ西横を日本有数の景勝地高千穂峡谷《きょうこく》を育んだ五ヶ瀬川が延岡平野に向かって東流しているが、ニニギ一行はこの川沿いを下っていったようで、五ヶ瀬川・上流域の日之影町岩井川小字大人《おおひと》にも二社（同4、5）の降臨伝承がある。

**五ヶ瀬川の下流延岡市（九州全図［168頁］のC、詳細は173頁図のC）に残る大己貴の足跡**

さて次は五ヶ瀬川下流域の延岡平野で、そこにはニニギに代わって大己貴の足跡が色濃く残っている。神社伝承はわずかに一社ながら、当地には大己貴を祭神とする大将軍神社がざっと調べただけでも五社見つかった。

まず神社伝承から見ていくと、延岡市下三輪の三輪神社（173頁図C枠内ア）に「上古、大己貴、豊葦原《とよあしはら》を巡狩して国家を経営されるとき、この地にこられ住まわれた、その処を青谷城《あおやぎ》山という。ここに後人が命《みこと》の幸魂奇魂《さきたまくしたま》を祭って青谷城神社（同C枠内1）と尊称し、後に三輪大明神と号した」と伝承されている。当社は、養老二年（718）六月、大納言大神惟資《おおがのこれもと》（あるいは「おおみわのこれもと」）が当国守護として下ったときに、自身の祖先神として深く崇敬し、宮地を卜《ぼく》し大明神を青谷城神社から当地に遷座したものである。惟資の姓大神《おおが》は三輪氏族であり、神社初代神主大田田根子《おおたたねこ》の後裔《こうえい》、すなわち始祖は大己貴だ。養老二年といえば書紀撰上二年前のことで、この頃、中央は当時の有力な神社祭神について書紀と齟齬《そご》なきようあちこちに魔手をのばしていたはずで、ここ延岡市周辺にも当然なにがしかの圧力、たとえば大己貴からニニギへの変更命令などが下ったものと思われる。が、惟資《これもと》は頑としてそれをはねのけた結果が、三輪の地名と共に青谷《あおやぎ》城神社の祭神が大己貴のまま生き残ったということではなかろうか。

　この大己貴伝承を補強してくれるのが、延岡市内の東西に点在する五社の大将軍神社で、いずれも大己貴が祭神として祭られている。まず、今みた三輪神社から約３キロ東の野地町《のじまち》にある野地神社（イ）境内に二社の大将軍神社があって、一社は社地の傍らに祭っていたもの、もう一社は明治四年字《あざ》木の下鎮座の大将軍神社を合祀したものという。また、その約１キロ北方の大貫町《おおぬきまち》の大貫神社（ウ）にも近隣にあった大将軍神社が合祀されている。ここから約２キロ東の出北《いできた》三丁目の出北神社（別名天満宮［エ］）や、その約２キロ北西の方財町《ほうざいまち》の方財神社（別名王代《おうだい》神社［オ］）も、かつては大将軍神社と称し大己貴を祭っていた。

　大己貴がこれだけ多くの社に大将軍として祭られているということは、在地勢力と相当華々しい戦闘を繰り広げたからに違いない。であるならば、三輪神社由緒にあった青谷城山に住まわれたというのは、延岡の在地勢力との衝突を目前にして戦闘前の拠点としてある程度の期間滞在されたことの証《あかし》でもあろう。ここで改めて、五ヶ瀬川全域に目を向けると、その上流の高千穂町から中流の日之影町にかけて五箇所にあったニニギ伝承が下流の延岡では突然消えて、大己貴伝承に置き換わっていることが分かる。恐らく実態はいずれもが大己貴伝承であったのが、三輪氏（大神惟資《おおがのこれもと》）の勢力が及ばなかった上中流域では中央の圧力に屈する形で、ニニギ伝承に置き換わったということであろう。まさに頭隠して尻隠さず、正確には尻隠せずというところであるが、その尻隠せずのもう一例が以下の延岡市の吾田《あがた》伝承ではなかろうか。

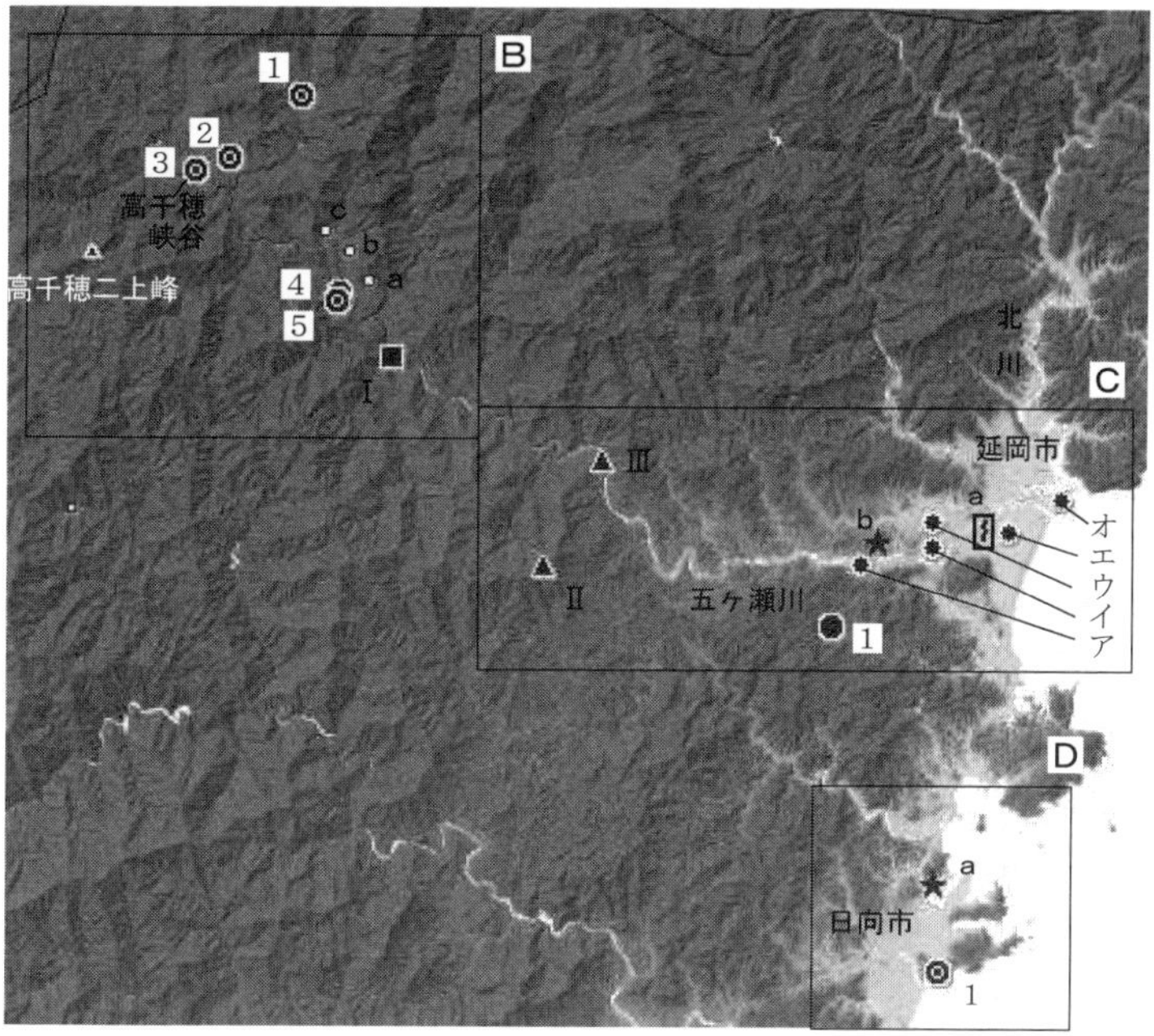


**日向国北方（地域B～D）におけるニニギ、大己貴の足跡や痕跡**

地域B（高千穂峡周辺）
ニニギの足跡（◎）
1　天岩戸神社
2　槵触（クシフル）神社
3　高千穂神社
4　大人（オオヒト）神社
5　岩井川神社
ミケイリノの足跡（▫）
a　宮水神社
b　波瀬神社
c　一水（イチノミズ）神社
猿田彦の足跡（■）
Ⅰ　小崎神社

地域C（延岡市周辺）
大己貴の足跡（●）
1　青谷城神社
大己貴関連神社（◉）
ア　三輪神社
イ　野地神社
ウ　大貫神社
エ　出來神社
オ　王代神社
遺跡（★）他
a　安賀多町
b　南方古墳群

地域C（続き）
ニギハヤヒの足跡（▲）
Ⅱ　速日の峰
Ⅲ　早日渡神社

地域D（日向市周辺）
ニニギの足跡（◎）
1　大御（オオミ）神社
関連場所（★）
a　船場町

延岡市の中東部一帯は現在でも北方から北川が、西方からは五ヶ瀬川が運んでくる土砂で中州や砂州の多い地形になっているが、水流の多かった古代は一部が水に沈み広大な潟湖《せきこ》が広がっていたようである。その名残《なごり》を示すのが安賀多《あがた》という町名で、延岡市役所の東を走る県道16号線を南下するとすぐに安賀多橋があって、この県道沿いに1キロほど南北に安賀多町《あがたまち》（図中ウとエの間の□で囲ったa）が1～5丁目まで続く。地名の由来をウェブで検索すると「これは吾潟《あがた》若しくは亜潟であり、潮が引くと一面葦原や汐入《しおいり》の潟《かた》であったろうと想像できます。古来よりこの地はあがたと呼ばれており、慶長十九年（１６１４）有馬直純《ありまなおずみ》がこの地に移封されます時に、県《あがた》城を延岡城と呼ぶまで、延岡の地は県と呼ばれていました。字は英多郷、吾田、縣、現在の安賀多等と色々な当て字が使われていたようですが古代は吾田《あがた》と呼ばれていた」とある。だとすれば、この大己貴の伝承に彩られた延岡一帯こそが、書紀記載の日向の襲《そ》の高千穂に続くニニギの降臨地「**吾田長屋《ながや》笠狭《かささ》之《の》碕《みさき》**」の最初に出てくる吾田であったものと思われる。書紀の吾田は今では「あた」と読む人も多いが、恐らく本来は「あがた」と読まれていたに違いない。

ちなみに、三輪神社の神領であった天下町《あもりまち》や大己貴を祭る大将軍神社があった野地町《のじまち》、大貫町《おおぬきまち》にかけての一帯の丘陵上に国の史跡に指定されている南方《みなみかた》古墳群（ｂ）がある。前方後円墳五基を含む四十二基が存在するが、近辺には先土器《せんどき》期（ほぼ旧石器時代に相当）から縄文期、さらには弥生期・古墳期の遺跡も点在しており、古代から古墳期を通してまとまった勢力がこのあたりに存在していたことが分かる。さらに南方古墳群の石棺は阿蘇山の噴出岩である凝灰石が集中して使用されており、この地域と高千穂方面との強いつながりが感じられるのである。

このような在地勢力と戦いながら大己貴は国造りの大将軍として五ヶ瀬川沿いを高千穂から吾田の延岡まで東下してきたものと思われる。書紀の影響、あるいは中央からの圧力もあってか、降臨地とされる高千穂近辺ではニニギと名を換えられてしまったが、幸いにも、養老二年（７１８）に大己貴の後裔大神惟資《おおがのこれもと》が吾田地方の守護職として下っていたおかげで、下三輪町《しもみわまち》の青谷《あおやぎ》城山を扇のかなめとした延岡東部一帯で、大己貴の名が消えることなく伝承されてきたことは、歴史の復元においてまことに幸運であった。

さて、このように高千穂から吾田（延岡）に降臨してきた大己貴はこのあたり一帯を平定したのち、書紀のストーリーからすれば長屋の**笠沙**《かささ》に向かうのであるが、これ以降は再びニニギとして伝承されている。

### 日向市日知屋〔九州全図［168頁］のD、詳細は173頁図のD〕に残るニニギの足跡

さて、延岡の吾田に続いて伝承があるのは日向市日知屋《ひちや》の大御《おおみ》神社〔173頁図D枠内の1〕で、「古くは脇浜大神宮と称し、さらに一時、日知屋神社とも称した。往古、天照皇大神《あまてらすすめおおかみ》が日向高千穂峰にニニギを天降《あまくだ》されたとき、当地まで遊幸され、この海岸で休まれたという。その休まれた場所に祠《ほこら》を建て、皇大御神《すめおおみかみ》を勧請した」と伝えられている。この伝承の核がアマテラス自身がこの地に遊幸されたことにあるとすれば、ここにニニギの姿もあるに違いない。そう考えて現地調査したところ、清楚な社殿の境内西側奥に注連縄《しめなわ》が巻かれた巨大な岩があって、「神座《かみくら》　皇孫ニニギの尊《みこと》が降臨された折、尊は当地に遊幸され、この岩にて絶景の大海原を眺望されたと伝えられている」と記す案内板が建っていた。この案内板と大御神社の伝承を合わせれば、アマテラス〔ヒミコ〕とニニギ〔大己貴〕の両者はどこか〔恐らく豊前国風土記逸文にある宮処《みやこ》郡〕で合流以降、当地まで連れ立ってやってきた可能性が高まる。その場合、延岡方面から当地までは海路によったとすれば、大御神社の約3キロ北の同市船場《ふなば》町《ちょう》〔Dのa〕にはかつて日向と川崎とを結ぶマリンエキスプレスが発着した良港があるので、ひょっとすると、日知屋の大御神社の地は、船場町で次の目的地への船支度《じたく》をしている間、両者が遊幸された地であるやもしれない。ちなみに、この神座にはラグビーのワールドカップ日本代表チームが日本国歌の原点を感得するためとして前々回、前回〔2019年〕と二度も訪れている。

### 西都市周辺〔九州全図［168頁］のE、詳細は177頁図〕に残るニニギの足跡

さて、ニニギの足跡はこの先約40キロ南、日本最大級の古墳群で有名な西都原《さいとばる》一帯まで見当たらない。この間、陸路には伝承がないことから、日知屋から先は海路により宮崎平野を形成した三大河川〔北から小丸川、

一ッ瀬川、大淀川)中の小丸川河口まで南下、そこから遡上し、西都原《さいとばる》に向かったものと思われる。というのは、その河口にある高鍋町《たかなべちょう》の鵜戸《うど》神社(次頁図カ)は古来、ウガヤ(「幻の皇祖神系譜」では大己貴の分身)が上陸した旧地に社殿を建設したと伝わっているからだ。

ちなみにここから西都原古墳群(a)までは約15キロ、わずか一日で到達しうる距離である。ここで書紀に目をやれば、ニニギは高千穂、吾田を経由して最終的には長屋、**笠狭碕**《かささのみさき》に至ったとあり、そこで木花開耶姫《このはなさくやひめ》(アマテラスの異名)をみそめて結婚したことになっている。

そんな書紀を片手に我々はここまで、高千穂、吾田(延岡)と神社伝承により追ってきたのであるが、さて、この地に長屋、笠狭碕は存在するであろうか。実はこの西都原周辺は笠狭碕の伝承に満ち溢れており、同時に木花開耶姫との通婚が生々しく語られているのに驚かされる。以下、さっそくその伝承地を尋ねてみよう。

まず西都原古墳群周辺から見ていくと、西都原古墳群(a)中にある九州一の大古墳、男狭穂塚《おさほづか》と女狭穂塚《めさほづか》がニニギと木花開耶姫の墓と伝承されている。この両塚の東方約1キロの西都市童子丸《どうじまる》にある童子丸神社(1)の由緒に、「ニニギが**笠狭碕**に行幸《ぎょうこう》した際、大山祇《おおやまつみ》の二女木花開耶姫を皇妃《こうひ》と定め三皇子を生んだ。当村は三皇子ご生育の地である所から、古くから童子丸という語り伝える」とあって、このあたりが笠狭碕であったことが分かる。

次に、両塚の北およそ2、3キロの西都市穂北に木花開耶姫の姉とされる磐長《いわなが》姫を祭る穂北神社(エ)があって、そこにも、「太古ニニギ、**笠狭の碕**《みさき》にご降臨された際、大山祇神《おおやまつみのかみ》の二女を妃《きさき》とし、長女である磐長姫を寵愛しなかった。そのため姫は**笠狭の地**を隔たること二十余丁、五十鈴《いすず》川(現一ツ瀬川)の川上に去り当地に鎮座された」と伝わっている。ここに穂北神社は笠沙から二十余丁(約2、3キロ)とあるが、穂北神社と笠沙伝承があった童子丸神社との距離を地図で確認するとやはり約2、3キロである。よって、両塚を含む童子丸神社（1）近辺が笠沙の北端であった可能性が高まるが、それを証する痕跡が以下に見られる。

両塚から約3キロ南の西都市清水《きよみず》にある清水神社（ク）に、「古名**笠狭の原中**に大陵があり、火闌降命《ほすそりみこと》の山陵と伝える」とあって、西都原台地南に位置するこの清水台地もかつては笠狭の原とされている。

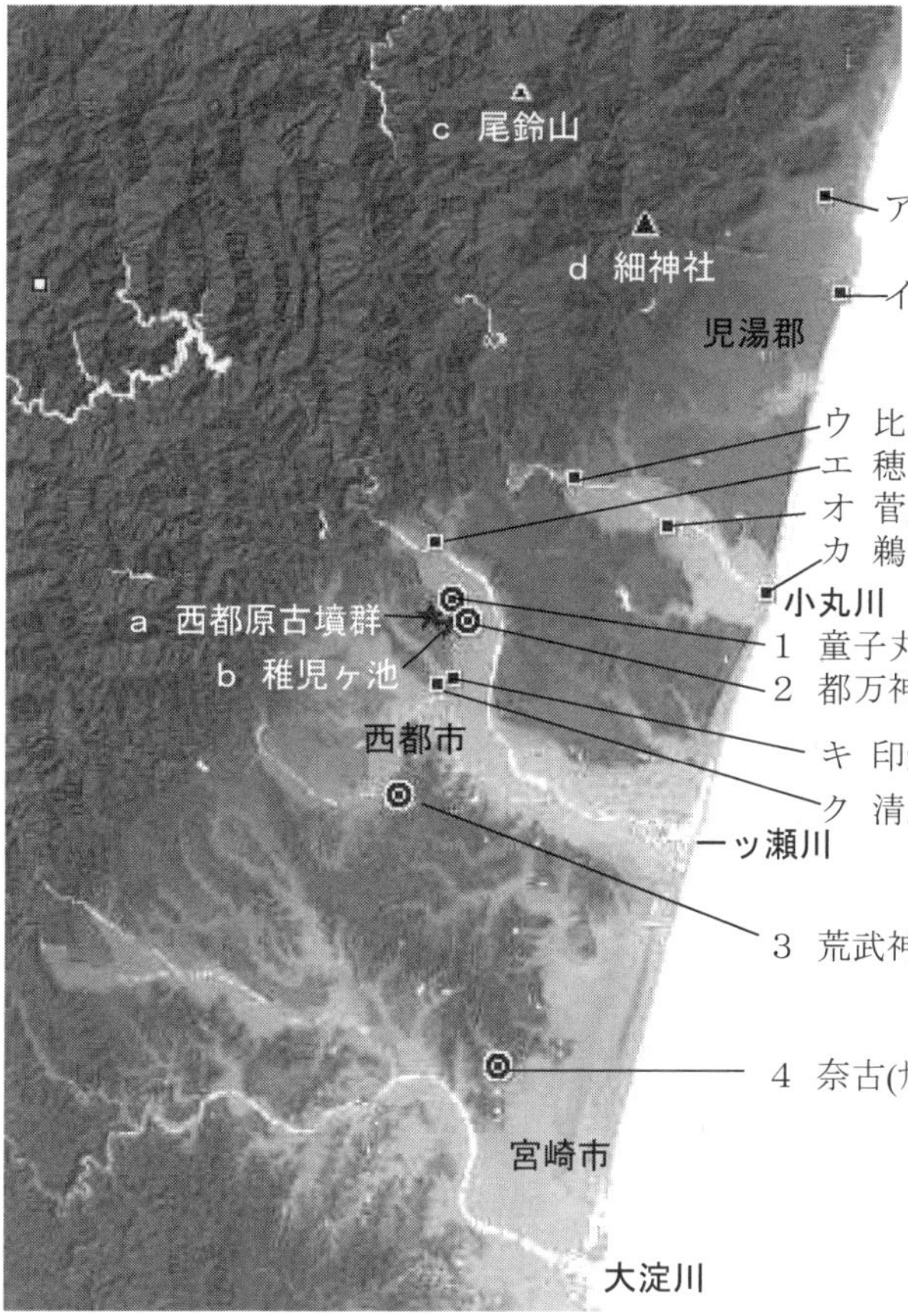


日向国南方（地域Ｅ）でのニニギの足跡（◎）と大己貴の痕跡（■）

さらに約5キロ南の西都市荒武《あらたけ》にある荒武神社（3）にも、「天孫が**笠狭の碕**に行幸されたとき、大山祇の二女木花開耶姫をもって皇妃とし、云々」と伝わっており、この地も**笠狭**に含まれていたことが分かる。

**笠狭の地**はさらに南の大淀川北岸にまで及んでおり、宮崎市南方町《みなみかたちょう》にある奈古《なご》神社（4）の由緒には、「ニニギは日向国高千穂槵触峯《くしふるたけ》に天降り給い（中略）吾田長屋**笠狭の御碕**に至り天神地祇《てんじんちぎ》を祭った。（当社は）旧称奈古《なご》八幡宮とも長屋神社とも称し、近辺六ヶ村の産土神《うぶすながみ》として崇敬されてきた」とある。

以上、ここまで**笠沙の地**が都合五箇所に見出せた。これらを総括すると、**笠狭**は西都原《さいとばる》台地や清水《きよみず》台地を包含した南北に細長く伸びる台地全体をさし、その南端にかつての長屋神社、今の奈古《なご》神社があってそこを**笠沙の碕**《みさき》と呼んだと言えそうだ。ここにいきなり長屋が登場するが、長屋というのはこの長屋神社のあたりをいうのか、あるいは**延岡の吾田から日向の笠狭碕に至る南北に延びる長い大地全体を表現したものか、現段階では不明である。が、少なくとも笠沙は一ッ瀬川と大淀川に挟まれた台地全体を指していた**ことは間違いない。

蛇足ながら西都市妻の木花開耶姫《このはなさくやひめ》を祭る都万《つま》神社（2）はそんな笠狭の伝承に囲まれた地にあって、「天孫ニニギが木花開耶姫に『汝を妻とせん』と勅言したことにより当社を都万《つま》宮と称し、この地方を妻という」と伝えている。由緒中には笠沙の二文字は含まれていないが、永禄元年（１５５８）再写の『妻宮縁起書』中に、「児湯郡斎殿原**笠狭碕**」とあって（日高正晴著『古代日向の国』）、遅くとも室町時代末にはすでにこのあたりが「**笠狭碕**」と称されていたことが明確である。

### 同地域（E）に残る大己貴の色濃い影

さて、上記のように西都原周辺はニニギと木花開耶姫との伝承一色で、「幻の皇祖神系譜」（2章4節）の一要素ニニギ＝大己貴を示す痕跡はここまでどこにも見当たらず、ニニギの伝承は書紀のままに一糸みだれずの感が強い。が、視点を大己貴に移し、西都原周辺の神社伝承をたどっていくと、ニニギ＝大己貴の傍証が数点浮上してくる。中でも重要な傍証は西都原古墳群から約25キロ北東にある児湯郡都農町《つのちょう》の日向国一の宮都農《つの》神社に色濃く残っていることは本書冒頭の「はじめに」で述べた通りであって、初代天皇神武はヤマトへの東征にあたり、東征の成就を書紀上自身の祖父とされるニニギにではなく、まごうかたなき本来の父・大己貴に祈念したのであった

ここにようやく本書冒頭に述べた「**初代天皇と大己貴（大国主）とは強い絆で結ばれている**」の真意がご理解いただけたかと思うが、未だに疑念が払拭しきれないという方でも、当地に残る都農神社以外の以下の伝承を知ればいかがだろうか。

一つは、神武天皇が東征に際し創祀した都農神社の南約4キロにある児湯郡川南町《こゆぐんかわみなみちょう》の甘漬《あまづけ》神社(177頁図のイ)の伝承で、ここでも本書冒頭の都農神社同様、やはり**大己貴一柱を祀り**、「(神武)自ら大神を奉斎し群臣将兵と共に武運長久と国土の平定を祈請されたのが創祀の始め」と記録されている。**神武天皇がいかに大己貴を心の支えとしていたか**が分かる。二点目は、ニニギと木花開耶姫のペアが大己貴と木花開耶姫のペアで祭られている神社が二社ある。一社は東臼杵郡諸塚村の小原井《おばらい》神社で、もう一社は延岡市無鹿町《むしかまち》の大将軍神社だ。思い起こせば、大己貴(伊和大神)と木花開耶姫とが夫婦であったという伝承は、『播磨国風土記』にもしっかり記されていた(7章3節)。

三点目。木花開耶姫にかわり三穂津《みほつ》姫を大己貴とペアで祭っているのは児湯郡木城町《きじょうちょう》の比木《ひき》神社(ウ)で、当社には古来からの特殊神事が多く残っている。例えば十月二十八、二十九日の両日、高鍋、木城の三十箇所近いお旅所を神輿《みこし》が巡幸する「お里廻《まわ》り」は、祭神大己貴が国土を巡幸し天下を治められた愛民治国の遺風を残すものといわれている。まさに、大己貴の国造りがここ日向でも語り継がれているのである。

以上のような西都原周辺に残る大己貴の数々の伝承を知れば知るほど、いかに大己貴の足跡がこの日向の地にしっかりと根付いていたかがまざまざと実感されるのであるが、その決定打になりそうなのが、大己貴

を祀る**都農神社**(ア)と木花開耶姫を祀る都万神社(2)、両社の関係だ。正史『続《しょく》日本後紀』巻六、承和四年(837)八月条に両社の記載があり、「日向国、子湯郡都濃神、妻神」と並んで書かれており、仲良く官社に預かっている。すなわち都農神(大己貴)と妻神(木花開耶姫)とが夫婦であったらしきことを正史が匂わしているのである。

それだけではない、同書巻十三、承和十年(843)九月甲辰《きのえたつ》(十九日)条には、「日向國无位《むい》(無位)高智保皇神《すめがみ》。无位**都濃皇神**《つのすめがみ》並奉授従五位下」とあって、都農の神(大己貴)を高智保の神と並んで、「**皇神**」としている。「皇神」とはいうまでもなく天皇家に関係の深い神(皇祖神)を意味しており、書紀神話が頭にあれば高智保の神(日向三代[ニニギ、ヒコホホデミ、ウガヤ])はイワレ彦の曾祖父、祖父、父であるので、皇神であることは分かる。が、書紀神話上、神武天皇とは血のつながりのないはずの都農の神(大己貴)がなぜ、「**皇神**」とされているのか。ここに、ここまで私が追い求め、得た「両者は親子」とする解を正史『続日本後紀』が間接的に認めているのである。

以上、大己貴がスサノオ没後、独りよく国を巡った中で最も苦労したと思われる九州への侵攻について、ニニギの降臨伝承と重ねながら解析してきたが、ここで大己貴単独伝承の足跡解析について後回しにした残り一箇所、近畿北西部からヤマトにかけての領域には大己貴伝承の半分ほどがニニギから天火明《あまのほあかり》(饒速日《にぎはやひ》)に代わって語り継がれている。恐らく、その地が大己貴の国造りの最終地であったと思われるが、詳細は次節で語りたい。

## 9節　近畿北西部からヤマトに降臨した大己貴

近畿北西部（但馬《たじま》国、丹波《たんば》国、及び丹後《たんご》国）における大己貴単独伝承は、当地に突然現れる天火明（饒速日）の足跡と重なっており、かつヤマトへの降臨伝承とも絡んでいるので、大己貴の国造りもいよいよ最終章にさしかかったようだ。本節ではまず、近畿北西部における大己貴の足跡を解析し、続いてヤマトにおける解析へと進む。ここで天火明（饒速日）と表記したのは、天火明は饒速日のフルネーム「天照国照彦天火明《あまてらすくにてらすひこあまのほあかり》櫛玉饒速日尊《くしたまにぎはやひのみこと》」の一部であることが旧事本紀《くじほんぎ》に示されており、筆者もそれに与《くみ》するからで、よって、本節では天火明と饒速日とは同体とみなして論述し、別神とする説については次節で検討する。

### 但馬国、丹波国、及び丹後国における大己貴、及び天火明（饒速日）の足跡

当地域には大己貴の足跡が三件（次頁図1、4、及び184頁図1）、さらに、天火明の足跡が三件（次頁図2、3、4）残っている。

まずは、大己貴の足跡からみていくと、一件目は但馬国北部西端、兵庫県美方郡新温泉町《みかたぐんしんおんせんちょう》にある金指《きんし》神社（1）に、「太古神社付近はしばしば洪水に悩まされしを大己貴、之を切り開いて沼地を平地となされた」と伝わっている。これは、これまでにも数点あった大己貴の開拓伝承と同類で、ここに新たな一件が加わったことになる。

次いで二件目は当社東南東約36キロにある小田井縣《おだいあがた》神社（4）の由緒冒頭に、「国作《くにづくり》大己貴、この地方を開拓されたので、小田井縣主《あがたぬし》が崇神天皇の御代、天皇の勅を奉じて一社を創立し大己貴及び天火明を祭祀された」とあり、これも大己貴の開拓伝承であるが、ここになぜか突然天火明が祭神に加わっている。

実はこの由緒には、以下の二つの異説が追記されている。その一つは当地を開拓したのが大己貴ではなく天火明（饒速日）とする異説で、「天《あまの》火《ほ》明《あかり》櫛《くし》玉《だま》饒速日《にぎはやひ》が天降りの途中、床尾山《とこのおさん》（a）に登って国を見渡すと海水の中に一つの州《くに》（来日岳《くるひたけ》［c］）があった。ここに天降り、州《くに》の北方を切り開いて開拓したのが両の瀬戸である」というようなことが書かれている。両の瀬戸は意味不明ながら来日岳北東約6キロの豊岡市瀬戸（d）を指すことは間違いない。というのは、この異説を補強する具体的で詳細な伝承が当社西北約22キロの法庭《のりば》神社（2）に伝わっているからだ。

それによると、「上古饒速日、大和国より兵をひきいて本国出石《いずし》郡床尾山に来られ、その大水の国内（当社のある豊岡盆地一帯［図の点線太枠内］）に洋々たるを見、暫く北して来日山《くるひやま》（前述の来日岳）に至り、遂にその北方の山岳を削開して漲水《はりみず》を北海に決し給う、それが瀬戸水門《みなと》（円山川《まるやまがわ》河口d）である。ここにおいて平地初めて顕れ、水道通ず。その後、饒速日は船で西に進み船越山（現船越峠［e］）に至った。その着船場に一社を建立したのが乗場《のりば》神社であって、中世これを改めて能理波《のりば》とし、終《つい》に法庭と改称した」と記録されている。ここ

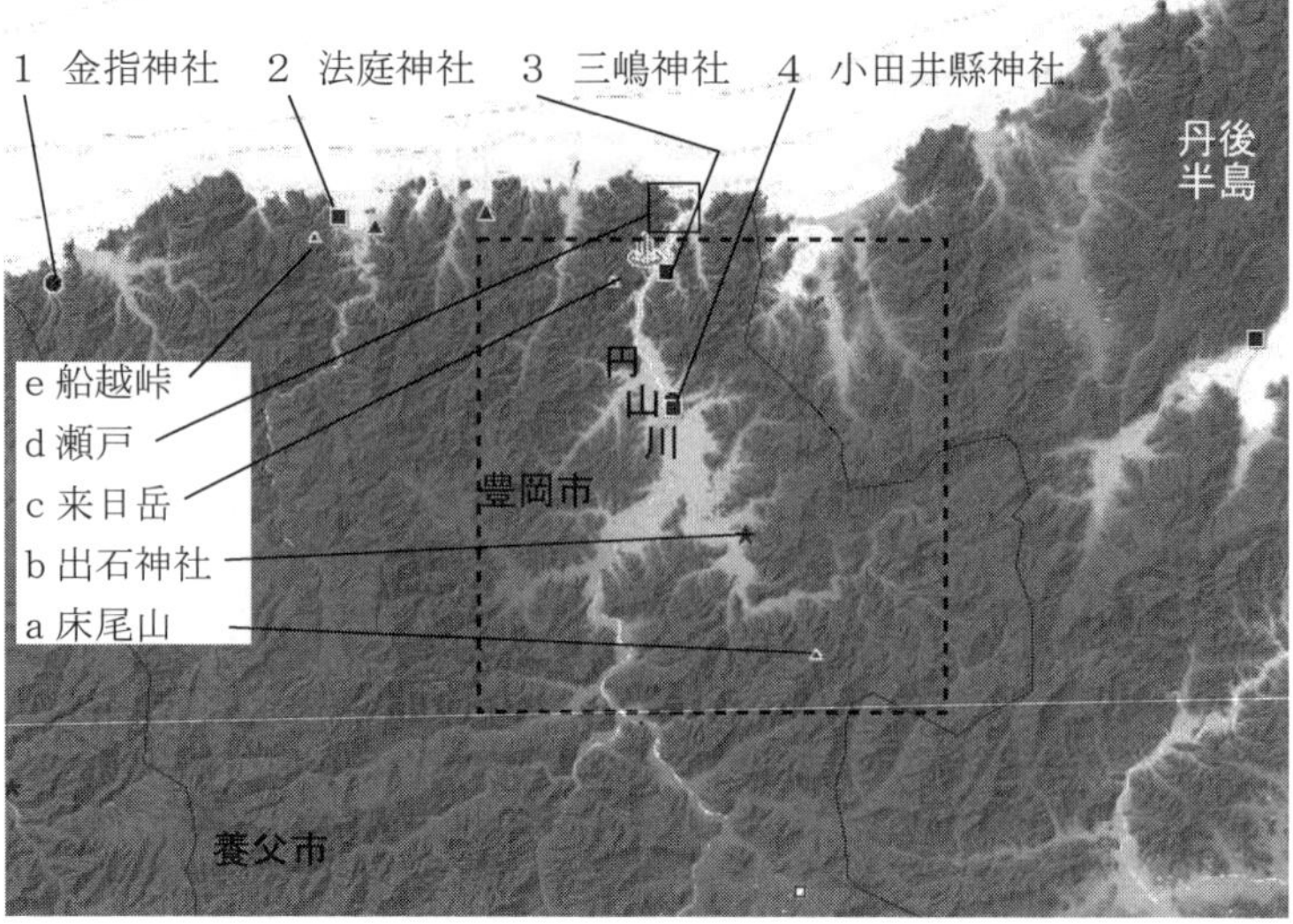

近畿北西部における大己貴の足跡（●）及び天火明の足跡（■）

に小田井縣《おだいあがた》神社の異説と当法庭神社由緒両者は共通のキーワード(饒速日、床尾山、来日岳、瀬戸)を有することから同一の伝承であったことは明らかだ。ここで自説、饒速日＝大己貴からすれば、この伝承は饒速日こと大己貴が小田井縣神社から法庭神社あたりを経て、出雲の方に戻った可能性を示唆している。

ところが、小田井縣神社の二つ目の異説には再び大己貴が主人公として登場し、「スサノオの御子大己貴が出雲国より天磐樟船《あまのいわくすぶね》に乗って西刀《せと》の水門《みなと》より入りこの地に着き、当地で神恩を施した」というようなことが記されている。ここでは大己貴は出雲の方からやってきたとされており、法庭神社の伝承とは当地にきた方向が東西逆になっている。はてさてこれはどうしたことか。ここで、両伝承とも採るとすれば以下の仮説が浮かんでくる。

それは「瀬戸水門の開拓事業は二度にわたって行われ、前半(第一次事業)は出雲国からヤマトへ向かう途次の事業、後半(第二次事業)はヤマトを征し、出雲への帰還途中の事業であった」というものだ。このような試論が成り立つのはあくまで、大己貴＝天火明(饒速日)が前提であるが、はたして、大己貴＝天火明は成り立ちうるか否か。以下、そのあたりを残る天火明、大己貴各一件の足跡をみながら確認していきたい。

まず、天火明から見ていくと、小田井縣神社真北約7キロの豊岡市城崎町《きのさきちょう》楽々浦《ささうら》に佐々宇良彦を祀る三嶋神社(3)があって、佐々宇良彦が天火明に随従、補佐して三島に宮居を定め子孫が永住したと記録されている。さらに、その佐々宇良彦の母方の父が嶋戸《しまど》天物部《あまのもののべ》とも記載されている。ここで嶋戸天物部は饒速日のヤマト降臨に供奉したと旧事本紀《くじほんぎ》が記す、天物部等二十五部中に名のある一氏族であることに思いがいたれば、この一族は、饒速日のヤマト降臨に供奉したことになる。

一方、饒速日の天降りに供奉した二十五部の中には、当物部以外に播磨物部や讃岐三野《さぬきみの》物部、さらには越後に名のあった二田《ふただ》物部(本章7節)等、いずれも大己貴の色濃い足跡伝承があった地域が含まれており、ここに饒速日と大己貴との重なりが見えてくる。
最後に大己貴の残る一件の伝承は、ぐっとヤマトに近づいて丹波国の最南端、亀岡市上矢田町《かみやだちょう》の鍬山《くわやま》神社（神社の場所は次図左上の1）に残っており、「大昔この地は一泥湖であったが、大己貴は八神と黒柄嶽《くろがらだけ》に会し、鍬を上げて東方浮田狭を開いて水を決せられた」と記録されている。八神の具体的な名は不明である

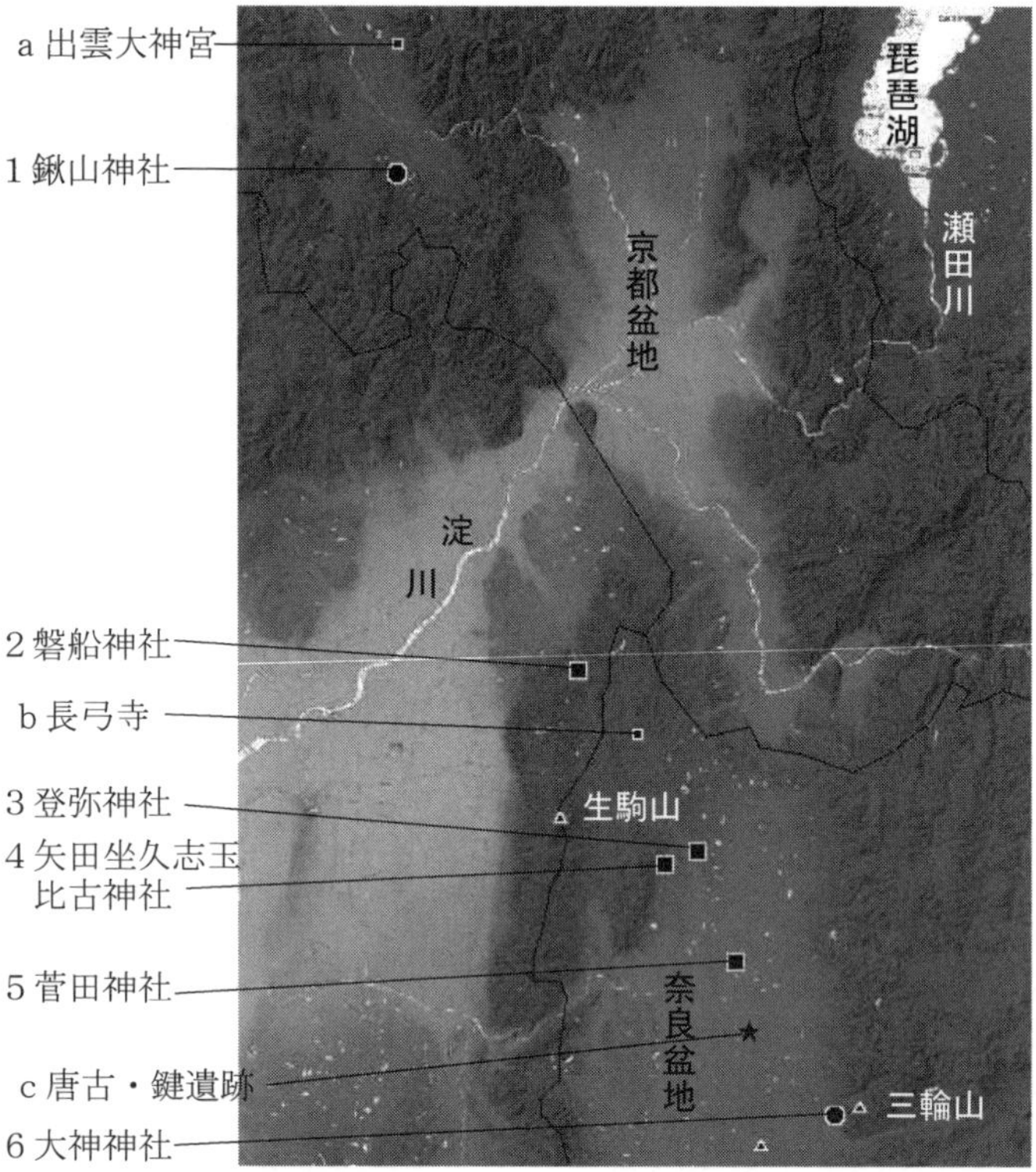


**但馬国南東部から大和国に残る大己貴の足跡（●）及び饒速日の足跡（■）**

が、大己貴＝饒速日《にぎはやひ》が成り立つならば、二十五部の物部《もののべ》等《たち》の中に含まれる可能性が高いと考える。

さて、この伝承との関わりは不明であるが、当社真北7キロの同市千歳町《ちとせちょう》出雲に式内名神大社にして丹波国総社一宮出雲大神宮（図a）が建立されており、そこに大己貴が大国主と名を換え、その后三穂津姫と共に祀られている。三穂津姫の正体は不明であるが、アマテラスの分身三女神（玉依姫）と同体と思われる。なぜなら、当社の宮司は出雲大社宮司千家《せんげ》果安《はたやす》の一子で、宮司家は出雲大社において、

大己貴の筑紫妻**多紀理姫**《たぎり》（玉依姫）を本殿向かって左の境内社（筑紫社）に、正妻須勢理姫を祀る右の境内社（御向社《みむかいのやしろ》）をさしおいて一段と丁重に祀っていた（千家尊統《せんげたかむね》著『出雲大社』）からだ。当地に当社が建立されている理由は社頭案内板に「日本建国は国譲りの神事に拠るところであるが丹波の国は恰《あたか》も出雲大和両勢力の接点にあり此処に国譲りの所由に依り祀られたのが当宮である」と示されている。

以上、近畿北西部における大己貴の足跡、及び天火明（饒速日）の足跡はこんなところであるが、鍬山神社（１）から先、大己貴はいよいよ奈良のヤマトに降臨（入国）したようである。

## 河内国、大和国における大己貴、及び饒速日（天火明）の足跡

さて、倭国大乱後半もいよいよ最終局面。大己貴がヤマトに降臨（入国）した痕跡は奈良盆地の東南、三輪山を御神体とする大和国一の宮大神《おおみわ》神社に明確に残っている。その詳細はすぐ後で述べるが、当地域における大己貴の足跡はこの一件のみで、他は饒速日の降臨伝承が四件（前頁図２～５）と大己貴を上回っている。当地域に大己貴の足跡が一件（同図６）しかない理由については後述するとして、まずは饒速日の降臨伝承四件を北から順に見ていこう。

最初にあるのが大阪府交野《かたの》市私市《きさいち》の磐船《いわふね》神社（２）で、ここに「当社は御祭神饒速日が天照大御神の詔《みことのり》により天孫降臨された記念の地であり、『河内国河上哮《いかる》ヶ峯』と呼ばれているところ」とある。当社は奈良県生駒市に隣接する生駒山系の北端にあって、まさに河内と大和の境に位置し、境内を流れる天野川は10キロほど下って淀川に注ぎ込んでいる。この天野川に沿って、現在の枚方《ひらかた》と奈良の斑鳩《いかるが》地方とを結ぶ、かつての「上《かみ》つ鳥見《とみ》路《じ》」、後に「磐船街道」とか「割石越え」と呼ばれる道（現在の国道１６８号線）がある。

興味深いことに、当地は大己貴伝承がある前述の鍬山神社（同図１）と大和国の大神神社（６）とを結ぶ直線

上の丁度中間付近(鍬山神社の南南東約30キロ)にあって、残る饒速日《にぎはやひ》の足跡三件もほぼこの直線上に点在している。その上、この線上には弥生時代前期に始まる奈良盆地最大の環濠集落である唐古《からこ》・鍵《かぎ》遺跡(c)が存在している。このあたりは古代、広大な盆地湖があって人が住むのに不適な土地と考えられていたが近年の目覚ましい考古学の成果で弥生時代前期後半には盆地の各河川流域に農耕集落が拡散し、人が定着していたことが確認されている。恐らく、饒速日がヤマトに入国してきたとすればその最大の狙いは、そんな集落の中でも中核的かつ最大規模であった唐古・鍵集落の住民との接触あるいは交易ではなかったか。というのは、当地域における饒速日と大己貴伝承計五件には、戦闘や開拓を匂わす伝承はみられず、いずれも当地の娘との通婚、あるいはその後の居住にかかわるものであるからだ。以下具体的に見ていこう。

まず、磐船神社に続く饒速日の足跡が、その南南東約12キロの奈良市石木町《いしきちょう》の登弥《とみ》神社(3)にあって、「登美連《とみのむらじ》が先祖饒速日命《にぎはやひのみこと》の住居地・白庭山《しらにわやま》であったこの地に、命《みこと》ご夫妻を奉祀したのが当社の創建」と参道途中の石碑に記されている。ここに妻の名はないが、記紀や旧事本紀《くじほんぎ》から察するに、当地付近に勢力を誇っていた豪族長髄彦《ながすねひこ》の妹御炊屋《みかしぎや》姫(三炊屋姫とも)であろう。ところが白庭山には諸説あり、当社西南西約2キロの大和郡山市《やまとこおりやまし》矢田町にある矢田坐久志玉比古《やたにますくしたまひこ》神社(4)もその候補地の一つである。こちらには饒速日が御炊屋姫と共に祀られており、饒速日の降臨伝承が伝えられている。白庭山には他説もあってその場所は不確定ながら、いずれにしろ上記三点(2~4)の近辺にあったとみてよかろう。

さて饒速日伝承の最後は、彼のヤマト入国に付き従ったという従者の伝承で、上記両社の南東約7キロの大和郡山市八条町にある菅田《すがた》神社(5)に、「祭神 天櫛杵《あまのくしきね》(別名天津真浦《あまつまうら》)は饒速日を天磐船を操り倭国鳥見《とみ》白庭山に降し、自らはこの地に宮作りして、永久に鎮まれた」とある。これは饒速日の直接的な伝承ではないが、饒速日の通過地を示す間接的な補完伝承として加えておきたい。

実はこのような饒速日のヤマト降臨の補完伝承は千葉県印西《いんざい》市平岡の鳥見《とりみ》神社や東京都府中市住吉町の小野神社にも残っている。いずれも饒速日の部下が降臨に供奉、目的達成後東遷して関東の右記場所に土着し、前者の場合は饒速日とその妻子を祀り、後者の場合は自らが後裔《こうえい》により祀られている。

以上、饒速日のヤマト降臨(入国)伝承は直接・間接両面から支えられており、彼がヤマトに入国したことは確かな事実と思われる。ところが、不思議なことに饒速日のヤマト降臨伝承はここまでで、その南東にある古代の聖地三輪山山麓の方には饒速日の伝承は見いだせない。そして、饒速日に入れ替わるかのように三輪山山麓南西におごそかにたたずむ大和国一の宮大神《おおみわ》神社の方には大物主《おおものぬし》、すなわち大己貴がヤマトで娶った妻と共に暮らしたとされる住居地が伝承されている。

大物主が大己貴の別称であることはここまですでにあちこちにその傍証があったが、大神神社社務所発行の由緒にも「遠い神代の昔、大己貴(大国主)の神が自らの 幸魂奇魂《さきみたまくしみたま》 を三輪山に鎮められ、**大物主の神の御名を以って**、お祀りされたのが始まりです」とある。少々問題なのは、大神神社は主祭神が大物主大神で、大己貴と少彦名の二神が配祀されており、同一神をわざわざ名を変えて祭祀する理由が不明ということで、大物主と大己貴とは別神であるという見解が根強く残っていることである。

が、これまで見てきたように大物主が大己貴の分身であることは「出雲国造神賀詞《かむよごと》」に大己貴自身の言葉、「**己 命 和 魂**《おのれみことのにぎみたま》を八咫《やた》の鏡に取り付けて、倭の**大物主**櫛𤭖玉 命《くしみかたまのみこと》と名を称《たた》えて、大御和《おおみわ》の神奈備《かむなび》に坐《ま》せ」として示されていた(4章2節後半)し、大物主を祀る金刀比羅宮《ことひらぐう》の由緒にも大物主が大国主(大己貴)であると明記されていた。

大神神社でも摂末社中、最重要社とされている狭井坐大神 荒魂 神社《さいにますおおみわのあらみたま》の祭神、大神 荒魂 神《おおみわのあらみたま》の正体が『大三輪神社鎮座次第』(嘉禄二年[1226])に「**狭井社、大己貴の荒玉也**」と明記されている(大神神社の元宮司中山和敬《わけい》著『大神《おおみわ》神社』）。

以上、大物主＝大己貴の検証はこれで十分と思うが、ではなぜ、大己貴が大物主と呼ばれるようになったのか。これについては日本古代史学者として著名な田中卓《たかし》（１９２３〜２０１８）の著作に優れた論考があるので紹介しておきたい。田中が注目したのは記紀における大己貴と大物主との出現の差異で、例えば書紀で言えば大己貴が登場するのは神代紀及びそれに続く初代天皇神武紀まで。一方、大物主は神代紀に大己貴の別称として一度紹介されるが、実質的な登場は崇神紀以降で、崇神紀に五度、雄略紀に一度、全て三輪山との関係で登場しているという分析の下、次のように結論した。すなわち、「書紀について考える場合、神神の活躍する神話の世界としての神代巻にあっては、大己貴の名が中心となり、人々の行動が記される歴史の舞台としての人代巻では、純粋な信仰の対象としての大物主の名が現れるということは極めて自然、むしろ当然である」と述べた上で、判りやすく図示すればとして、上図を示されている（『神話と史実』）。卓見である。従いたい。

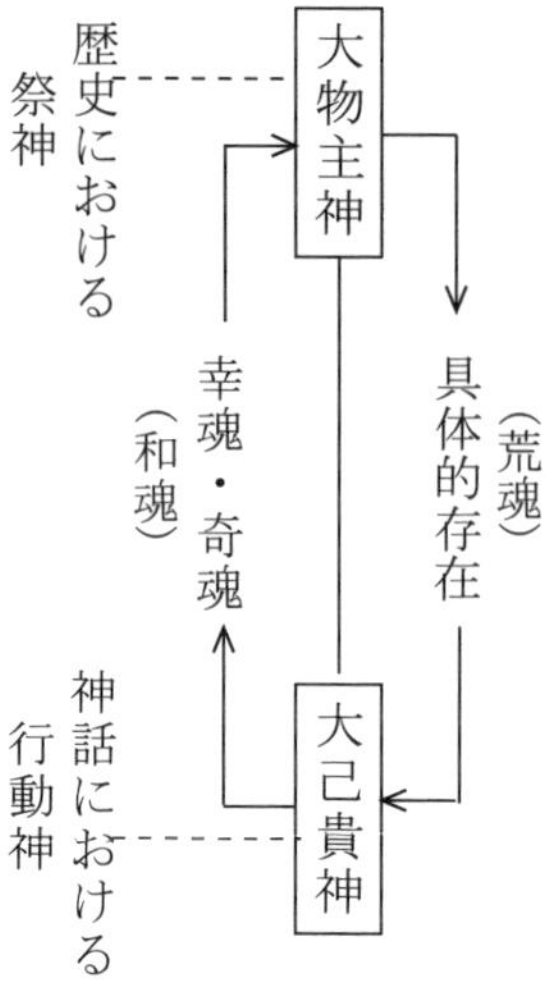


さて、ここで三輪山に残る大己貴の足跡に戻ると、大神神社の北北東約300メートルに前述の狭井《さい》神社があって、その北側の「柿畑になっている岡一帯を現在も**出雲屋敷**と呼んでいる」場所があることが、中山和敬著『大神神社』に示されている。同著には続けて「この岡こそ神武《じんむ》天皇の皇后になられた大神《おおみわ》の女《むすめ》、伊須気余理比売《いすけよりひめ》（書紀ではヒメタタライスズ姫）の住居のあったところと伝えられている」とあって、それはとりもなおさず伊須気余理比売の両親、大己貴とその大和妻がそこに住んでいたことを意味しよう。地名の出雲屋敷がそれを暗示している。このあたりの伝承は書紀には一切触れられていないが、古事記には神武天

皇の皇后選定の段に、伊須気余理比売の家が狭井の河上にあった、と明記されている。

　この出雲屋敷と狭井神社の間には三輪山山腹の三光の滝から流れ出る幅1メートルほどの狭井川が流れており山の辺の道と交差しているが、交差点を100メートルほど北上し、左折した50メートルほどのところに現在、「神武天皇聖跡狭井河之顕彰碑《さいがわのけんしょうひ》」が建立されている。このあたりが出雲屋敷の中心であったのだろう。地図で確認すればそこは大神神社のほぼ真北500メートルほどの地点である。

　以上、大神神社周辺に残る大己貴の伝承を確認したが、ここで、今一度184頁の図によって大己貴と饒速日の足跡を確認してみると、その不自然さに気付く。すなわち、大己貴の足跡は丹波《たんば》国南端の亀山市鍬山神社(同図1)からプツリと途絶えたかと思うと伏流水のごとく60キロも離れた三輪山(6)に突然姿を現す。一方で、但馬国の方に足跡があった饒速日はそこから約120キロも離れた河内国交野《かたの》市の磐船《いわふね》神社(2)に突然姿を現し、そこから当時のヤマトの中心地、唐古・鍵、あるいはその先の三輪山方面に向かっている(3～5)。にもかかわらず、饒速日は三輪山周辺に姿を見せない。

　さて、ここで本項冒頭の疑問、「当地域に大己貴の足跡が一件しかない理由」についての私見を述べるとしよう。端的に言えば、それは大己貴、饒速日(天火明)が異名同体であるからだ。大己貴の痕跡は全国各地に数多く見つかるが、饒速日の痕跡はこれといったものはなく、かつ、近畿北西部や当地で見たようにいずれも大己貴の足跡伝承に重なって存在しており、そこには倭国大王の面影は全くない。

　にもかかわらず、饒速日あるいは天照国照彦天火明櫛玉《あまてらすくにてらすひこあまのほあかりくしたま》饒速日を倭国の大王として称える論者が少なくないのはやはり、旧事本紀《くじほんぎ》の影響であろう。そこで、饒速日や天火明は旧事本紀に一体どんな人物として描かれているのか、さらにはそこに大己貴＝天火明＝饒速日の痕跡が見いだせるかどうかを節を改め検討するとしよう。

## 10節　旧事本紀が暗示する大己貴＝天火明＝饒速日

### 旧事本紀（先代旧事本紀、旧事記とも）について

旧事本紀《くじほんぎ》は神代から推古朝までの事跡を全十巻に記すもので、その序文には推古二十八年（６２０）に天皇の勅を奉じて聖徳太子が蘇我馬子等に命じて撰定（但し、巻九の巻末には推古天皇の勅を奉じて聖徳太子と蘇我馬子が先代旧事、天皇紀等を撰録）したとある。が、本文には部分的に書紀（７２０年）や『古語拾遺』（８０７年）が引用されていることもあって偽書説がたえず、特に明治以降は偽書説がまかり通ってきた。

ようやく昭和の半ばになって鎌田純一（１９２３～２０１４）が『先代旧事本紀の研究』（吉川弘文館）によって、当書が記紀や『古語拾遺』等と共に併せみるべき重要書であることを考証し、偽書説見直しの機運が生まれた。最近では安本美典氏が『古代物部氏と「先代旧事本紀」の謎』（勉誠出版）でその成立年代を８２０年代の末、編纂者は明法《みょうぼう》博士の興原敏久《おきはらみにく》（物部氏の後裔《こうえい》）と推察、内容的にも「用語・用字」から明らかに推古朝の遺文が含まれており、聖徳太子の頃にまとめられた遺存資料に書紀や『古語拾遺』などの情報を加えて成立したものであると考証された。旧事本紀の真偽についての議論は両氏の著作にゆだねることにして、本書では旧事本紀の中から採るべきものを採って、その中に描かれている大己貴＝天火明＝饒速日の痕跡を探っていきたい。

### 旧事本紀のストーリーを紐解く

旧事本紀は前述のように古代の大豪族物部氏の氏族伝承に重きをおいた書物とされており、なるほど彼らの始祖饒速日《にぎはやひ》については書紀よりもはるかに詳しい。その旧事本紀巻三「天神本紀《てんじんほんぎ》」によれば、饒速日は天磐船《あまのいわふね》に乗って河内国に降臨。その際に随従した三十二人の武将や二十五部《べ》の物部（軍団）他の個人名が詳

しく記されている。さらに、河内国に降臨後、大和国鳥見《とみ》の白山に移り、そこで長髄彦《ながすねひこ》の妹御炊屋姫《みかしきやひめ》を娶《めと》って二人の子宇摩志痲治《うましまち》(書紀では可美真手《うましまで》)が誕生する前に亡くなったとあって、書紀が神武東征時にも饒速日はまだ健在で、長髄彦を殺して神武側に恭順してきたとする記述とは一線を画している。

一方で、その巻四「地祇本紀《ちぎほんぎ》」では、**大己貴**が天羽車《あまのはぐるま》の大鷲《おおわし》に乗って妻を求め、茅渟縣《ちぬのあがた》(大阪湾和泉国)に降臨、大陶祇《おおすえつみ》の女《むすめ》活玉依姫《いくたまよりひめ》を妻としたとあって、前述の巻三「天神本紀」の**饒速日**が河内国に天降りして、長髄彦の妹御炊屋姫を娶った話を彷彿させずにはおかない。すなわち、ここに大己貴＝饒速日がほのめいている。

それだけではない。続く巻五「天孫本紀」によって、いよいよ饒速日の実体が明かされる。その冒頭は、いきなり「天照国照彦《あまてらすくにてらすひこ》天火明《あまのほあかり》櫛玉《くしたま》饒速日尊《にぎはやひのみこと》(以下**十三文字の尊**とも)、亦の名は天火明命、亦の名は天照国照彦天火明尊、亦は云う、饒速日命……」という文章から始まる。すなわちここで、**「十三文字の尊」**が、**実は天照国照彦(五)＋天火明(三)＋櫛玉饒速日(五)の合成**であることが明確に宣言されているのである。

さて、では最初の「天照国照彦」とは誰か。これはもちろん、大己貴に違いない。なぜなら、記紀や旧事本紀に登場する神々の中で、「上は高天原《たかまのはら》を光《てら》し、下は葦原中国《あしはらのなかつくに》を光す神」すなわち天照国照の神として紹介されているのは唯一、古事記の猿田彦のみであるが、旧事本紀は巻四「地祇本紀」にスサノオと稲田姫との子大己貴の別称として、「清《すが》ノ湯山主《ゆやまぬし》三名《みな》狭漏彦《さるひこ》八嶋篠《やしましの》」としている。この名は大己貴の幼名の三名《みな》が「狭漏彦」であったとして、その幼名は彼の成長と共に実態に即した大国主や大己貴(大名持ち)へと変化していったものと思われるが、同時に俗名として「狭漏彦」から変化した「猿田彦」も使用されていたのではないかと推察する。

サルヒコは猿田彦ずばりの名ではないが、ここまで大己貴の足跡を追う中で、詳細は省いたが、因幡国で記載した因幡街道中、及び九州高千穂峡から延岡の吾田へと東流する五ヶ瀬川の中ほど、計二箇所において猿田彦の足跡が大己貴伝承に挟まれるように記載されており、猿田彦＝大己貴が成り立つ可能性は限りなく高い。

以上より、「十三文字の尊」の正体が大己貴の異名同体三神として、では**旧事本紀は大己貴をなぜ三異名で語る必要があったか。恐らくそれは旧事本紀の創作ではなく旧事本紀編纂(7～8世紀)の頃には大己貴の後裔三氏族は実際に三異名で呼び習わされていたからに違いない。**大己貴一人が三氏族(厳密に言うと皇族、出雲氏族も含めて五氏族)の祖として実際そう呼ばれていたというのは、当時の二つの常識から推定できる。

一つは、倭人伝の3世紀当時、**「国の大人は皆四、五婦」**(『魏志』)であった。二つ目は、「大和《やまと》(古墳)時代の婚姻は妻問婚《つまどいこん》であって、婿主は妻方の族長で、妻方が子を育てる関係で**父と子の生活拠点は別々、子の拠点や身柄は母親の氏族の中にあった**」(高群逸枝《たかむれいつえ》著『日本婚姻史』)。ここで**「氏族」とは「家族」の名称で、「姓《せい》」とも呼ばれるが、女偏に生むからなる「姓」は、子供を生む女、つまり母親の家系に与えられた標識であった**と言われ、古代母系社会の名残とされている(カバネと訓む「姓」は奈良時代頃には消滅)。

この二点が古代(古墳時代前後)の常識であったとすれば、**①別々の拠点に暮らす(例えば大己貴の妻)四、五婦の母系集団においては、各氏族独自の始祖の名を持つことは自然の理。②その四、五婦の母系集団から出雲、三輪、尾張、物部各氏等の分岐成長が始まった。③成長を続けた分岐氏族の後裔達が、数世紀をまたいで各氏族の上祖を夫々の名で呼び習わし続けた結果、旧事本紀編纂の7～8世紀頃にはすっかり、分岐各氏族の上祖としての地位・名称を確立していた**として、なんら不思議はない。

そんな観点から、以下、旧事本紀が暗示する皇族、出雲氏族以外の大己貴の後裔《こうえい》三氏族を見ていこう。

## 旧事本紀が暗示する大己貴の後裔三氏族

**十三文字(天照国照彦天火明櫛玉饒速日)の尊の系譜を記す旧事本紀**

| | | |
|---|---|---|
| 天照国照彦<br>天火明<br>櫛玉饒速日 | 天照国照彦こと大己貴<br>‖-天日方奇日方…以下大己貴の父スサノオを祖と<br>活玉依姫　　　　する**三輪氏族十二世代分**の系譜 | 巻第四<br>地祇本紀 |
| | 天火明<br>‖-天香語山………以下天火明を祖とする**尾張氏族**<br>天道姫　　　　十八世の孫(**十九世代分**)の系譜 | 巻第五<br>天孫本紀<br>(前半) |
| | 饒速日<br>‖-宇摩志麻治……以下饒速日を祖とする**物部氏族**<br>御炊屋姫　　　　十七世の孫(**十八世代分**)の系譜 | 巻第五<br>天孫本紀<br>(後半) |

旧事本紀には「**十三文字の尊**」**のそれぞれの妻からなる三氏族の後裔の系譜が十代以上にわたって上表のように記載されている。**

一つは活玉依姫《いくたまよりひめ》を娶ってもうけた天日方奇日方《あまひかたくしひかた》以降の三輪氏族の系譜、次に天道姫《あまのみちひめ》を娶ってもうけた天香語山《あまのかごやま》(天香山《あまのかぐやま》とも)以降の尾張氏族の系譜、最後に御炊屋姫《みかしきやひめ》(書紀は三炊屋姫)を娶ってもうけた宇摩志麻治《うましまち》(書紀は可美真手《うましまで》)以降の物部氏族の系譜の三氏族だ。

以上から**旧事本紀が必ずしも物部氏の系譜伝承、及び饒速日の復権のみを目指した書物ではなく、三輪氏族や尾張氏族の系譜伝承の復権をも含むものである**ことは明白である。

ここで注意すべきは、大己貴の系譜において活玉依姫の夫を当初、表のように大己貴としながら、すぐに古事記に記載の大己貴の稲羽《いなば》の素兎《しろうさぎ》の話等、古事記神話を長々と挿入し、再び活玉依姫以下の系譜に戻る際、活玉依姫の夫を大己貴ではなく子の事代主に換えていることだ。それを私が表のように当初の大己貴に据えおいた理由は、同書巻第七「天皇本紀」では、天日方奇日方の妹ヒメタタライスズ姫が二度登場するが、最後に姫を大三輪大神(大己貴)の女《むすめ》としており、その場合、妹ヒメタタライスズ姫の兄(天日方奇日方)の父が大己貴の子の事代主というのは、明らかに世代矛盾となるからだ。

ここで、書紀神話を振りかえると、ヒメタタライスズ姫の父について神**代**紀上では、大三輪神（大己貴）か事代主かをあいまいにしていたのが神**武**紀になると一転、ヒメタタライスズ姫の父を事代主に限定し、以降、その筋書きで物語を展開していた。そうと分かっていたなら、なぜ書紀は最初からそう言わなかったのか。そんな疑問に対する解として私が提唱したのは大己貴＝**事代主**＝饒速日＝ニニギ、すなわち大己貴大倭王仮説であった（52〜54頁）。前頁の表はそれを貫いた結果でもある。

加えて、前述の三輪山に残る出雲屋敷の伝承でも、「この岡こそ**神武**《じんむ》**天皇の皇后になられた大神**《おおみわ》**の女**《むすめ》、**伊須気余理比売**《いすけよりひめ》**（書紀ではヒメタタライスズ姫）**の住居のあったところ」（188頁）とあって、ここにもヒメタタライスズ姫は大己貴の子の事代主ではなく大己貴の娘と明記されていたのも見逃せない。

さて、ここで冒頭の旧事本紀の表に戻ると、注意すべきもう一点は、旧事本紀はなぜか大己貴の原点、出雲氏族の系譜には言及していないということだ。それは旧事本紀の原本が編纂されたであろう7、8世紀頃には出雲氏族の権力が衰退し、大和朝廷に服属していたからであろう。この頃、出雲氏族の後裔出雲国造は代替わりごとに上京し、天皇の前で神賀詞《かむよごと》を奏上することが義務付けられていたことは前述（63頁）の通りだ。

その一方、物部氏族は石上朝臣麻呂《いそのかみあそんまろ》（６４０〜７１７）が左大臣、三輪氏族では高市麻呂《たけちまろ》（６５７〜７０６）が左京大夫《さきょうのだいぶ》に、尾張氏族も尾張宿禰大隅《おわりのすくねおおすみ》が壬申の乱（６７２年）の功績で天武朝、持統朝において位階や田を賜わるなど、史書作成時点にあってなお、有力かつ無視できない存在であったことが知られている。

蛇足ながら、大己貴が右記の氏族名の他、大国**主**や大国**玉**、あるいは大物主や八千矛神など、多くの異名を持つことに不慣れな現代人にとって、これらの異名は別神とする一部論者の見解を支持する読者も少なくない。そんな見解に対する興味深い論説を【豆知識】③で紹介するが、「十三文字の尊」の中で大己貴のみが異名を多数もっているのは、大己貴大倭王仮説の傍証の一つになりはしないか。当仮説では事代主は大己貴の分身とみる(54頁)が、書紀はなぜ大己貴の子として事代主を加える必要があったのか。思うに大己貴と玉依姫との通婚の吐露は玉依姫の裏に垣間見えるヒミコの姿がいつしか、あちら側に露呈する可能性を書紀編者が恐れたからではなかろうか。書紀はそれだけは絶対に避けたかったはずだから(関連記事17、20頁)。

## 【豆知識】③古代人は多くの異名をもっていた

大己貴が幾つもの異名を持つとする自説を承服しかねている読者のために、以下補足しておく。

各地を自由に渡り歩きながら、遠征の先々で妻を持ち子孫を繁栄させることが人生の目的の一つでもあった古代において、首領ともなる人物は同系氏族の派生分岐の始祖として土地土地の人々から色々な呼び名を与えられたことは想像に難くない。これを歴史学者田中卓《たかし》は、「亦の名として異名の見えるのは、その奉ずる神の働きに即して、例えば戦に臨んでは八千《やち》戈神《ほこのかみ》、国土開発に際しては大国主神という風に、神徳を神名に託して表現したものに他《ほか》なるまいと思うのである。従って、神徳の広大な、有名な神ほど異名を多くもつものであって、それは人間の場合でも同様であろう。例えば、豊臣秀吉は日吉丸・小猿・藤吉郎・羽柴筑前守《かみ》・豊太閤《ほうたいこう》・関白・太閤・豊国大明神などと、大己貴神に負けぬくらいに幾通りにも別名があって、しかも語る人と題材によってそれぞれが使い分けられている。事情は徳川光圀《みつくに》の場合も同様であるが、この場合は更に面白い。(中略)その光圀に、長丸・千代松丸・徳川光圀・水戸光圀・徳亮・子龍・日新斎・常山人・率然子《そつぜんし》・梅里・義公・西山公・黄門《こうもん》などという別名が数多くあってみれば、湊川における建碑も、〈光圀の建碑〉といい、〈黄門の建碑〉という風に、幾通りにも伝承せられうるわけであるが、しかも事実は唯一つに過ぎない」(『神話と史実』田中卓著作集1)とされている。参考にすべきである。

# 8章　大己貴の奥津城及び大己貴と邪馬台国との接点

## 1節　大己貴の奥津城（墓所）

大己貴は記紀ではすっかり神話の世界に封じ込められているが、ここまで復元してみれば、倭国大乱を征した大倭王であったとみて間違いなかろう。ならば、その墓がきっとどこかに存在しているに違いない。

ある王の奥津城を推定するとなると、その没年と宮居の情報が必要不可欠だ。大己貴が1章で推定したように2世紀後半の倭国大乱（桓帝《かんてい》［146～167］・霊帝《れいてい》［168～189］の間、すなわち**146～189年**）を征した大倭王として、その没後、再び倭国乱が発生したのが2世紀末頃であれば、**大己貴没年は185±10年ぐらいの幅**におさまろう。一方、宮居は4章2節で論述したようにかつての飯石《いいし》郡**三屋**《みとや》（現雲南市三刀屋町）にあったので、その奥津城はそこを中心にせいぜいその日の内にたどりつける距離の範囲に求められよう。

以上の二点を念頭に、これまでに得られた考古学の成果をたどっていくとぴったりあてはまるのが、斐伊川下流西岸の丘陵上にあって北方に出雲平野が見渡せる**西谷**《にしだに》**墳墓群（201頁図の真ん中辺り）**だ。三刀屋からは直線距離で10キロ強西北にある。この墳墓群は1953年に大量の土器が出土したことにより発見され、その後、島根大学や出雲市教育委員会の調査などによって弥生時代後期後半（2世紀後半）から古墳時代中期（5世紀頃）にかけて営々と築かれた総数三十二基の墳墓群であることが明らかにされ、平成十二年三月に国指定史跡となっている。これらの墳墓群中、弥生時代後期～終末期に造られた六基の四隅《よすみ》突出型墳丘墓が全国的に有名になったが、中でも3号墓や9号墓は突出部分を含めると50メートル以上にもなる巨大なもので、弥生時代最大級の王墓として注目されている。

この西谷墳墓群について出雲市文化財課発行の小冊子「国指定史跡　西谷墳墓群」（２００６年）に「西谷墳墓群が語るもの」という項目があって、そこに、〝**西谷墳墓群の王墓は、日本各地の「王」たちが覇権を争った「倭国乱」の頃（2世紀）から、邪馬台国《やまたいこく》が頭角を現した「卑弥呼」の時代（3世紀）にかけての激動の時代を生き抜いた出雲王たちの墓です**〟と、ずばり記されている。ここまで分かっていながら出雲王と大己貴との関係について一切触れていないのは残念というしかないが、考古学者にこれ以上の見解を求めるのはお門《かど》違いかもしれない。

それはさておき、同冊子最終頁には、六基の四隅突出型墳丘墓（1～4、6、9号）のうち、規模の小さな1号墳と6号墳を除く墳丘墓の築造年代は、199頁図の出雲欄の真ん中あたりに示す西谷墳墓群に囲った点線太枠内のように１８０～２５０年にかけて打点されており、**一番古いのは3号墳で１８０年前後である**（図では4号墳の打点が抜けているが、2号墳とほぼ同時期）。

だとすれば、3号墳は年代的には大己貴の推定没年とほぼ重なるが、幸運にも、この墳丘墓一基を島根大学考古学研究室が１９８３年から十年間にわたって地道に発掘したことによって以下の驚くべき情報がもたらされた（島根大学考古学研究室のホームページや「出雲弥生の森博物館　展示ガイド」（同館発行）、及び前述の「国指定史跡　西谷墳墓群」等からの抜粋要約）。

まず墳丘（200頁）は、方形部の規模が東西40メートル、南北30メートル、高さ4.5メートルで、突出部を含めると約55×40メートルにも達し**当時としては日本最大級**で、斜面に置かれた貼石《はりいし》の数は二～三万とまさに王墓にふさわしい規模であった。墳丘上の平面部のほぼ中央に深く掘り込まれた長辺約6メートル、深さ約1.5メートルの大きな墓穴の中に遺体の入っ

**3号墳墳丘上で、南西方向から見た男王墓（手前）と女王墓（右横）**
（左側遠くに斐伊川にかかるＪＲ山陰本線の陸橋が眺望できる）

た長さ2メートルほどの木棺が置かれその外側にさらに一回り大きな槨《かく》が作られていた。木棺内からはガラスの管玉《くだだま》を連ねた胸飾りと長さ42センチの鉄剣が発見され、棺内は真っ赤な朱が厚く敷かれていたが、これらのガラスや鉄、朱はいずれも中国や朝鮮半島からもたらされた貴重なものであった。副葬されていた鉄剣から被葬者は男王と想像されるが、その墓穴の周りには**四本の巨柱**を用いた施設が建てられていたことが確認された(写真)。柱に囲まれた棺の真上にあたる場所には、朱の付いた丸い石が御神体のように置かれており、その周りには砂利が敷かれていた。さらに、その上から約二百個体にものぼる大量の土器がかたまって出土した。この発掘状況から墓上の祭祀は、亡き王を埋めた上に4本柱の施設を建て、その中央に置いた赤い丸石を敬《うやま》いながら、多くの参列者達が飲食し、最後に使用した土器類を中央に集積したものと推測される。約二百個体の土器は**山陰の土器が全体**

古墳開始前後の歴史と墓制

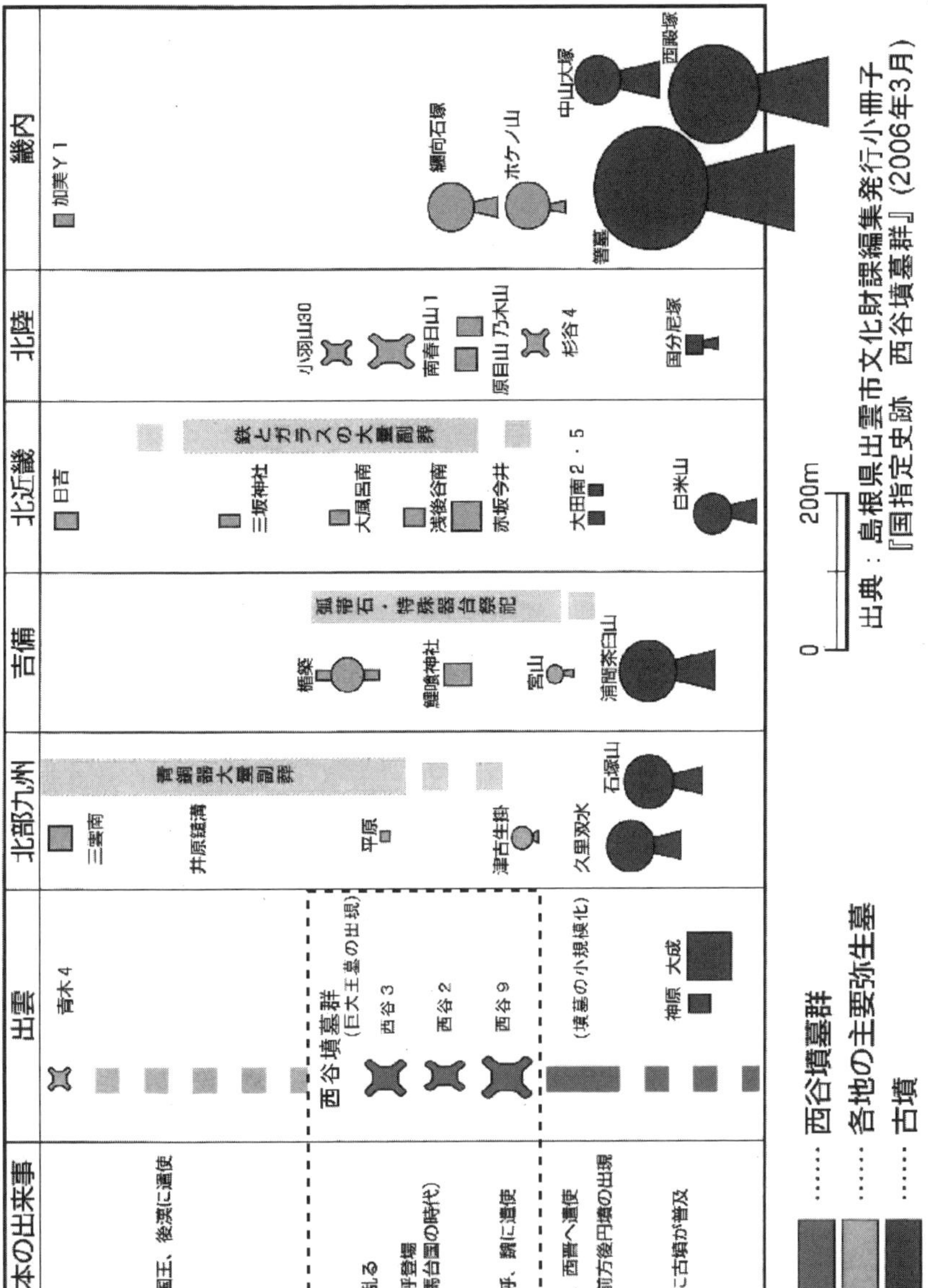


出典：島根県出雲市文化財課編集発行小冊子
『国指定史跡　西谷墳墓群』(2006年3月)

**の約三分の二、残りが他地域の土器で、吉備地方の特殊土器と特殊壺（10％程度）や北近畿～北陸系の器台と壺など（20％程度）**が含まれていた。このことから、亡き王の葬送儀式に、出雲の代表者のみでなく吉備や北近畿～北陸地域の代表者が参列していたと思われ、亡き王が広域にわたって偉大な力を持っていたことが推定されるが、以上の発掘成果はまさに、ここまで述べてきた大倭王大己貴の諸国遍歴の足跡と重なっている。

**大己貴が眠ると思われる西谷３号墳**
（南西側から眺めた全貌。↓は人間）

その東5㍍には別の埋葬施設があって、長辺約6㍍、深さ約1㍍の墓穴の中に真っ赤な朱がしかれた木棺、及びその棺内から二百個以上ものガラスや石の玉を組み合わせた首飾りやヘアバンドといったアクセサリー、さらに二個の青く輝く珍しい形の勾玉が発見された。これらの副葬品から被葬者は女性で、中心の男王の妃《きさき》と思われる。

およそ以上のような成果が得られたのであるが、この**西谷**《にしだに》墳墓群に隣接して建てられた「出雲弥生の森博物館」（２０１０年開館）にはこの3号墳中央の男王葬儀の様子を再現したジオラマが展示されており、一見の価値がある。そこから歩いて十分ほどで実物の3号墳（写真）の墳丘上に立つことができるが、男王、及びその妃と思われる女性の被葬者ともども、棺の長辺はほぼ南北に配さ

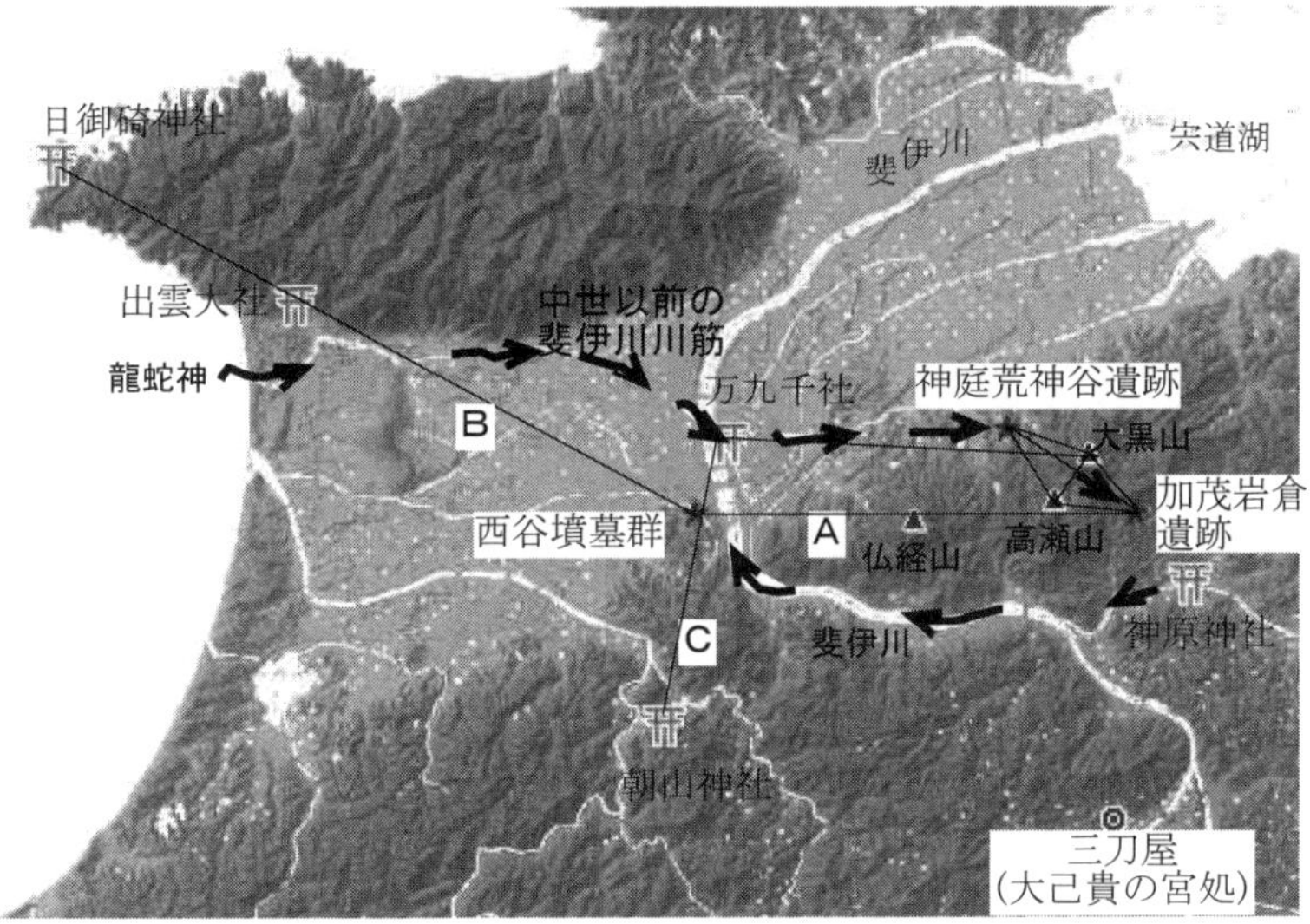


松本司氏提唱の「神々の風水巡幸ルート図」
（『古代遺跡謎解きの旅』から一部省略し作成）

れ、頭を南側に向けて葬られていた様子が、埋め戻した地面上に棺を模《も》してうたれた厚さ5センチほどのコンクリート上に描かれた副葬品の位置から確認できる。墳丘上の西側（198頁写真の左下側）は広い空地になっており、ここに葬送の参列者が集《つど》ったとすれば、その前方右側(男王墓から女王墓を見た延長線上)には神奈備山の仏経山《ぶっきょうざん》が対峙しており、仏経山の山頂近くから昇る日の出を日々拝することができる。恐らく太陽の永遠の再生を出雲人はこの大王に託してここに埋葬したのであろう。そんな位置にこの西谷3号墳は造営されている。

それだけではない。そもそもこの西谷墳墓群は大己貴の宮処《みやこ》三刀屋《みとや》から西北(戌亥《いぬい》)の方角にある(上図)。古代から日本では西北の方位は福や徳という幸いだけでなく、祖霊や土地の神たる地神も西北に祭るのが原則で、この方角に祭ることができないときは、神職をわざわざ招いてお祓いをすませてから、別の方角に祭るという事例もすくなからず存した（千家尊統《せんげたかむね》著『出雲大社』）ようで、西北は特別な方角であったのだ。

すなわち当時の大己貴の宮処《みやこ》三刀屋《みとや》からして**西谷**《にしだに》墳墓群はその奥津城としてこの場所でなければならなかったといっても過言ではない。ここに、本墳丘墓をもって、大己貴大倭王仮説の傍証の一つに加えたい。

さて、3号墳の男王が大己貴として、では、その5メートルほど東にある男王の妃《きさき》とみられる被葬者は誰であろうか。恐らくそれは記紀に正妻として名のある須勢理《すせり》姫と思われる。というのは、前述（2章1節）のように須勢理姫は出雲大社の本殿向かって右側の境内摂社 大神大后《おおかみおおきさき》神社（御向社《みむかいのやしろ》とも）の祭神として千数百年の風雪に絶えて厳として我々の眼前にあるからで、この事実は重い。加えて、須勢理姫は当地の南西約20キロに聳える三瓶山《さんべさん》の山麓にある佐比売山《さひめやま》神社にも大己貴や少彦名（スサノオ）と共に祭られている。

余談になるが、西谷墳墓群はまことに興味のつきない古墳群で、その東方には神奈備山の仏経山《ぶっきょうざん》がそびえていることは前述の通りであるが、実はその延長線（前頁図中程の直線A）上に全国最多の銅鐸が発見された加茂岩倉《かもいわくら》遺跡がぴったり乗っている。それを発見されたのは、古代史の謎を風水思想の原理から解明するフィールドワークを提唱実践しておられる松本司《つかさ》氏で、氏によれば西出雲にはこの墳墓と斐伊川、及び点在する神社や山々の頂などを結ぶ、正確な測量をふまえたと思われる神々の風水巡幸道路が存在するとして、詳しい巡幸ルート（前頁図太線矢印に沿《そ》ったルート）を提唱しておられる（『古代遺跡謎解きの旅』小学館）。

その中で、西谷墳墓群を中心としてその西北方位の直線B上に出雲大社と日御碕《ひのみさき》神社が、南北に近い直線C上に朝山神社と万九千社《まくせのやしろ》がのり、これに前述の仏経山、加茂岩倉遺跡の東西方位直線Aを加えるとまさに西谷墳墓群はこれら方位の源になっていると指摘されている。松本氏の指摘はこれだけにとどまらない。

全国最多の三百五十八本の銅剣が出土した神庭荒神谷《かんばこうじんだに》遺跡と全国最多の三十九口の銅鐸が出土した加茂岩倉遺跡とを結ぶ直線が冬至の日の出方位に完全に一致していることを発見され、さらにこの二点と大黒山《だいこくやま》と高瀬山の山頂二点の計四点でおりなす菱形の空間(同図右側中程)こそ、古代出雲びとの聖域、神の宮処であったことをさまざまな角度から論じておられる。

その詳細は同氏の前掲書に譲るとして、同氏によれば、出雲大社本殿内の大己貴の神座《しんざ》が(南面している本殿正面に対し)西を向いているのは、一つには海の彼方からやってくる龍蛇神(水神)をお迎えするためであろうと推察されている。

風水の知識が乏しい私などは、その理由を海からやってくる外敵に睨みをきかせるためと推察するが、松本説にも魅力を感じる。いずれにせよ、大己貴大倭王仮説は揺らがない。

蛇足ながら、書紀神話において葦原中国《あしはらのなかつくに》を支配した大己貴を祭る出雲大社と、大己貴から国を簒奪《さんだつ》したはずの武甕槌《たけみかづち》を祭る鹿島神宮とが見事な点対象をなして、外海をにらんでいるのも興味深い。すなわち、**茨城県の鹿島神宮では北面する本殿正面に対し、御神座の武甕槌は90度横向きで大己貴とは正反対の太平洋(東側)を睨んでいる**……お互い、海から侵入する外敵を睨みつけるかの如く。仮に武甕槌が書紀創作の神だとすれば、武甕槌も大己貴の分身である可能性は否定できない。

## 2節　大己貴と邪馬台国との接点

さて、最後に読者の関心が高い大己貴の造った国とその筑紫妻玉依姫(ヒミコ)が都したとされる邪馬台国との接点をみておこう。

ここまでおつきあいくださった本書の読者であれば私の結論が邪馬台国＝南九州日向説であることはすでにお見通しであろう。その場合、読者の中には『魏志』に邪馬台国は投馬国の南、水行十日、陸行一月とあることから、投馬国が豊前の行橋《ゆくはし》あるいは中津あたりであったとして、『魏志』記載のまま南に進めば、九州のはるか南方、海上に出てしまうとする一部論者の主張が頭をよぎり、それは有り得ないと思われる方も少なくなかろう。が、ここで今一度その是非を確認してみよう。

まず、豊前行橋あるいは中津あたりから国東《くにさき》半島を回って(水行十日)、別府、大分あたりで陸行に切り替えたのは、その先の豊後《ぶんご》水道が狭くて岩礁《がんしょう》があり、海流が速く(今でも速吸瀬戸《はやすいせと》といわれている)、船の往来が非常に危険であったからだろう。その場合、日向《ひゅうが》の西都《さいと》までが陸行となるが、その陸行を7章8節で復元した大己貴と玉依姫の伝承経路をたどれば、それは、標高千数百メートル級の祖母傾《かたむき》連山を通過しながら百メートル前後の高千穂峡にくだり、その横を流れる渓流五ヶ瀬川沿いをくねくねと延岡の吾田《あがた》まで東下、その後は水行等も利用しながら、ようやく日向の西都原《さいとばる》近くに到着したのであった。

地図上は200キロ弱ほどに思えるかもしれないが、上下左右くねくねと蛇行している山道を実際に車で走行してみるとおよそ300キロほどになる。歩行の場合は、車のように直線的に進めないし、休憩のたびに横道に入るとすればさらに距離が30％程度伸びるとして、歩行距離は400キロほどに達するであろう。

その陸行一箇月について、謝銘仁《しゃめいじん》氏が『邪馬台国《やまたいこく》　中国人はこう読む』(立風書房)で指摘しておられるように、『水行十日』『陸行一月』は、休日・節日《せつじつ》や、いろいろな事情によって、ひまどって遅れたり、鬼神への配慮などから、道を急ぐのを控えた日々をひっくるめた総日数に、修辞も加わって記されたものである。決して実際に道を進めた〝所要日数〟のことを意味しているのではない」とみれば実質は二十日程度。すると、歩行距離400キロだと、重いものをかつぎながら一日20キロ歩いたとしておよそ一箇月は必要だ。

それを論者の中には、水行十日、陸行一月であれば、南九州のはるか南方海上まで飛び出してしまうと判で押したような主張をまま見かけるが一体そういう解がどこからでてくるのか。古代人は獲物を狙う猛獣のごとく最短距離をまっしぐらに突進可能とでも考えておられるのであれば、不自然極まりない。

いずれにせよ現状では、邪馬台国の所在地は畿内説と北九州説とが綱引き状態で、東だ西だと時々マスコミを賑わしているが、未だ決着をみていない。この綱引き、果たして決着はつくのだろうか。

私は次の二点で、南九州日向説が有利とみる。

一つは『魏志』に邪馬台国女王ヒミコの墓は径百余歩とあることだ。径とあるからには円墳であるはず。いくらヒミコの墓との伝承がある畿内の箸墓《はしはか》古墳の築造年代がヒミコの時代に近づいたとしてもそれは典型的な前方後円墳であって、円では近似できない。前方後円墳は方・径それぞれ○・△余歩、あるいは墳長□余歩というしかない。邪馬台国畿内説を証明するためには径百余歩(中国の一歩は両足での歩行分ゆえ約1.4メートル。従って径百余歩は約140メートル)の円墳を畿内に求めなくてはならない。が、そんな巨大な円墳はヤマトにはなさそうだ。北九州もしかり。

そんな中、南九州日向には九州最大規模の西都原古墳群中に円墳にも近似できる巨大な帆立貝形の男狭穂塚《おさほづか》があって(上図)、その円丘部径は132メートル、墳長154メートル(直近のレーダー

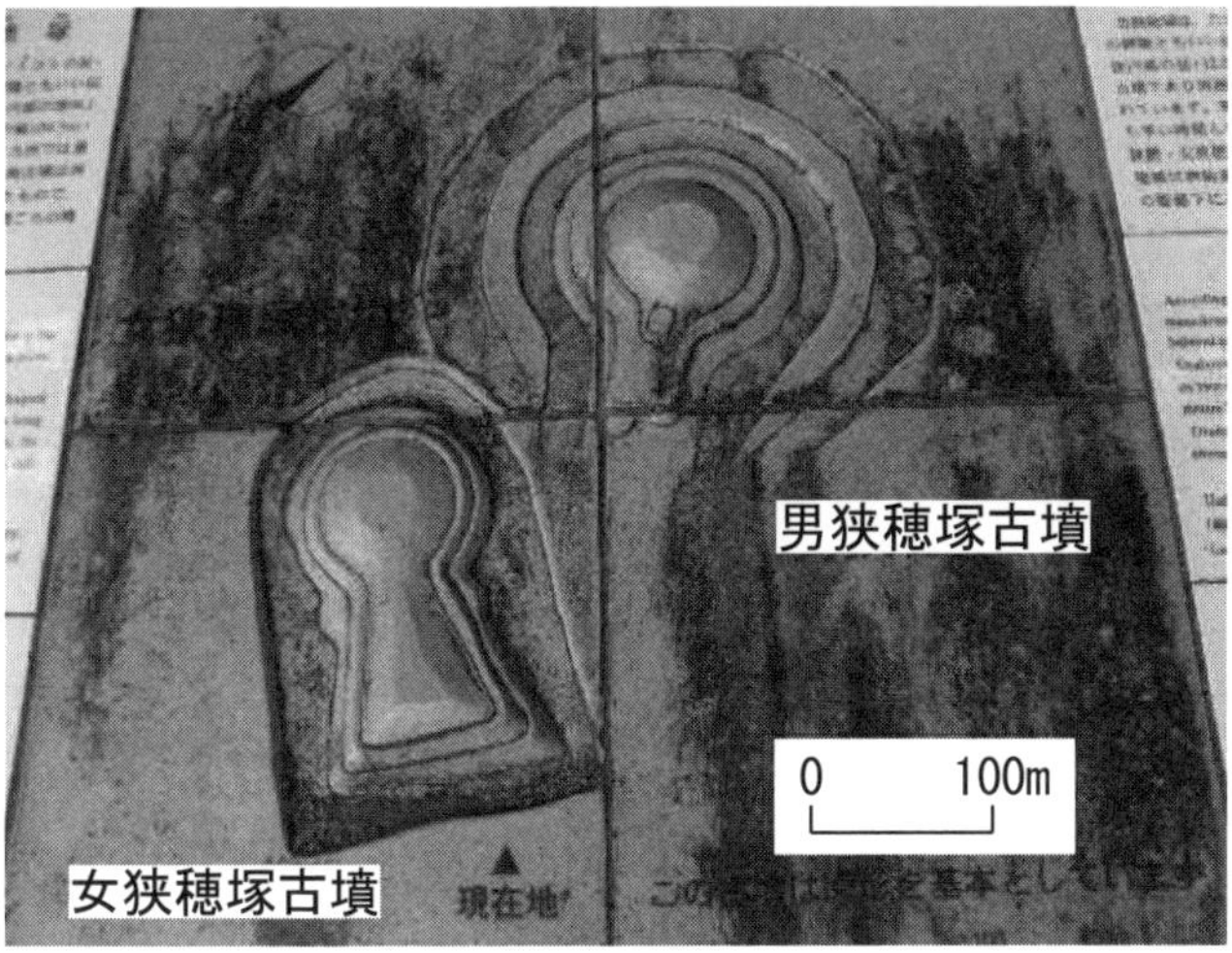


男狭穂塚、女狭穂塚の前にある案内板(尺度は追加)

探査では176メートル)を計測し、倭人伝にほぼ合致する。私はこの男狭穂塚《おさほづか》こそがヒミコの墓と推測しているが、一方で、その築造年代は5世紀中頃とされている。それは隣接する九州一大きな女狭穂塚《めさほづか》(176メートルの前方後円墳)が5世紀初頭頃の築造とされる大阪府河内《かわち》の古市《ふるいち》古墳群にある「仲ツ山」古墳の約五分の三の相似墳とみなせることや、女狭穂塚や男狭穂塚の陪冢《ばいちょう》とみなせる三基の古墳や周辺からの出土遺物が5世紀の河内大王墓のそれらと共通性をもつことにあるからだ。

そこで、私は次のような仮説を立てる。

「女狭穂塚はその墳形や出土した埴輪から5世紀中頃の築造として、埋葬者は日向国造家《ひゅうがこくぞうけ》の出身である応神妃《おうじんひ》の泉長姫《いずみながひめ》あるいは仁徳《にんとく》妃の髪長姫が考えられ、河内から王権直属の造墓・埴輪工人等を派遣してもらい造営した可能性が高い。その際、隣接する男狭穂塚がヒミコの墓であったならそこに埴輪をささげ、鎮魂するのは当然の成り行きだ。よって、男狭穂塚については今後たとえ5世紀の埴輪が出土したとしても、それは編年の根拠とはなりえない。その編年については棺の材質や構造の情報等内部調査等多面的な考証が必要不可欠である」

このような推測が成り立つならば、男狭穂塚がヒミコの墓である可能性を捨て去る必要はなかろう。むしろ邪馬台国の位置といい、ヒミコこと玉依姫(木花開耶姫《このはなのさくやひめ》)の濃厚な足跡といい、墓を囲む円状の特異な外堤が『魏志』の「殉葬するもの、奴婢百余人」を想起させる点も合わせ考えると、男狭穂塚はヒミコの墓である蓋然性《がいぜんせい》は高いように思う。残念ながら現段階では推定に過ぎず、答えは宮内庁が全国の陵墓参考地に学術調査の立ち入りを認可する日がやってきた時に自《おの》ずとでるであろう。一日も早い宮内庁の方針変更を願う。

蛇足ながら、世の中には箸墓《はしはか》古墳(奈良桜井市箸中)の埋葬者とされる倭迹迹日百襲姫《やまとととびももそひめ》をヒミコとみなす説もあるが、これについての私見を述べておくと、それは崇神紀十年九月条の記事、「倭迹迹日百襲姫、大物主神《おおものぬしのかみ》の妻となる」の影響と考える。ここまで展開してきた自説によれば、2世紀後半、ヒミコ(玉依姫)は実際に大物主(大己貴)の妻であったからだ。その伝承をなんらかの形で受け継いできた後世の人達が、8世紀初頭の書紀のこの記事をみたとき、ヒミコを倭迹迹日百襲姫と取り違えたとして、不思議でもなんでもないのである。

さてもう一点、『魏志』には南九州日向説に有利な記述がある。

それは、女王国の政治と外交を紹介したのち、「女王国の東、海を渡る千余里、また国あり」と記載されていることだ。ここで、千余里については、一里に諸説あって定まっていないが、『魏志』に見える奴国や不弥国の百里、あるいは伊都国の五百里について国境までの距離を地図で測ってみると百里で6~8キロ程度であるので、百里を7キロとみれば、千余里は70キロ程度となる。一方、南九州日向の南7、80キロには四国があって、『魏志』の記載と合致している。ところが、畿内の東は太平洋が広がるばかりで国はないので、畿内説はここで脱落することになる。

北九州説では国(本州)はあるが海を渡る数十里ということになって、こちらも脱落せざるを得ないのではなかろうか。

そんなことで、邪馬台国南九州日向説がなりたてば、それは大己貴とその筑紫妻玉依姫(ヒミコ)が豊前の京都《みやこ》郡苅田町《かんだまち》辺りで合流し、7章8節で詳述したような伝承経路をたどって南九州日向に到達、そこで相携え、のちに邪馬台国と呼称される拠点を築いたということになろう。

ここに、大己貴は玉依姫(ヒミコ)と共に初代天皇の産みの親であり、かつ、邪馬台国の生みの親でもあったというのが、本書の結論である。

一方、本書冒頭の神武東征は倭国大乱を征した大己貴没後十年ほどを経た2世紀末頃に大己貴の跡目争いを巡り発生した倭国乱であって、それは玉依姫(ヒミコ)と神武(イワレ彦)の邪馬台国日向軍が、全国規模の覇権確立をめざし九州東南部から進発、続いて本州の瀬戸内海沿岸部の国々をおよそ十年程をかけて当時倭国の最中《もなか》となりつつあったヤマトに王都を築いたのが200~210年頃とみれば、考古学の権威者寺沢薫氏の纏向に突然王権が誕生したとされる210年にほぼ合致するのである。

蛇足ながら、神武東征の痕跡は倭国大乱と同程度の神社伝承が記録されているが、その詳細を述べるには倭国大乱と同程度の分量が必要になるので、またの機会に譲るとして、一部のみ略載しておきたい。

実は、この神武東征に加わったのは玉依姫(ヒミコ)と大己貴二人の間に誕生したと書紀が記載する四人の子全員であったようで、特に玉依姫は九州全土から本州の広島安芸の厳島辺りまで帯同した伝承が残っている。恐らく東征中の補給基地として、その辺りで様子を見ていたのであろう。

四人の子の内、長男のイツセは東征経由地の安芸国や吉備国、河内国、和泉国等に点々と足跡を残しながらヤマト入り目前で戦禍に倒れ、紀国(和歌山県)で没している。経由地の岡山市東区にある安仁《あに》神社は備前国の元一《もと》の宮として有名で、当地に、イツセがしばらく滞在された由緒深い地として兄神社(後に安仁神社)久方宮《ひさかたみや》と称されたと、かなり詳しい由緒を残している。

いずれにしろ、東征成就後の210年頃に玉依姫(ヒミコ)は、日向に戻り、西都原《さいとばる》古墳近くに居を構えた頃には六十歳前後に達していたであろう。その後、248年頃まで、およそ40年間にわたり、邪馬台国の女王として君臨したものと思われる。この間に帯方郡から使者が来た? として夫の大己貴没しすでに半世紀。

よって、『魏志』に夫婿なしと記載されていて、当然と言えば当然なのである。

ところで、邪馬台国宮崎県西都市説については付記しておかねばならないことがある。

私の知る限りこの説を最初に唱えたのは神社伝承学の父とも言われる原田常治《つねじ》（１９０３～７７）の『古代日本正史』である。そこに展開されている『魏志』記載の邪馬台国へ至る倭国の地理や道程等の解釈には他書を寄せ付けない説得力がある。惜しくも今では絶版になっているので、中古本を求めるか図書館で読むしかないが、読む価値は十分あって、本書でも大いに参考にさせていただいた。一方、そこに記載されたスサノオの子供達や天照大神の生涯等の系譜については調査不足（ご本人曰く、この研究を本格的に始めたのが七十歳を過ぎてからの一、二年）の感が否めず、原田氏がもう少し若い頃からこの研究を始めておられればと誠に残念でならない。

# 終章　まとめ

ここまで大己貴の謎を追ってきて、ようやく大己貴と邪馬台国との接点にたどり着いたのであるが、その接点邪馬台国は畿内でも北九州でもなく、南九州の日向であった。だとすれば、江戸時代の新井白石（1725年没）以降、現在まで300年間も続いている邪馬台国の所在地論争が東だ西だと振れるばかりで一向に確定しなかったのは道理というしかない。南であったのだから。

そんな驚きの結果が得られたのであるが、振り返ればそれは書紀神話の紙背の奥深くに秘められた「幻の皇祖神系譜」の発見とそれを検証するための長い長い全国行脚の賜《たまもの》でもあった。そして、そこには皇祖神の原点たるスサノオ、大己貴あるいはその筑紫妻ヒミコこと玉依姫の色濃い伝承が今なお、活き活きと息づいていた。そんな彼らの系譜を一つ一つ紡《つむ》いでみれば、「幻の皇祖神系譜」と違《たが》うところはなかった。

伝承を一歩離れてそれを従来の考古学的見地からみれば、彼らが活躍した時代は弥生末期から古墳時代初頭に相当しよう。近年、この時代の遺物や遺跡の考古学の成果はめざましく、土器や墳丘墓に対する学者間の編年も前後一世代程度の誤差範囲内におさまりつつあるように思える。その成果の一部についてはすでに大己貴やヒミコの墓を推定する際等に活用したが、本書の最後に改めて「幻の皇祖神系譜」を従来の考古学によって検証しつつ、「幻の皇祖神系譜」の縦軸に実年代を与えることを試みたい。

以下、従来の考古学については、特に断りのない限り1章と同様、奈良県立橿原《かしはら》考古学研究所で長年発掘調査に携わり、特に弥生墳丘墓の研究では第一人者として知られている寺沢薫氏の労作『王権誕生』（講談社）に頼ったことをお断りしておく。

## 弥生の王墓から探る「幻の皇祖神系譜」の実年代の推定

「幻の皇祖神系譜」を従来の考古学から検証するにあたって、系譜中にある天穂日《あまのほひ》やニニギといった天孫族に仮託された異名についてはできるだけ省略し、左図の如くスサノオや大己貴など、広く知られている通称に絞って、彼らの王墓やその実年代の考証を進めていきたい。

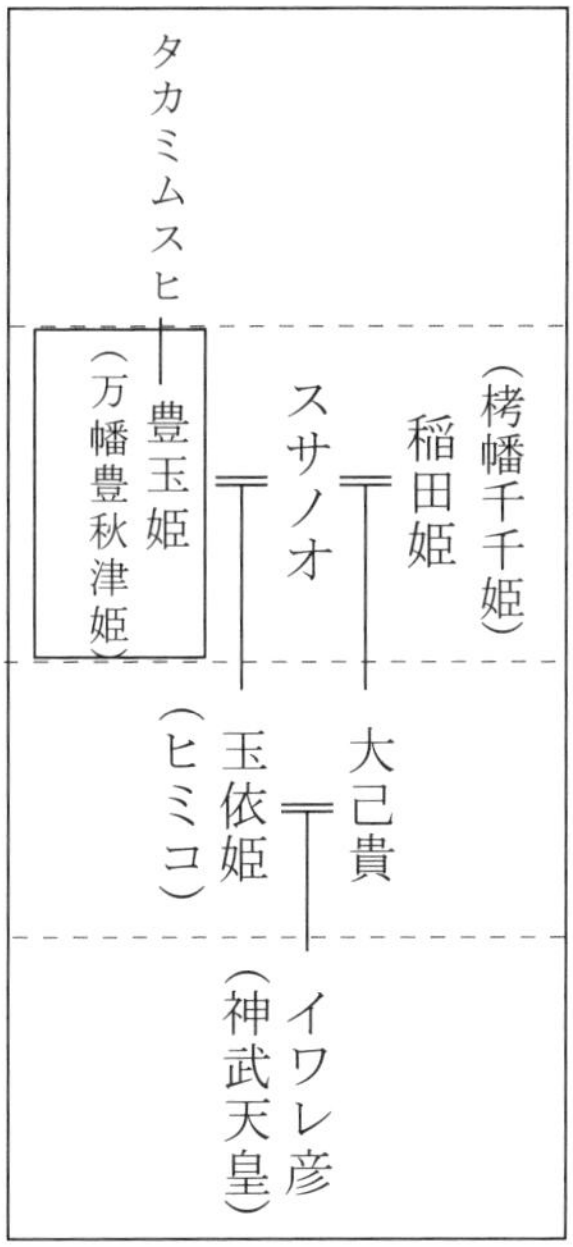


図中、タカミムスヒについてはここまで考証してこなかったので、天孫族に仮託された名称のままに示したが、私はタカミムスヒとは『後漢書』に登場する倭国王帥升《すいしょう》ではなかろうかと推察している。

以下、その根拠を二点示しながら、上記系譜に登場する歴代倭国王たちの実年代を推定していきたい。

一つは、書紀にタカミムスヒが少彦名《すくなひこな》の父として示されていることである。少彦名は本書のあちこちで示したようにスサノオの異名と思われるが、その自説通りであれば、タカミムスヒが帥升である可能性を示すことができる。というのは、２章３節で論述したように倭国大乱がスサノオ・大己貴親子のものであったとすれば、それは『後漢書』に桓帝《かんてい》［１４６〜１６７］・霊帝《れいてい》［１６８〜１８９］の間の出来事とされているので、スサノオは桓帝、大己貴が霊帝の時代に活躍したものとの見通しが得られた（２章３節　倭国大乱と倭国乱との精査）。その場合、スサノオが桓帝晩年の１６０年に六、七十歳で没したとすれば、そこから逆算してスサノオの誕生年はおよそ西暦９０〜１００年ということになる。

一方で、倭国王帥升は『後漢書』東夷伝に「１０７年　倭国王帥升等、生口百六十人を献じ、請見を願う」

とあるようにスサノオの推定誕生年あたりにすでに倭国王として活躍していた実在の人物であってみれば、その父であって不思議はない。

ここで帥升について考古学ではどのようにみなされているかというと、かつて白鳥庫吉《しらとりくらきち》がこれをイト国王と推定したが、寺沢氏もこの説を支持し、『王権誕生』ではこの王墓の墓を「イト国の福岡県前原市《まえばる》(現糸島市)井原鑓溝《いわらやりみぞ》遺跡で、江戸時代の天明年間に発見された王墓をおいてほかない。この墓を調査した当時の国学者青柳種信《あおやぎたねのぶ》が記した『柳《りゅう》園《えん》古《こ》器《き》略考』によれば、新の王莽《おうもう》時代から後漢初期にかけての方格《ほうかく》規矩《きく》四神《しじん》鏡十八面(総数二十一面)、大型の巴形銅器三、鉄製刀剣類と鎧《よろい》のような鉄板、大量の水銀朱が甕棺に副葬されていたようで、まさに倭国王帥升が朝貢の際に下賜《かし》されたにふさわしい品々といえよう」と論じている。

『王権誕生』の年表ではこの墓は１００～１５０年の間に記されているので、その中間の１２５年前後の築造とみて、帥升がその頃六十五歳前後で没したとすれば、彼の誕生年は西暦60年(＝125－65)前後ということになる。その場合、後漢に朝貢した１０７年には帥升は四十七歳(＝107－60)前後になっており連合倭国の王として妥当な年齢である。同時に、スサノオは帥升が三、四十歳の時の子ということになって、これも妥当な線である。

タカミムスヒを帥升と推定するもう一つの根拠は、これも少彦名と同じく、書紀神話に彼が万幡豊秋津姫《よろずはたとよあきつひめ》、すさわち豊玉姫の父とされていることである。これがなぜ、タカミムスヒが帥升と考えられる傍証になるかといえば、実は豊玉姫の墓とおぼしき王墓が帥升の墓と推定される井原鑓溝遺跡の北西約1.5キロ、歩いて二十分ほどの近距離にあるからで、二人は同じ集落で暮らしていたとして不思議はない。平原《ひらばる》遺跡一号墳(次頁図)がそれで『王権誕生』によると、この墳墓は「(弥生)後期末頃に造られたと考えられる王墓の驚くべき副葬品から、イト倭国最後の女性祭司王の姿が浮かび上がってきた。(中略)粉々に壊された四十面もの鏡と、

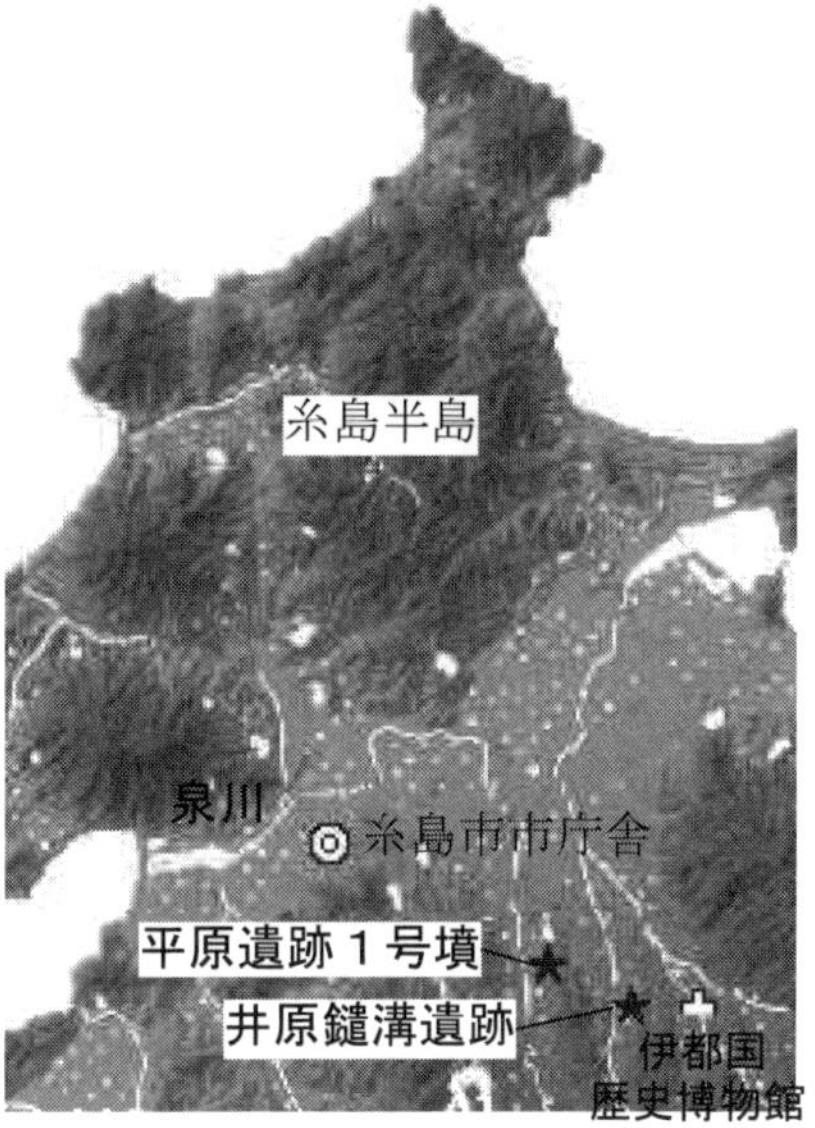

かつての伊都国周辺

素環頭《そかんとう》太刀一、瑪瑙《めのう》製管玉、ガラス製の耳璫《じとう》(耳飾り)、勾玉、小玉多数が見つかった。一つの墓に副葬された鏡の数としては、古墳を含めても未だにその首位の座を明け渡していない。(中略)私は平原一号墓の年代を、鏡や他の副葬品の年代観から後期末の２００年前後と考えている」とある。ところが同著に付された年表ではこの墓は、およそ１７０年前後に記されており違和感をおぼえないでもないが、ここは、遺跡の編年における二、三十年程度の推定幅は許容範囲と解し、この女王の没年は１７０~２００年頃とみておこう。するとこの女王が豊玉姫として、彼女がその中間の１８５年に六十五歳前後で没したとして豊玉姫の誕生年は１２０年(=185−65)前後と思われる。その頃帥升は右記の推定通り60年の誕生であれば、五十五~六十五歳になっているはずで、まだまだ健在であったろうから豊玉姫の父であって何ら問題はない。もちろんその場合、豊玉姫は帥升の孫ほどの代にあたるが、これまで世界では九十歳で父親になった例も報告されていることからしても生理学的な問題はない。

　興味深いのは、この女王墓から見つかった四十面の鏡の中に、直径が46・5㌢もある日本一大きな国産の内行花文八葉鏡が四枚含まれていたことだ。この鏡について、当墓の発掘を調査主任として担当した稀代《きだい》の考古学者原田大六《だいろく》(１９１７~８５)はその図抜けた大きさと特異文様とが、伊勢神宮に関する種々の史料から内宮の御神体である八咫鏡《やたのかがみ》と同じものではないかと推察し、次のように述べている(『実在した神話』)。

「伊勢神宮の八咫《やた》の鏡と平原弥生古墳出土の大鏡は上述のように、寸法、文様ともに食い違ったところを見受けないのである。これがもし事実だとしたら、平原弥生古墳には大鏡の同型同笵鏡《どうはんきょう》が四面あることから、はじめは五面を作製したものの一面が伊勢神宮の御神体になっているといわれないことはない」

堅実な考古学者として著名であった森浩一（1928~2013）もこの原田説を支持され、「原田氏の生涯をかけての、この重要な研究が基本において修正を要しないとすれば、八咫鏡は弥生時代後期に北部九州で製作され、他の同類は破砕されたけれども、一面だけがはるばる近畿地方にもたらされたということになる」と述べておられる（『日本神話の考古学』）。

森氏の推察を借用させていただき、私なりの憶測を重ねれば、豊玉姫―玉依姫―イワレ彦（神武）という「幻の皇祖神系譜」からすれば、この鏡の製作の中心にいたのは母豊玉姫を弔《とむら》ったであろう玉依姫ということになる。その玉依姫が、わが子神武の東征にあたって、鏡の一面を携帯させたとすれば、当然、大和朝廷においてその鏡は玉依姫の鏡として長らく宮中にあったに違いない。それが、「崇神《すじん》五年、国内に疫病多発、人民の大半が死亡、六年には国内大混乱。その原因としてこれより先、宮中にアマテラスと倭大国魂《やまとのおおくにたま》の二神の並祭が、お互い神威が強すぎることにあると思えたので、別々に祭ることにし、アマテラスは豊鍬入姫《とよすきいりびめ》に託して云々」とある書紀（崇神紀）に従えば、このときからアマテラスこと玉依姫の依り代である八咫鏡が、現在の鎮座地である伊勢へと至る長い巡幸が始まるのである。

その伊勢神宮内宮を見てみれば、アマテラスこと玉依姫の相殿に万幡豊秋津姫《よろずはたとよあきつひめ》が鎮座していることは伊勢神宮内宮の謎の一つとされているのであるが、ここに玉依姫の母が豊玉姫であり、かつ書紀に豊玉姫が万幡豊秋津姫と表記されているのであればその謎も一気に氷解することになるのである。

ちなみに、原田大六は平原遺跡一号墳の被葬者は玉依姫であり、伊勢神宮にアマテラス（大日孁貴）として祭られていると推察している。

蛇足ながら私が平原遺跡一号墳こそが、玉依姫の母豊玉姫の墓ではないかと推測した理由についても少々追加しておきたい。それは、豊玉姫の伝承を追う中で、このかつての伊都国(現在の糸島市)あたりに豊玉姫の伝承が最も色濃く残されていたという事実である。6章では省略したが、糸島市で唯一の延喜式内社である志登《しと》神社には、豊玉姫が主祭神として祭られており、原田大六によれば、「口碑によるとこの社地は、ヒコホホデミが海神国《わたつみのくに》へ行って先に帰ってきたのを、その妃《きさき》豊玉姫があとを追ってここに上陸した霊地として、豊玉姫を祭っているのだといっている。神社の南側、水田の間に岩鏡という巨石があるが、これは豊玉姫がその石の上に立って髪をけずったと伝えている」(『実在した神話』学生社)とされている。

興味深いのはこの社のほぼ真西15㌔、玄界灘中に百五十人程度(H27年)が暮らす直径1㌔ほどの姫島(糸島市志摩姫島《しまひめしま》)の伝承だ。島の南端には姫島神社があって、豊玉姫とウガヤが祭られているが、その対面となる北端に豊玉姫が生まれたという「産《うそ》の穴」が語り継がれている。そんなことで、古代の伊都国糸島市周辺には豊玉姫の面影がちらほらと漂っていることは間違いない。だとすれば、出雲方面から朝鮮半島への往来をはたそうとしたヒコホホデミことスサノオにとって、その経路中にある伊都国に、彼の野望を手助けしてくれるような女王が存在していたのであれば、周辺の地理に明るいよきパートナーとして手を携えたと仮定するのはさほど突拍子もない試案ではあるまい。6章でみたように対馬には豊玉姫とヒコホホデミの色濃い伝承が残っていたし、対島からの帰還先、福岡県京都郡苅田町《みやこかんだまち》の宇原《うはら》神社にも両者の色濃い伝承が語り継がれていた。詳細は6章2節を見ていただくとして、若干付け加えておくと宇原神社の伝承には、「そもそも当神社は神代の鎮座にして初めヒコホホデミ及び豊玉姫、海神《わたつみ》の宮より還らせ給うとき、日向の神田に御船を繋ぎて陸に上らせ給う(中略)。二柱の神上陸の路あり、豊玉姫、石に腰を掛けさせ給いし地を石の神と号す（今布留御魂《ふるのみたま》の神を祭る）」とも伝わっている。

以上のように、スサノオと豊玉姫が帥升の子で、かつ豊玉姫が伊都国の生まれであったとすれば、スサノオもまたこの伊都国で豊玉姫の異母兄妹として誕生した気がするのであるがその可能性はなくもない。

さて、次に「幻の皇祖神系譜」核中の核である大己貴に目を移すと、その墳墓については第8章1節で詳述したように出雲の斐伊川下流左岸の**西谷**《にしだに》墳墓群3号墳で間違いないと考える。問題はその築造年代であるが、199頁の古墳編年（出雲市文化財課）にはおよそ１８０年前後の位置に記されている。また、別の史料（出雲弥生の森博物館展示ガイド、２０１０年）にも男王の推定没年を１８X年と絶妙な表現がなされている。

これらの史料から3号墳を発掘した考古学者はこの3号墳の築造を１８０～１９０年と想定していることが読み取れる。加えて、大己貴の活躍年代が倭国大乱の後半の霊帝［１６８～１８９］の時とすれば、どうやら大己貴の没年は１８５年前後ということになろう。するとこの頃、大己貴が六、七十歳で没したとして彼の誕生年は豊玉姫とほぼ同じか若干遅い１２０年前後であったと思われる。

次に、玉依姫ことヒミコについては前章で述べたようにその墓については西都原の男狭穂塚であると私は推定している。が、これについては現在のところ確証はなく、今後の調査を首を長くして見守るしかない。

一方、その誕生年から没年に至る実在年代については、ここまで何度か論述してきたように『魏志』通り百歳の長寿をまっとうしたとして１５０～２４８年をあてておきたい。

次に大己貴と玉依姫（ヒミコ）の子であるイワレ彦（神武）については、玉依姫が適齢期の二十五歳ぐらいの子とすれば、およそ１７５年前後の誕生年となろう。その彼が8章2節で推察したように西暦２００年前後に日向からヤマトに東征してきて、ヤマト王朝発展の礎を築いた様子は紙数の都合で本書では触れなかったが、いずれにしろ六、七十歳頃没したとすれば、２４０年頃、母玉依姫と相前後して亡くなったものと思われる。彼の墓については書紀に畝傍山《うねびやま》の東北陵に葬るとあって、現在、橿原市大久保町の山本ミサンザイ古墳が宮内庁により、それと治定《じじょう》されているが明確には分かっていない。従って、残念ながら神武については王墓からの実年代の推定は現段階では不可能ながら、それ以上に貴重な考古学的史料がある。それは、彼がヤマトに東征してきたことを暗示する纒向《まきむく》遺跡の発掘成果である。

その発掘調査に深くかかわった寺沢薫氏は、「３世紀の始め、奈良盆地の東南の、三輪《みわ》山と巻向《まきむく》山に挟まれたやや小高く広い扇状地に、纒向遺跡は突如として出現した。それは従来のいかなる巨大弥生集落とも異質な政治的な都市の誕生であった」とされる。さらに、「３世紀の日本列島でこれに匹敵する政治的、祭祀的な遺跡を他に探すことはできない。だからこの時期の『ヤマト』に権力の中枢をおく、倭国の新しい政体が誕生したことはもはや動かしがたいのだ。私はそれをヤマト王権（政権）と呼ぶ。つまりヒミコの共立によって新しく誕生した倭国の実体がこのヤマト王権であって、纒向遺跡はその王都（都宮）であり、かつ日本最古の都市だというのが私の主張である」と高らかに宣言されている。

このように寺沢氏はヤマトに纒向遺跡が突然出現した謎を、ヒミコが倭国の女王に共立されたことにより倭国乱が終わった結果もたらされたものと考え、その年代を２１０年頃と推定されている。

以上の考古学的知見と、書紀や伝承面から復元した本書の結論は、この点では見事に一致している。しかし、寺沢氏がこの『魏志』の倭国乱と、『後漢書』の「桓帝・霊帝の間、倭国大乱」とを明確に区別されていないことについては、私は与《くみ》しない。私は第一章で詳述したように倭国大乱と倭国乱とは区別すべきものと考える。倭国大乱はあくまでも『後漢書』の桓・霊間の乱で、それはスサノオ・大己貴親子の国土拡大（書紀にいう大己貴と少彦名の国造り）をさすと推定している。だとすればそれは遅くとも１８５年以前、おそらくは１８０年頃には終結し、倭国全土には一時の平穏が訪れたはずである。

やがて、大己貴が亡くなった2世紀末頃に倭国は再び覇権をめぐり、倭国乱が発生。それが2世紀末から3世紀初頭の頃で、それを征したのがヒミコこと玉依姫とイワレ彦の日向邪馬台国部隊のいわゆる神武東征であって、その結果が奈良纒向に王都が突然建設された理由である、というのが私の考えである。

もちろん自説が成立するためには、桓・霊の間、すなわち150〜185年頃にかけて列島東西でなんらかの倭国大乱の痕跡を示す遺跡あるいは遺物の発見が必要とも考えるが、スサノオと大己貴親子の国造りは7章で論述したように、国の簒奪や破壊を目的としたものではなく、技術力不足で困っている国々の治水工事の手助けや、開拓、あるいは製鉄や黒曜石等の資源国への視察、時には自国産の硬玉と他国のヒスイとの交易など、他国への手助けや交流・交易を主としたものであったはず。そう言えば、少彦名と大己貴は医薬の神としても有名であることからして彼らの**全国行脚は医薬を広めることを兼ねた道**(4章[92頁])**でもあった**可能性にまで思い及べば、それは後の戦国時代からイメージされる国同士の大乱とは多分に違った形であったような気もするが、これ以上想像の翼を広げることは控えて、後考《こうこう》をまちたい。

さて、以上の成果をふまえて、「幻の皇祖神系譜」の主要人物に実年代を記入すると220頁図のようになる。この図には本章で推定した個々人(神)の誕生年から死亡年にいたる一生涯を棒線で示したが、そのうち太線の部分は王としての推定在位年間である。従ってこの太線の先端は推定即位年ということになる。

本書を閉じるにあたって、この推定即位年を用いて、「幻の皇祖神系譜」の見直しも同時にやっておきたい。というのは、「幻の皇祖神系譜」の作図においてここまでは、各夫婦はいずれも同世代婚であることを暗黙の前提に描いてきたが、現実の世界では異世代婚も決して珍しくはない。今、我々の手にようやく一部とはいえ推定即位年が手に入ったことにより、復元系譜③(121頁)の精密化が可能になったのである。

その原案を221頁に復元系譜④として示しておいた。今後この原案については、他氏族の系譜との整合性など、さらに多角的に検討する必要があることはいうまでもないが、そのあたりも今後の課題である。

最後の最後に、未だスサノオ(山の神)＝ヒコホホデミ(海の神)とする本説を納得しかねている読者に瀬戸内海ほぼ中央に位置し大小の島々に囲まれた瀬戸内海国立公園の中心、すなわち愛媛県今治市と広島県尾道市を結ぶしまなみ海道の中心にあって芸予諸島最大の島、大三島にある大山祇《おおやまつみ》(神社名の場合おおやまずみとも読む)神社を紹介しておきたい。

愛媛県神社誌によると当社は「古来より地神(国の神)、海神(海の神)兼備の霊神、日本民族の総氏神として、**日本総鎮守**と御社名を申し上げた。歴代朝廷の尊崇、国民一般の崇敬篤く、奈良時代までに既に全国に分社が奉斎された」とある。それを証するように、当社宝物館には全国の国宝・国の重要文化財の指定を受けた武具類の約七割強が保存展示されており、大三島は「国宝の島」「神の島」ともよばれている。

すなわち奈良時代以前の古代人は国の神(スサノオ)、海の神(ヒコホホデミ)兼備の神として大山祇を祀っていたのであるが、その頃に撰述された日本書紀は、その神代紀下九段本文やその一書に大山祇を登場させた上、木花開耶姫(ヒミコの分身[45頁])を自身の娘として描写し、木花開耶姫ことヒミコが自身の子であったことを披露している。

何から何まで　—『日本書紀』は知っていた—　ようである。

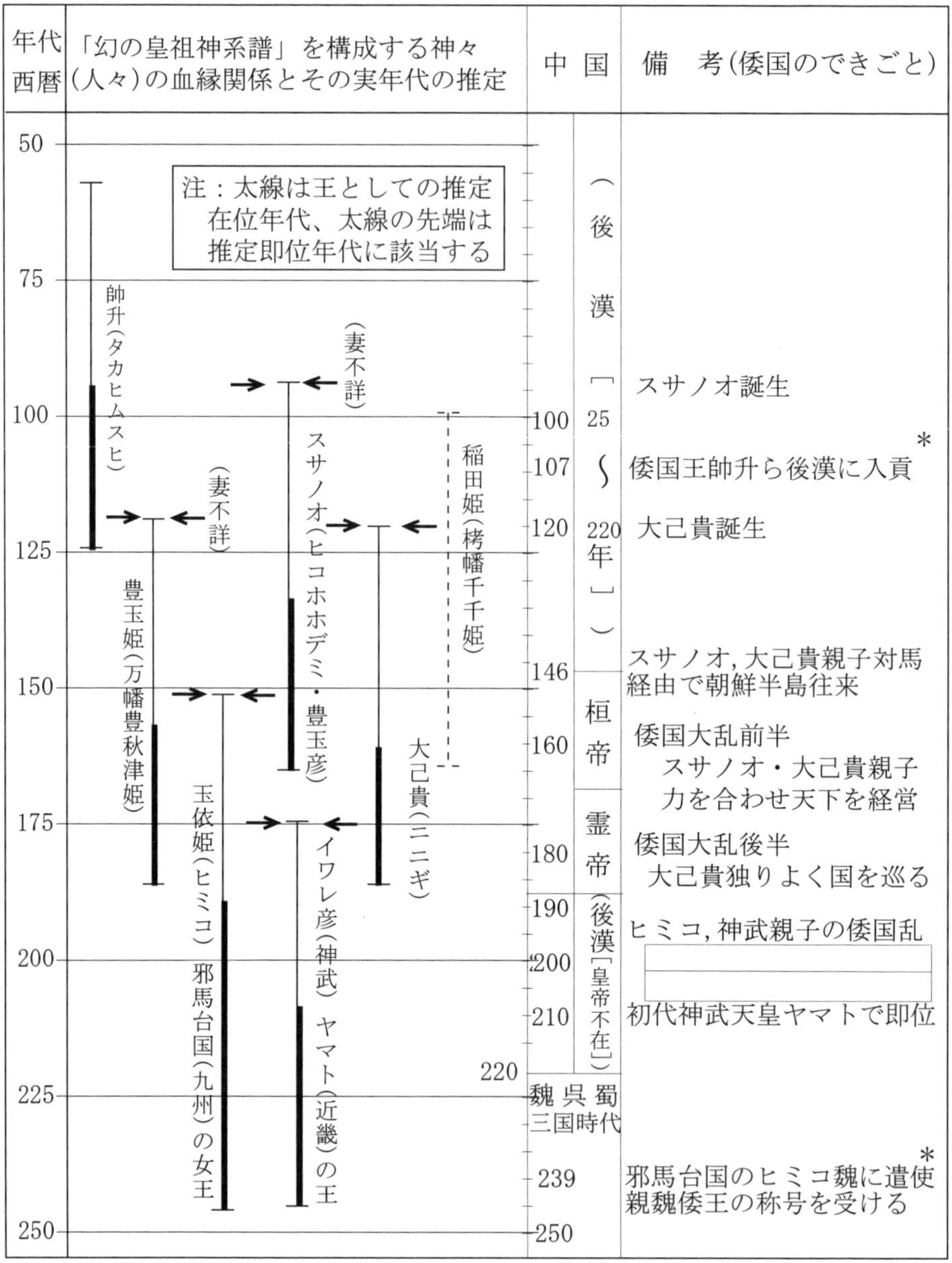


「幻の皇祖神系譜」の実年代の推定(備考欄の＊は中国史書に記載)

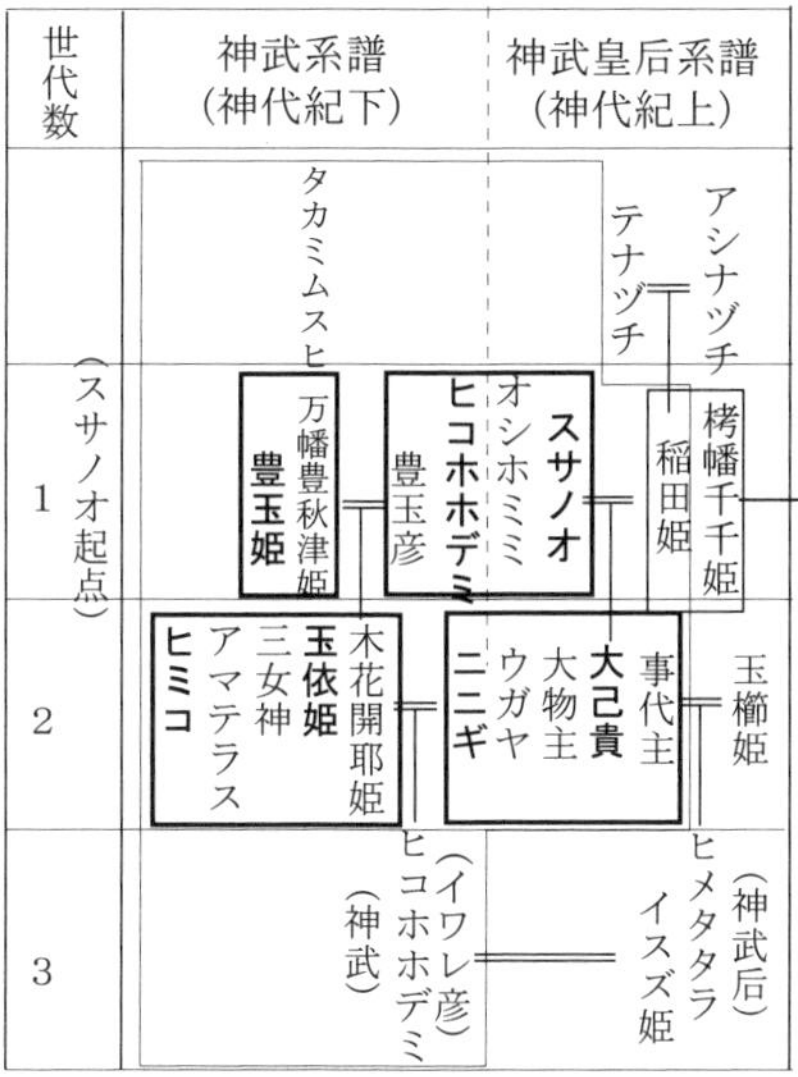


「幻の皇祖神系譜」（復元系譜）③［121頁］

注：下図は左図の異名同人中主要人物のみを記し、推定即位年は右図の太線の先端に該当、誕生年は細線の先端に該当する。

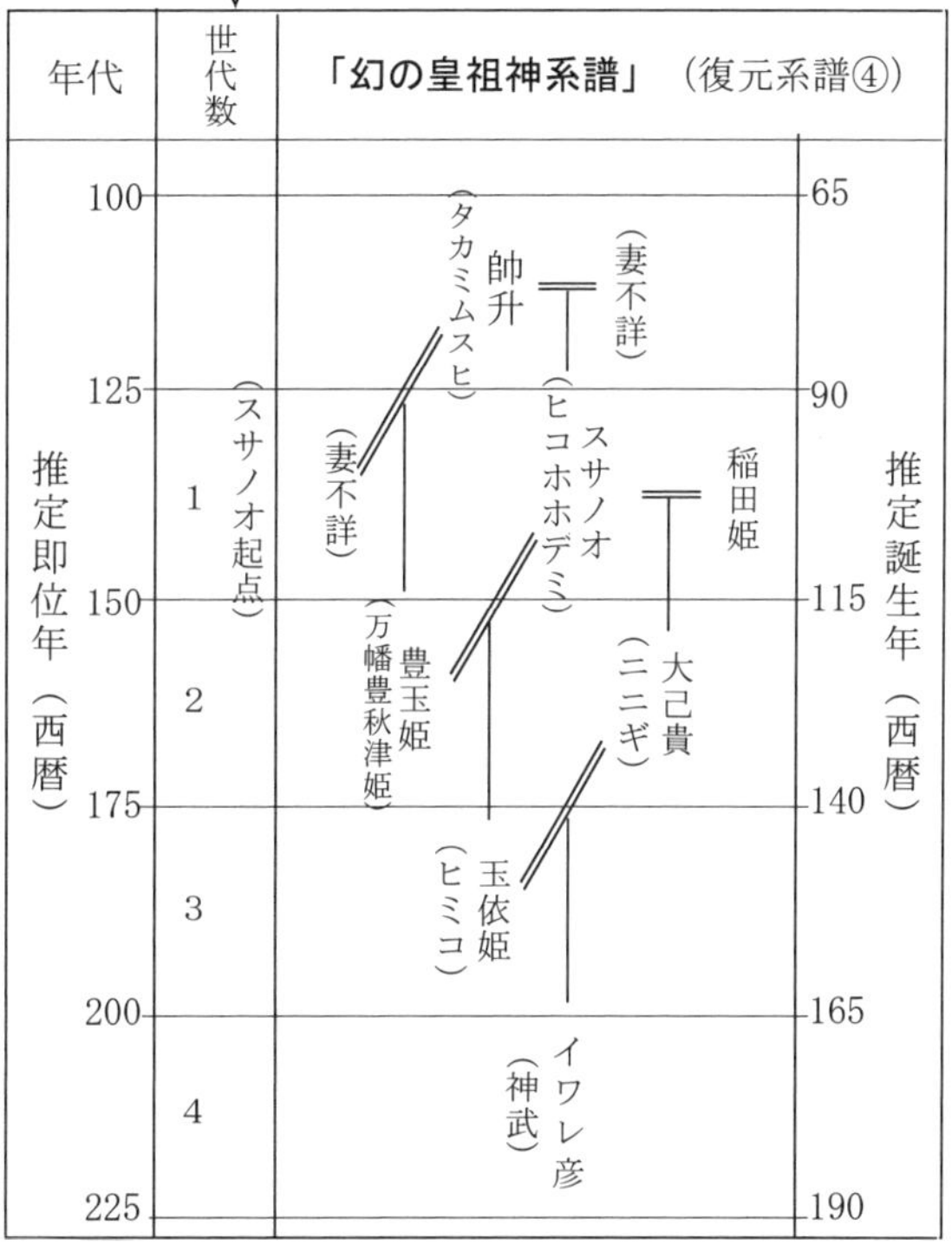

# あとがき

ここまでの論述で、本書冒頭の「初代天皇と大己貴（大国主）とは強い絆で結ばれている」の強い絆とは親子であることをご納得いただけたであろうか。

さらには、書紀神話が語る天孫のヒコホホデミ―ニニギという系譜は、国津神のスサノオ―大己貴の分身系譜であることはいかがであろう。

それにしても書紀神話は第十六代仁徳天皇以前の紀年を5倍強も引き延ばした上に、登場人物には分身トリックを、系譜にも分身系譜を創作し、国内外の読者の目を曇らせることには見事に成功したが、書紀撰上後１３００年を経た現在においてなお5世紀以前の書紀は机上の創作として放棄されたまま、高校の教科書にはいっさい採用されず、日本の建国史はやせ細ったまま、封印されているのは計算外だったに違いない。

近年、出雲で日本最多の銅剣３５８本が発見された神庭荒神谷《かんばこうじんだに》遺跡（１９８４年）や日本最多の銅鐸39個が発見された加茂岩倉《かもいわくら》遺跡（１９９６年）が発見されるにおよんで、出雲に対する歴史観は大きく変更をせまられた。かつては、たとえば文学界の巨匠で古代史にも造詣が深かった松本清張（１９０９～９２）が『清張古代史記』（日本放送出版協会、１９８２年）で述べているような史観、「出雲神話は大和朝廷官吏が机上ででっちあげたものです。その証拠にこの出雲神話にはなんら具体的な地方色はなく、単に地名を配っているだけです。極めて抽象的である。『出雲国風土記』は、『古事記』にあるような説話は一つも伝えていない。スサノオは登場しますが、オロチ退治といったようなこともなく、勿論その孫にあたるオオクニヌシのさまざまな苦難とか、因幡《いなば》の白兎の話とかいうものもありません。『風土記』におけるスサノオはその土地神の祖となっているから、おそらくはあの地方の土地神だったろうと考えられる。それを『古事記』が名前だけ借りてきたと思われます」というような見方が大半であったのだ。

なんという偏見か。おそらく、神庭荒神谷遺跡や加茂岩倉遺跡の発見がなければ、それ以前の通説（2、3世紀の日本は北九州を中心とする銅剣、銅鉾文化圏と畿内を中心とする銅鐸文化圏との対立）にとらわれ、それらの遺跡や遺物の空白地帯である出雲や日向は文化の遅れた後進国であって、それがなぜ記紀神話の中心をなしているのか理解に苦しむといった考古学偏重の空虚な議論が今なお続いていたことであろう。空恐ろしいことである。幸か不幸か、そんな偏見を徹底的に打ち砕いたのもこれまた考古学であった。しかしながらそれは、現段階では出雲神話に対するものだけであって、日向神話に対する偏見は今なお続いている。

思うに遺跡や遺物の考古学は、それが物証となりうる歴史的事件を肯定する場合には極めて有効ではあるが、それを否定すべく、たとえば、「書紀神話は大和朝廷官吏のでっちあげ」とか「日向神話はなかった」というようなことの証明にはならないはずが、それが忘れられているような気がしてならない。たまたま幸運にめぐまれて出雲神話の一部は復活したが、神話の根本は復活されないまま考古学偏重の古代史復元が続いている。それでは真の古代史復元はかなわない。

按ずるに書紀は大国唐との対等外交用に作成された史書であったからあちら用に漢文で書かれているし、こちらの歴史に箔をつけるため神武天皇の即位を八百年以上も引き延ばして紀元前660年に設定したりもしている。が、それは単純な創作ではなくて、民衆の間に語り継がれていた、はるか昔に中国大陸や朝鮮半島から稲作を伝来した渡来人がいたという口伝を天孫族として取り込んで天皇のご先祖様としたものであり、玉依姫を「うけい」によって三女神に分身したのも、4世紀の前半頃に鉄資源を求めて、ヤマト王権が朝鮮半島に往来の際、その経由地、玄界灘の三箇所に航海の無事を祈って玉依姫を三分身して祀ったという史実を取り込んだものであったと思う。

あちらに名前の知られていないスサノオや大己貴についてはそれなりに史実を取り込みつつ、あちらに名の知れたヒミコについては厚いベールに包むしかなかった書紀は、正史としての役割も果たすべく、将来の復元を期してあちこちにメッセージを埋め込んだり、書き得ない部分は神社や風土記の伝承に託したりと、四苦八苦の編纂の日々であったことだろう。その甲斐あってか、あちらの人にはその虚構点は見破られずにすんだはよいが、まさか自国民が書紀編纂から千三百年を経てなお、仁徳以前の歴史は創作として捨て去り続けるとは夢想だにしなかったに違いない。

８世紀前後の数十年間、血と汗にまみれて正史の編纂にあけくれた書紀編者達を草葉の陰でいつまでも泣かせていてはいけない。そんな思いで書紀神話に対峙しつつ書紀の真意を探りながら、全国各地の神社伝承や風土記を尋ね歩き、さらには『古事記』や考古史料の力も借りて見いだしたのが大己貴を柱とする「幻の皇祖神系譜」であった。

「書紀神話」を推理小説風に読み解いて得たここまでの拙い解読結果が古代正史復元の一助になれば、筆者としてこの上ない喜びである。

# 主な参考文献


全国神社名鑑 上巻 全国神社名鑑刊行会・史学センター
全国神社名鑑 下巻 全国神社名鑑刊行会・史学センター
神国島根 島根県神社庁
宮崎県神社誌 宮崎県神社庁
福岡県神社誌 上・中巻 大日本神祇会福岡県支部
福岡県神社誌 下巻 大日本神祇会福岡県支部
兵庫県神社誌 上・中・下巻 財団法人 兵庫県神職会
対島神社誌 長崎県対島神社総代会
壱岐国神社誌 壱岐郡神職会
新修鳥取県神社誌・因伯のみやしろ 鳥取県神社庁
和歌山県神社誌 和歌山県神社庁
三重県神社誌 三重県神職会
山口県神社誌 山口県神社庁
広島県神社誌 広島県神社庁
岡山県神社誌 岡山県神社庁
愛媛県神社誌 愛媛県神社庁
香川県神社誌 香川県神職会
高知県神社誌 高知県神職会
徳島県神社誌 徳島県神社庁
滋賀県神社誌 滋賀県神社庁
福井県神社誌 福井県神社庁
石川県神社誌 石川県神社庁
富山県神社誌 富山県神社庁
その他 同上
各県神社誌 各県神社庁

日本書紀 一 坂本太郎他校注 岩波文庫 黄四-一
日本書紀 二 坂本太郎他校注 岩波文庫 黄四-二
古事記 倉野憲司校注 岩波文庫 黄一-一
新訂 魏志倭人伝・後漢書倭伝・宋書倭国伝
隋書倭国伝 石原道博編訳 岩波文庫 青401-1
風土記 播磨国・出雲国・豊後国・肥前国、
風土記逸文(豊前国・伊予国他) 吉野裕・平凡社
出雲大社 第八十二代出雲国造 千家尊統・学生社
大神神社 中山和敬・学生社
先代舊事本紀 訓註 大野七三編著・新人物往来社
古代日向の国 日高正晴・NHKブックス
古代日本正史 原田常治・同志社
実在した神話 原田大六・学生社
日本神話の考古学 森 浩一・朝日新聞社
記紀の考古学 森 浩一・朝日新聞社
王権誕生 日本の歴史2 寺沢 薫・講談社
神話と史実 田中 卓著作集1・図書刊行会
日本国家の成立と諸氏族 同氏著作集2・図書刊行会
神々の体系 上山春平・中公新書
続・神々の体系 上山春平・中公新書
消された覇王 小椋一葉・河出書房新社
古代の鉄と神々 改訂新版 真弓常忠・学生社
史上最大級の遺跡 日高 祥・文芸社
古代遺跡謎解きの旅 松本 司・小学館
邪馬台国ハンドブック 安本美典・講談社
宇佐神宮由緒記 宇佐神宮庁
元伊勢籠神社御由緒略記 元伊勢籠(この)神社

【著者略歴】
1948年　兵庫県尼崎市生まれ。
1972年　神戸大学大学院工学研究科修了。工学修士。
同年日立製作所半導体事業部に入社。
品質保証部信頼性基礎技術Grグループリーダ（主任技師）等を歴任して1999年退職。
退職後は、趣味でコツコツ研究していた日本古代史の解明に専念。以下、三冊の著作がある。
Ⅰ『ヤマトタケるに秘められた古代史』（けやき出版、2005年）、
　本書は第9回（2006年度）日本自費出版文化賞 研究・評論部門入選作品
Ⅱ『書紀にほのめくヒミコの系譜』（けやき出版、2012年）
Ⅲ『日本書紀と神社が語る天皇誕生史』（歴研、2020年）
　本書は第24回（2021年度）日本自費出版文化賞 研究・評論部門入選作品

# 大己貴《おおなむち》（大国主《おおくにぬし》）の謎《なぞ》


2024年11月2日　第1刷発行

著　者 — 崎元《さきもと》 正教《まさのり》

発行者 — 佐藤 聡

発行所 — 株式会社 郁朋社《いくほうしや》
〒101-0061　東京都千代田区神田三崎町 2-20-4
電　話　03（3234）8923（代表）
ＦＡＸ　03（3234）3948
振　替　00160-5-100328

印刷·製本 — 日本ハイコム株式会社

装　丁 — 宮田 麻希





郁朋社ホームページアドレス　http://www.ikuhousha.com
この本に関するご意見・ご感想をメールでお寄せいただく際は、
comment@ikuhousha.com までお願い致します。




ISBN978-4-87302-830-9 C0095